Der bhv Co@ch

Grundlagen PC & DV

Susanne Kowalski

Der bhv Co@ch
Grundlagen PC & DV

Alle Rechte vorbehalten. Kein Teil dieser Unterlage darf in irgendeiner Form, sei es Druck, Fotokopie, Mikrofilm oder mittels jedes anderen Verfahrens, ohne schriftliche Genehmigung des Verlags reproduziert oder unter Verwendung elektronischer Systeme verarbeitet, vervielfältigt oder verbreitet werden. Die gewerbliche Nutzung der in diesem Buch gezeigten Modelle und Arbeiten ist nicht zulässig.

Die Informationen im vorliegenden Buch werden ohne Rücksicht auf einen eventuellen Patentschutz veröffentlicht. Warennamen werden ohne Gewährleistung der freien Verwendbarkeit benutzt.

Bei der Zusammenstellung von Texten und Abbildungen wurde mit größter Sorgfalt vorgegangen. Trotzdem können Fehler nicht vollständig ausgeschlossen werden.

Verlag, Herausgeber und Autoren können für fehlerhafte Angaben und deren Folgen weder eine juristische Verantwortung noch irgendeine Haftung übernehmen.
Dieses Buch wurde der Umwelt zuliebe auf chlorfrei gebleichtem Papier gedruckt.

Copyright © 2002 by
verlag moderne industrie Buch AG & Co. KG,
Landsberg
Königswinterer Straße 418
D–53227 Bonn
Telefax: +49 228 970 24 21
www.vmi-Buch.de

4. Auflage

ISBN 3-8266-9674-3

04 03 02
10 9 8 7 6 5 4 3 2 1

Printed in Italy

Inhaltsverzeichnis

	Einleitung	**13**
	Zum Co@ch	13
	Zielgruppe	13
	Selbststudium	13
	Aufbau des Buches	14
Modul 1	**Der erste Umgang mit dem Computer**	**15**
1.1	Der PC	15
1.2	Der Bildschirm	16
1.3	Die Tastatur	16
1.4	Die Maus	17
1.5	Der Computer selbst	18
1.6	Der Drucker	19
1.7	Auspacken und Aufstellen	19
1.8	Einschalten	20
1.9	Abschalten	21
	Zusammenfassung	22
	Übungen	23
Modul 2	**Basiswissen**	**25**
2.1	Begriffsdefinitionen	25
2.2	Einsatzmöglichkeiten	25
2.3	Das EVA-Prinzip	26
	Zusammenfassung	27
	Übungen	28
Modul 3	**Hardware und weiteres Zubehör**	**29**
3.1	Die Verarbeitung in der Zentraleinheit	29
3.2	Der Prozessor	30
3.3	Die Taktfrequenz	31
3.4	Der Zentralspeicher	31
3.5	Der ROM-Speicher	32
3.6	Der RAM-Speicher	32
3.7	Die Peripherie	33
3.8	Externe Speicher	33
3.9	Die Festplatte	34
3.10	Die Diskette	34
3.11	Optische Speicherplatten	36

3.12	Der Bildschirm	37
3.13	Der Drucker	38
3.14	Eingabegeräte	40
	Die Tastatur	40
3.15	Die Maus und weitere Zeigegeräte	41
3.16	Zusatzgeräte	42
	Die Soundkarte	42
	Modem	42
	Scanner	43
	CD-Brenner	45
3.17	Zusammenstellung eines PCs	45
	Zusammenfassung	46
	Übungen	47

Modul 4 Software   49

4.1	Das Betriebssystem	49
4.2	Anwendersoftware	50
4.3	Standardsoftware	51
4.4	Weitere Software	52
4.5	Programmiersprachen	53
	Zusammenfassung	55
	Übungen	56

Modul 5 Die Klassifizierung von DV-Anlagen und deren Arbeitsweise   57

5.1	Unterschied zwischen PC und Großrechner	57
	Supercomputer	57
	Großrechner	58
	Minicomputer	58
	Workstations	58
	Microcomputer	58
5.2	Informationsaustausch durch Stromimpulse	59
5.3	Logische Schaltungen	59
	Die Negation	59
	Die Konjunktion	60
	Die Disjunktion	60
5.4	Verschlüsselung der Daten	60
5.5	Das Dualsystem	61
5.6	Der ASCII-Code	63
5.7	Der ANSI-Code	63
5.8	Der EBCDI-Code	63
5.9	Maschinenlesbare Daten	64
5.10	Informationseinheiten	64
	Zusammenfassung	65
	Übungen	65

Modul 6 — Die wichtigsten Funktionen zu Windows XP — 67

6.1	Was Sie über Windows wissen sollten	67
6.2	Windows starten und beenden	68
6.3	Der Desktop	70
6.4	Objekte	71
6.5	Die Fenstertechnik	72
	Die Titel-Leiste	73
	Die Menüleiste	74
	Weitere Fensterbestandteile	75
6.6	Der Umgang mit Dateien und Ordnern	76
	Ordner öffnen	76
	Einen neuen Ordner erstellen	77
	Einen Ordner löschen	78
6.7	Der Explorer	79
6.8	Pannenhilfe	81
	Zusammenfassung	81
	Übungen	82

Modul 7 — Windows-Zubehör — 85

7.1	Der erste Text mit WordPad	85
	WordPad öffnen	85
	Einen Text erfassen	86
	Einen Text bearbeiten	87
	Listenfelder	88
	Den Text speichern	88
	Ein Dokument öffnen	90
7.2	Ein Bild mit Paint	91
	Paint starten	91
	Arbeiten mit der Werkzeugleiste	92
	Ein Bild mit Paint erstellen	93
	Das Ergebnis speichern	94
	Ein Bild über den Explorer öffnen	95
7.3	Sonstiges Zubehör	96
	Zusammenfassung	96
	Übungen	97

Modul 8 — Die Windows-Systemsteuerung — 99

8.1	Die Systemsteuerung öffnen	99
8.2	Die Maus	100
8.3	Drucker installieren	102
8.4	Windows-Komponenten nachträglich installieren	105
	Zusammenfassung	106
	Überschrift	106

Modul 9   Die Windows-Hilfe   107

9.1	Die Windows-Hilfe aufrufen	107
9.2	Der Index	109
9.3	Touren & Lernprogramme	110
9.4	Troubleshooting	111
	Zusammenfassung	111
	Übungen	112

Modul 10   Die Textverarbeitung Microsoft Word   113

10.1	Word starten	113
10.2	Der Word-Arbeitsplatz	114
10.3	Die ersten Eingaben	115
10.4	Ein Dokument speichern	116
10.5	Ein Dokument gestalten	117
10.6	Rechtschreib- und Grammatikprüfung	119
10.7	AutoText	121
10.8	Ein Dokument drucken	123
	Die Überprüfung vor dem Druck	123
	Bearbeitung vor dem Druck	124
	Ein Dokument ausdrucken	124
10.9	Ein Dokument schließen	125
10.10	Word beenden	125
10.11	Ein Dokument öffnen	126
10.12	Serienbriefe erstellen	127
	Die Bestandteile eines Serienbriefes	127
	Ein Hauptdokument einrichten	127
	Eine Datenliste erstellen	128
	Seriendruckfelder einfügen	130
	Serienbrief drucken und kontrollieren	131
	Hauptdokument speichern	133
10.13	Tastenkombinationen	133
	Zusammenfassung	134
	Übungen	136

Modul 11   Die Tabellenkalkulation Microsoft Excel   139

11.1	Der Excel-Arbeitsplatz	139
11.2	Daten erfassen	140
11.3	Das Tabellenblatt bearbeiten	141
11.4	Rechenoperationen	142
11.5	Die Gestaltung der Tabelle	144
11.6	Arbeitsblätter benennen	146
11.7	Eine Arbeitsmappe speichern	147
11.8	Eine Tabelle drucken	147
	Überprüfung in der Seitenansicht	147

		Die Seite einrichten	148
	11.9	Ein Diagramm erstellen	149
	11.10	Die Arbeit beenden	152
	11.11	Rechnen mit Excel-Funktionen	152
		Den Funktions-Assistenten einsetzen	152
		Basiswissen zu Funktionen	154
		Funktionskategorien	155
		Finanzmathematische Funktionen	156
		Die Funktion heute	159
	11.12	Tastenkombinationen	159
		Zusammenfassung	160
		Übungen	162

Modul 12 Das Präsentationsprogramm Microsoft PowerPoint 167

12.1	PowerPoint starten	167
12.2	Eine neue Präsentation erstellen	168
12.3	Eine Folie mit ClipArt	170
12.4	Unterschiedliche Ansichten	173
12.5	Die Ansicht Foliensortierung	174
12.6	Eine Bildschirmpräsentation	174
12.7	Folienübergang	175
12.8	Speichern und Schließen	176
12.9	Tastenkombinationen	177
	Zusammenfassung	177
	Übungen	178

Modul 13 Das Datenbanksystem Microsoft Access 181

13.1	Das Datenbankfenster	181
13.2	Eine Datentabelle erstellen	183
	Die Datenblattansicht	183
	Die Entwurfsansicht	184
13.3	Datenbank schließen und öffnen	186
13.4	Die Tabelle bearbeiten	187
13.5	Formulare erstellen	187
13.6	Arbeiten in der Formularansicht	190
13.7	Eine Abfrage erstellen	191
13.8	Eine Abfrage anzeigen	192
13.9	Tastenkombinationen	193
	Zusammenfassung	193
	Übungen	195

Modul 14 Der Informationsmanager Microsoft Outlook — 199

14.1	Outlook starten	199
14.2	Einen neuen Kontakt anlegen	200
	Die Angaben zum Namen	201
	Die Adresse	201
	Weitere Kommunikationsdaten	202
	Änderungen und Ergänzungen	203
14.3	Der Kalender	203
	Termine erfassen	204
	Termine verschieben und löschen	206
14.4	Outlook beenden	206
14.5	Tastenkombinationen	206
	Zusammenfassung	207
	Übungen	207

Modul 15 Online — 209

15.1	Begriffsdefinitionen	209
15.2	Der Internet-Anschluss	210
15.3	Web-Browser	210
15.4	Der Internet Explorer	211
15.5	Eine Internet-Tour	211
15.6	Die Suchhilfe	215
	Suchen im Internet	215
	Einen Dienst direkt aufrufen	216
15.7	Dokumente speichern	216
15.8	Verbindung zum Internet abbrechen	218
	Zusammenfassung	218
	Übungen	219

Modul 16 Die elektronische Post — 221

16.1	Der Versand einer E-Mail	221
16.2	Eine E-Mail abholen	224
	Zusammenfassung	226
	Übungen	227

Glossar	229
Lösungen	233
Stichwortverzeichnis	251

Einleitung

Dieser Co@ch wendet sich an den Einsteiger, der lernen möchte, mit dem Computer umzugehen, und mehr über dieses Medium erfahren will. Es wird ein erster Eindruck vermittelt, wie der Computer funktioniert und auf welche Weise Daten und Informationen mit Hilfe einer Maschine verarbeitet werden. Außerdem lernen Sie die Bestandteile eines Computers kennen. Dieses Buch ist in zwei Themenbereiche gegliedert. Ein theoretischer Teil vermittelt die Grundlagen, die zum Umgang mit dem Computer gehören. Im praktischen Teil lernen Sie den Umgang mit Windows XP und verschiedenen Anwendungsprogrammen aus Office XP.

Zum Co@ch

Dieses Produkt ist als begleitende Schulungsunterlage konzipiert. Anhand praxisorientierter Beispiele werden die grundlegenden Themen der Datenverarbeitung erarbeitet und trainiert. Schwerpunktmäßig werden Themen aus dem PC-Bereich behandelt. Dabei wird vorausgesetzt, dass ein Referent das EDV-Seminar leitet und die praktischen Übungen gegebenenfalls durch theoretische Erläuterungen ergänzt. Der praxisorientierte, auf schrittweises Lernen ausgerichtete Aufbau ermöglicht allerdings auch den Einsatz im Selbststudium. Für alle Übungen stehen Lösungen im Anhang zur Verfügung.

Zielgruppe

Dieses Produkt richtet sich an Schulungsteilnehmer, die den Umgang mit der Datenverarbeitung von Grund auf kennen lernen möchten. Dabei werden keinerlei EDV-Kenntnisse vorausgesetzt.

Für den Dozenten dieses Kurses bildet diese Unterlage die Grundlage, um wichtige Themen und Techniken im Umgang mit der EDV zu vermitteln. Die Angabe von Zeiteinheiten zu den Kursabschnitten dient dabei als Richtlinie bei der Planung des Kursverlaufs.

Die Unterlage ist so aufgebaut, dass fünf Tage Unterricht mit je acht Unterrichtsstunden, also eine komplette Kurswoche, abgedeckt werden. Diese Konzeption stellt hier nur einen Richtwert dar. Die zeitliche Gestaltung des Kurses mit dem *bhv Co@ch* als Grundlage kann aufgrund der zahlreichen Übungsbeispiele den unterschiedlichsten Bedürfnissen angepasst werden.

Selbststudium

Aufgrund der Schritt-für-Schritt-Anleitung ist das Werk auch für Anwender geeignet, die sich selbst in den Umgang mit Computern einarbeiten möchten. Als Ergänzung zu einem Einsteigerkurs an einer EDV-Schule eignet sich der Co@ch aufgrund seines Aufbaus ebenfalls. Mit Hilfe dieses Buches kann das im Kurs erworbene Wissen zu Hause vertieft werden.

Aufbau des Buches

Der Lernstoff ist in mehrere Lerneinheiten aufgeteilt. Zur besseren Orientierung in diesem Buch sind alle Module einheitlich aufgebaut.

Zu Beginn der Einheit wird die Bedeutung des aktuellen Themas kurz hervorgehoben, daran schließt sich die Auflistung der Lernziele an. Diese Ziele werden dann im praktischen Teil in Schritt-für-Schritt-Einheiten erreicht.

Am Ende eines Moduls finden Sie zunächst eine Zusammenfassung der behandelten Themen. Den Abschluss einer jeden Lerneinheit bildet ein Übungsteil mit zahlreichen Übungsbeispielen, die sich an der Praxis orientieren. Die Übungen vertiefen das im aktuellen und in den vorangegangenen Kapiteln erworbene Wissen. Zu den einzelnen Fragestellungen und Aufgaben finden Sie am Endes des Buches einen Lösungsteil.

Das Buch schließt mit einem kleinen Lexikon (Glossar) aller neu eingeführten Begriffe. In den Lektionen sind diese Begriffe kursiv gedruckt, wenn sie zum ersten Mal auftauchen.

Nachdem Sie jetzt alle wichtigen Informationen zum Umgang mit dieser Schulungsunterlage erhalten haben, sollten Sie sich an die Arbeit machen.

Viel Spaß und Erfolg wünscht Ihnen Ihre Autorin

Susanne Kowalski

Modul 1

Der erste Umgang mit dem Computer

In diesem Modul werden die wichtigsten Bestandteile eines Computerarbeitsplatzes vorgestellt. Sie erfahren, wie Sie Ihren PC einschalten, zu Windows gelangen und wie Sie einen PC ordnungsgemäß wieder ausschalten. Voraussetzung für das Nachvollziehen dieses Moduls ist, dass auf Ihrem Computer die entsprechenden Programme bereits installiert sind. Dies wiederum bedeutet, dass Ihr Computer für die Arbeit vorbereitet sein muss. Für das Aufstellen und Zusammenbauen Ihres Computers erhalten Sie wertvolle Tipps.

Lernen Sie

- welche Bestandteile zum Computer gehören
- wesentliche Unterschiede zwischen Schreibmaschinen- und Computer-Tastatur kennen
- welche Gehäuse-Typen unterschieden werden
- was eine Maus für den Computer bedeutet
- worauf Sie beim Computer-Aufbau achten sollten
- den Computer einzuschalten
- die ersten Mausbewegungen
- den PC vorschriftsmäßig auszuschalten

1.1 Der PC

In der nebenstehenden Abbildung sehen Sie einen Personal-Computer, kurz auch PC genannt, zu dem folgende Einzelteile gehören:

- Bildschirm
- Tower
- Tastatur
- Maus

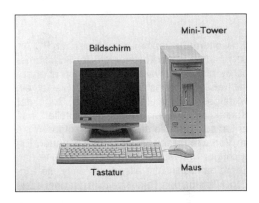

Lassen Sie sich nicht dadurch irritieren, dass Ihr Computer zu Hause vielleicht etwas anders aussieht als auf den Abbildungen in diesem Co@ch. Vielleicht haben Sie ein Diskettenlaufwerk, das waagerecht eingebaut wurde, das auf den Bildern ist senkrecht. Eventuell ist Ihre Anlage auch umfangreicher, weil Sie über mehr Zubehör verfügen, als in diesem Kapitel vorgestellt wird. Auf keinen Fall sollten Sie sich durch solche Dinge verwirren lassen, denn **den** PC gibt es nicht, aber die wesentlichen Dinge sind sich alle sehr ähnlich.

1.2 Der Bildschirm

Andere Bezeichnungen für Bildschirm sind Monitor oder Terminal. Ein Bildschirm dürfte Ihnen bereits vom Fernseher her bekannt sein. Genauso, wie Sie dort den Kontrast und die Helligkeit einstellen müssen, ist dies auch für Ihren Computer erforderlich. Wo Sie die entsprechenden Einstellknöpfe finden, ist von Bildschirm zu Bildschirm unterschiedlich. In der Regel sind diese Einstellmöglichkeiten im vorderen Bildschirmbereich. Einzelheiten hierzu erfahren Sie in der Anleitung zu Ihrem Terminal.

Hinweis: Der Abstand zwischen Auge und Bildschirm sollte je nach Monitorgröße zwischen 50 und 80 cm liegen. Der Blickwinkel zum Bildschirm sollte leicht nach unten geneigt sein. Wenn Sie all dies beachten, werden Ihre Augen auch nach längerer Arbeit am Computer nicht ermüden.

Diese Informationen zum Bildschirm sollen zunächst reichen. Im Modul über die Hardware erfahren Sie nähere Einzelheiten zu diesem Thema.

1.3 Die Tastatur

Ein weiterer Bestandteil eines typischen PC-Arbeitsplatzes ist die Tastatur, die der Schreibmaschinentastatur zwar sehr ähnlich ist, aber zusätzliche Funktionstasten enthält. Sie ist ein wichtiges Hilfsmittel, um mit dem Computer Kontakt aufzunehmen und ihm mitzuteilen, was er tun soll. Wie Sie das erledigen, erfahren Sie im Verlaufe dieses Buches noch genauer. Ein wichtiger Unterschied zwischen Computer und Schreibmaschine ist allerdings, dass die Ein- und Ausgabe des Textes zeitlich getrennt erfolgen.

Lassen Sie sich durch die vielen Tasten nicht beeindrucken. Einige davon werden Sie vielleicht nie benutzen. Andere Tasten wiederum haben bei der Arbeit mit dem Computer besondere Aufgaben. Sie werden im Laufe der Arbeit schnell merken, welche Tasten für Sie wichtig sind und welche nicht.

1.4 Die Maus

Die Maus hat ihren Namen durch ihr Äußeres erhalten und ist ebenso wie die Tastatur ein wichtiges Hilfsmittel, über das Sie mit dem PC kommunizieren können. Vielleicht werden Sie sich fragen, wie dies erfolgen soll. Eines vorweg: Texte eingeben können Sie mit der Maus nicht. Dafür besteht aber durchaus die Möglichkeit, zum Beispiel mit der Maus zu zeichnen, Texte zu verschieben, auf bestimmte Dinge zu zeigen und vieles mehr.

Folgende grundsätzliche Operationen mit der Maus werden Ihnen immer wieder begegnen:

- Ziehen
- Klicken
- Doppelklicken

Neben der Kugel auf der Unterseite gehören zu der Maus eine linke und eine rechte Maustaste. Vielfach finden Sie noch eine mittlere Maustaste oder ein Tastenrad vor. Mit Hilfe der Tasten können Sie klicken und doppelklicken, während die Kugel dazu dient, Bewegungen der Maus an den Computer zu melden. Aber keine Angst, wie das im Einzelnen funktioniert und wann Sie die Maus wie einsetzen, wird Ihnen an den entsprechenden Stellen in diesem Co@ch genau gesagt.

An dieser Stelle soll jedoch nicht verschwiegen werden, dass der Umgang mit der Maus zunächst etwas gewöhnungsbedürftig ist und entsprechend trainiert werden muss. Aber lassen Sie sich durch eventuelle anfängliche Schwierigkeiten nicht entmutigen. Erfahrungsgemäß verschwinden die Probleme bereits nach kurzer Zeit. Wenn Sie den Umgang mit diesem „Gerät" erst einmal geübt haben, werden Sie ganz selbstverständlich mit diesem Werkzeug umgehen und viele Arbeitsgänge bequem mit dessen Hilfe durchführen.

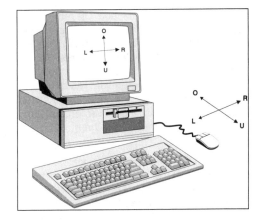

> **Hinweis**
> Ideal ist, wenn Sie die Maus auf einem so genannten *Mauspad* bewegen. Dies ist eine Kunststoffunterlage, die Sie im Computer-Zubehörhandel für wenig Geld kaufen können.

1.5 Der Computer selbst

Der Computer selbst hat ein unterschiedliches Aussehen. Auf dem Eingangsbild haben Sie ein so genanntes Mini-Tower-Gehäuse gesehen. Er kann aber auch die Form eines Desktop-Gehäuses wie in der folgenden Abbildung haben.

Alle Gehäusetypen haben gemeinsam, dass sich dort der Schalter zum Ein- und Ausschalten des Computers befindet. Gekennzeichnet ist dieser Schalter in der Regel durch die Bezeichnungen „Power" oder „0/1". Dies variiert von Gerät zu Gerät.

Auch die Position des Ein-/Ausschalters, ist völlig unterschiedlich. Er kann vorn, seitlich oder auch hinten an Ihrem Computer sein. Informationen hierzu gibt es in der Bedienungsanleitung zu Ihrem Gerät. Auch das „Innenleben" des Computers, über das Sie im Verlaufe der weiteren Module dieses Buches noch einiges erfahren, ist im Gehäuse.

Eine weitere Gemeinsamkeit der diversen Gehäusetypen ist, dass Sie dort Disketten und/oder eine CD-ROM einschieben können. Auf der Rückseite des Gehäuses befinden sich verschiedene Anschlussstellen für diverse Gerätekabel. Dort muss der Computer mit den verschiedenen Komponenten wie Tastatur, Bildschirm, Maus, Drucker und unter Umständen weiteren Geräten verbunden werden, je nachdem, welche Bestandteile zu Ihrem PC gehören.

Bei einigen Geräten sind die Anschlussstellen gekennzeichnet, was den Zusammenschluss ungemein erleichtert. Unter Umständen werden Sie aber nicht umhinkommen, der Geräteanleitung entsprechende Hinweise zu entnehmen.

1.6 Der Drucker

In den meisten Fällen wird auch ein Drucker an den PC angeschlossen. Mit seiner Hilfe können Sie zum Beispiel Texte, Zeichnungen, Bilder oder Einladungen zu Papier bringen. Es gibt sehr viele verschiedene Druckervarianten. Der Drucker wird ausführlich im Modul über die Hardware besprochen.

1.7 Auspacken und Aufstellen

Wenn Sie sich einen Computer angeschafft haben, müssen Sie diesen zunächst einmal aufstellen. Zwar können im Rahmen dieses Co@ches nicht alle Details zu diesem Thema behandelt werden, doch sollen Sie hierfür einige Tipps erhalten.

Die Einzelteile eines PCs, die Sie bereits im vorangegangenen Kapitel kennen gelernt haben, sind in mehrere einzelne Kartons verpackt und müssen zunächst einmal zu einem kompletten Computersystem zusammengefügt werden. Einen PC kann man nicht einfach in eine Steckdose einstöpseln und mit der Arbeit loslegen.

Wenn Sie die Geräte miteinander verbinden beziehungsweise anschließen, nennt man diesen Vorgang in der Fachsprache Installation. Für die mit diesem Vorgang verbundenen Arbeitsschritte sollten Sie sich Ruhe und Zeit gönnen, denn nur ein ordnungsgemäß installierter Computer funktioniert störungsfrei.

Packen Sie die Geräte aus und stellen Sie sie auf. Verbinden Sie die Geräte über die verschiedenen Kabel miteinander. Über Kabel tauschen die einzelnen Geräte Daten miteinander aus. „Daten" sind die Wörter und Informationen in der Computersprache. Dieser Begriff wird später noch genauer erläutert.

Folgende Kabel müssen vorhanden sein:

- Die verschiedenen Netzkabel versorgen PC, Monitor und ggf. den Drucker mit Strom aus der Steckdose. Stecken Sie die passenden Stecker in die Rückseite Ihres PC-Gehäuses, Monitors und Druckers. Im Prinzip können Sie hierbei nichts verwechseln, da nur ein Stecker passt.
- Das Monitorkabel verbindet PC und Terminal. Es ist am Bildschirm fest angebracht und passt nur an einen Anschluss auf der Rückseite Ihres PC-Gehäuses. Ziehen Sie in jedem Fall die Befestigungsschrauben an, um das Abrutschen des Steckers zu verhindern.
- Das Druckerkabel schafft die Verbindung zwischen Drucker und PC. Ein Druckerkabel erkennen Sie daran, dass es in der Regel breiter ist als die übrigen Kabel.
- Auch Maus- und Tastaturkabel werden auf der Rückseite des PCs eingesteckt. Letzteres ist zumeist spiralförmig eingewickelt und endet in der Tastatur.

Wie und wo Sie die einzelnen Kabel einstecken, entnehmen Sie bitte den Bedienungsanleitungen der einzelnen Geräte. Wenn alles fertig zusammengesteckt ist, kann die Arbeit losgehen.

1.8 Einschalten

Schalten Sie den Computer ein. Wie Sie bereits erfahren haben, befindet sich der entsprechende Schalter am Tower beziehungsweise Ihrem Desktop-Gehäuse. Drücken Sie zu diesem Zeitpunkt noch keine Taste auf der Tastatur, sondern warten Sie einfach ab, was passiert.

> **Hinweis:** Verwechseln Sie den Ein-/Ausschalter nicht mit dem so genannten *Reset-Schalter*. Letzteren benötigen Sie für den „Kaltstart" des Computers. Darunter versteht man einen Neustart, der nötig werden kann, wenn Sie einmal ernsthafte Schwierigkeiten mit einem Anwendungsprogramm Ihres Computers bekommen. Durch das Drücken des Reset-Schalters sparen Sie sich in einem solchen Fall das Aus- und wieder Anschalten Ihres Gerätes.

Wenn Sie den richtigen Knopf je nach Schalter gedrückt oder gekippt haben, macht sich Ihr Gerät durch einige Geräusche bemerkbar. Das hört sich etwas seltsam an. Aber keine Angst, es geht nichts kaputt. Einige Lämpchen beginnen zu leuchten. Verschiedene Meldungen erscheinen auf dem Bildschirm. Diese können Sie getrost ignorieren. Man nennt diesen Vorgang übrigens den „Computer hochfahren" oder „Booten". Im Augenblick sollten Sie sich nicht damit belasten, was das alles im Einzelnen bedeutet.

Normalerweise sind der Computer und der Bildschirm so gekoppelt, dass automatisch der Bildschirm eingeschaltet wird. Bleibt der Monitor jedoch dunkel, müssen Sie ihn separat anschalten. Auch dieser Schalter hat von Gerät zu Gerät unterschiedliche Formen und kann sich an verschiedenen Stellen befinden. Sollten Sie den Schalter nicht finden, hilft ein Blick in die Beschreibung des Gerätes.

In der Regel wird Windows sofort gestartet. Was genauer hinter dem Begriff *Windows* steckt, erfahren Sie noch detailliert im Verlaufe dieses Co@ches. Zunächst nur so viel: Windows ist eine Art leicht zu bedienende Schaltzentrale für den Umgang mit Ihrem PC.

Nach in der Regel kurzer Wartezeit werden Sie ein Bild auf Ihrem Monitor sehen, das unserer Abbildung sehr ähnlich ist.

Falls Sie Ihren Namen auf dem Bildschirm vorfinden, klicken Sie mit der linken Maustaste auf die zugehörige Schaltfläche. Haben Sie einen neuen PC gekauft, klicken Sie stattdessen auf einen der vordefinierten Einträge. Stellt Ihnen ein Dritter seinen PC zur Verfügung, erkundigen Sie sich, unter welchem Benutzernamen Sie sich anmelden sollen.

> **Hinweis:** Je nachdem, wie Windows auf Ihrem PC eingerichtet ist, kann es vorkommen, dass Sie sich zunächst mit einem Kennwort anmelden müssen. Tippen Sie in diesem Fall das Kennwort in die vorgesehenen Felder ein und drücken Sie anschließend die ⏎ -Taste.

Danach sollten auch Sie den Windows-Start-Bildschirm erhalten. Sollte dies wider Erwarten nicht der Fall sein, sollten Sie nach Möglichkeit einen kompetenten Helfer zu Rate ziehen.

Wenn Sie Ihren Bildschirm einmal genau betrachten, werden Sie auf Ihrem Bildschirm einen weißen Pfeil entdecken.

1. Nehmen Sie die Maus und bewegen Sie diese einmal auf einer Unterlage. Drücken Sie dabei keine der Maustasten. Sie werden feststellen, dass sich der weiße Pfeil analog zu den Mausbewegungen, die Sie mit der Maus durchführen, bewegt. Der weiße Pfeil heißt übrigens Mauszeiger oder auch Mauscursor. Wenn Sie die Maus bewegen, bewegt sich gleichzeitig die Kugel, die sich auf der Unterseite der Maus befindet. Wenn Sie die Maus über eine Unterlage ziehen, meldet sie die Bewegungen an den Computer. Mit ihrer Hilfe steuern Sie bestimmte Positionen auf dem Bildschirm an.

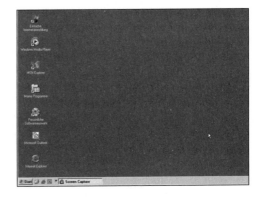

2. Zunächst reicht es völlig aus, wenn Sie einmal den Umgang mit dem Mauszeiger üben. Schieben Sie die Maus nach unten. Auf diese Weise wird der Mauszeiger auf dem Monitor abwärts bewegt.
3. Als Nächstes ziehen Sie mit der Maus nach links, um den Mauszeiger auf dem Bildschirm nach links zu bringen.

1.9 Abschalten

Dies soll als erster Kontakt mit dem Computer genügen. Bevor Sie die Arbeit mit dem Computer beenden, müssen Sie einen so genannten Systemabschluss machen, damit Ihr Computer noch einige Sachen regeln kann, bevor der Strom abgestellt wird. Keine Panik, für Sie bedeutet das nicht mehr als einige Mausklicks.

In der Fachsprache nennt man das ordnungsgemäße Beenden der Computerarbeit „Herunterfahren". Wenn Sie diesen Vorgang nicht vorschriftsmäßig durchführen, kann Ihr System Schaden nehmen oder es kann zu Datenverlusten kommen. Wichtig ist, dass Sie die Arbeit mit dem Computer nach jedem Benutzen korrekt beenden.

Wenn die hier aufgeführten Arbeitsschritte nicht sofort reibungslos klappen, sollten Sie nicht verzweifeln. Wie bereits bei der Vorstellung der Maus erwähnt, braucht es hierzu etwas an Übung.

1. Zeigen Sie mit der Maus auf die Schaltfläche mit der Bezeichnung *Start*, die sich in der Regel in der linken unteren Bildschirmecke befindet.

2. Klicken Sie einmal mit der linken Maustaste. Sie erhalten ein Fenster mit unterschiedlichen Einträgen. Das Fenster wird vermutlich von dem, das Sie auf Ihrem Bildschirm sehen, abweichen. Das liegt daran, dass sich dessen Inhalt an den jeweiligen Benutzer individuell anpasst.

3. Zeigen Sie mit der Maus auf die Schaltfläche *Ausschalten* und klicken Sie mit der linken Maustaste.

4. Sie erhalten ein rechteckiges Feld, das Dialogfeld, Dialog, Dialogbox oder Fenster genannt wird. Standardmäßig finden Sie dort die Schaltfläche *Ausschalten*. Klicken Sie mit der linken Maustaste auf die Schaltfläche *Ausschalten*. Sie erhalten eine Meldung, dass Windows heruntergefahren wird. Danach schaltet der Computer in der Regel automatisch ab.

Zusammenfassung

✓ Zu den Bestandteilen eines Personalcomputers gehören der Bildschirm, der Tower, die Tastatur und die Maus.

✓ Der Bildschirm, auch Monitor oder Terminal genannt, ist vergleichbar mit dem Fernsehbildschirm. Entsprechend sind auch für ihn Einstellungen wie Kontrast und Helligkeit durchzuführen.

✓ Die Tastatur eines Computers ist der Schreibmaschinentastatur sehr ähnlich, verfügt aber über zusätzliche Funktionstasten. Sie ist wie die Maus ein wichtiges Hilfsmittel, um mit dem Computer Kontakt aufzunehmen.

✓ Mit der Maus kann man situationsabhängig ziehen, klicken und doppelklicken. Sie ist vom Umgang her für Anfänger gewöhnungsbedürftig.

Zusammenfassung

- Computer können unterschiedliche aussehen. Neben dem Tower-Gehäuse findet man am häufigsten ein so genanntes Desktop-Gehäuse. Am Gehäuse stehen der Ein-/Ausschalter sowie Einschübe für Disketten und CD-ROM zur Verfügung. Auf der Rückseite des Gehäuses sind die Anschlussstellen für verschiedene Gerätekabel.

- Um Texte oder Zeichnungen zu Papier zu bringen, benötigen Sie einen Drucker.

- Beim Aufstellen des Computers sollten Sie sich Zeit lassen. Die einzelnen Bauteile des Computersystems müssen mit den Kabeln der verschiedenen Geräte verbunden werden.

- Beim Einschalten des Computers dürfen Sie den Knopf zum Ein-/Ausschalten nicht mit dem so genannten Reset-Schalter verwechseln.

- Zwischen dem Drücken des Startknopfes und dem Einblenden des Windows-Bildschirms vergeht in der Regel eine kurze Wartezeit.

- Normalerweise sind der Computer und der Bildschirm so gekoppelt, dass automatisch der Bildschirm eingeschaltet wird. Bleibt der Monitor wider Erwarten dunkel, müssen Sie ihn separat anschalten.

- Auf dem Bildschirm befindet sich ein kleiner weißer Pfeil. Wenn Sie die Maus auf einer Unterlage hin- und herschieben, bewegt sich der weiße Pfeil analog zu den Mausbewegungen.

- Der weiße Pfeil ist der Mauszeiger, der die Bewegungen mit der Maus an den Computer meldet. Mit seiner Hilfe können Sie bestimmte Stellen auf dem Bildschirm ansteuern.

- Bevor Sie die Arbeit mit dem Computer einstellen, müssen Sie einen Systemabschluss durchführen.

Übungen

1. Welche Bestandteile gehören zum Computer?
2. Wie unterscheiden sich die Schreibmaschinentastatur und die Computertastatur?
3. Welche Bestandteile gehören zu einer Computer-Maus?
4. Starten Sie Ihren Computer.
5. Sobald Sie den Windows-Bildschirm erhalten haben, führen Sie mit der Maus einige Bewegungen auf dem Bildschirm durch. Zeigen Sie zum Beispiel in alle Ecken des Terminals.
6. Schalten Sie den PC wieder aus. Vergessen Sie nicht, den vorschriftsmäßigen Systemabschluss durchzuführen.

Die Lösungen zu diesen Aufgaben finden Sie im Anhang des Co@ches.

Modul 2

Basiswissen

Eine Datenverarbeitungs-Anlage ist nichts anderes als ein technisches Hilfsmittel zur Verarbeitung von Informationen. Hinter dem Begriff *EDV* verbirgt sich nichts anderes als die Kurzform für *elektronische Datenverarbeitung*. Die EDV soll den Menschen unter anderem von Routinearbeiten befreien. In diesem Modul geht es um Begriffsdefinitionen und Basiswissen rund um das Thema EDV.

> **Lernen Sie**
>
> - was man unter Datenverarbeitung versteht
> - wie man eine DV-Anlage einsetzen kann
> - das EVA-Prinzip kennen

2.1 Begriffsdefinitionen

Computer sind Maschinen zur elektronischen Verarbeitung von Daten, deren Vorläufer mechanische Rechenmaschinen waren.

Der Begriff *Computer* stammt aus dem englischen *to compute* und heißt übersetzt berechnen, veranschlagen, schätzen. Der Ausdruck Computer, ist bezogen auf die heutigen EDV-Anlagen, im Prinzip zu eng gefasst, da diese neben Zahlen auch Buchstaben und Sonderzeichen verarbeiten können. Auch Abfragen können mit Hilfe eines Computers durchgeführt werden.

Wie bereits eingangs erwähnt, ist *EDV* die Abkürzung für *elektronische* Datenverarbeitung. Häufig werden auch die Begriffe *automatisierte Datenverarbeitung (ADV)* oder *elektronische Datenverarbeitungsanlage (EDVA)* verwendet.

Unter *Datenverarbeitung* oder kurz *DV* versteht man unter anderem das Erfassen, Eingeben, Übertragen, Aufbereiten, Speichern, Sortieren von Informationen. Die elektronische Datenverarbeitung ist dabei das vorherrschende Verfahren. Dem gegenüber stehen manuelle und maschinelle Datenverarbeitung. Dieses Buch beschäftigt sich mit der elektronischen Datenverarbeitung.

2.2 Einsatzmöglichkeiten

Der Computer ist ein universell einsetzbares Hilfsmittel, der Roboter und komplette Produktionsabläufe in der Industrie ebenso zu steuern vermag, wie komplizierte medizinische Geräte oder die Flugbahn einer Raumfähre. Auch im kaufmännischen Bereich gibt es eine Fülle von sinnvollen Einsatzmöglichkeiten, die beispielsweise von der Fakturierung über die Terminüberwachung bis hin zur Lohn- und Gehaltsabrechnung reichen. Damit Sie einen Einblick in die Einsatzweite der Datenverarbeitung erhalten, hier einige Beispiele von Tätigkeiten, die Sie mit einem Computer durchführen können:

- Texte schreiben und gestalten

- Texte korrigieren lassen
- Bilder malen
- Grafiken erstellen
- Fotos bearbeiten
- Tabellen eingeben
- komplexe Rechnungen durchführen
- Finanzbuchhaltung abwickeln
- Diagramme erstellen
- Briefe verschicken und empfangen
- Datenbestände verwalten
- Videos schneiden und vertonen
- Musik mischen
- Spiele machen
- Häuser konstruieren

2.3 Das EVA-Prinzip

Ein Computer arbeitet im Prinzip nicht anders als ein Mensch. Darum unterscheidet sich die Arbeitsweise einer Datenverarbeitungsanlage nicht grundlegend von der Art und Weise, wie Sie ohne ihre Hilfe eine Aufgabe lösen.

Gearbeitet wird nach dem so genannten *EVA-Prinzip*. EVA steht für

- **E**ingabe
- **V**erarbeitung
- **A**usgabe

Wenn Sie für eine bestimmte Geldsumme, zum Beispiel 25.000 €, die jährlichen Zinsen bei einem Zinssatz von 4 % ohne Computer ermitteln möchten, gehen Sie in der Regel folgendermaßen vor:

1. Sie nehmen sich einen Zettel, auf dem Sie die Zahlen aufschreiben.
2. Ihr Gehirn arbeitet. Sie überlegen, welche Formel Sie zur Zinsermittlung nutzen können. Sie wenden diese an, indem Sie die Zahlen in die Formel einsetzen.
3. Sie ermitteln mit dem Taschenrechner das Ergebnis und schreiben es auf.

Anders ausgedrückt:

1. **E**ingabe: Im ersten Schritt werden die Daten erfasst.
2. **V**erarbeitung: Im zweiten Schritt werden die Daten verarbeitet. Das Gehirn kommt zum Einsatz.
3. **A**usgabe: Im dritten Schritt werden die berechneten Daten ausgegeben.

Auch beim Computer müssen in einem ersten Arbeitsschritt Daten erfasst werden. Eingabegeräte sind Tastatur, Maus und weitere spezielle Lesegeräte, die Sie im Laufe dieses Co@ches noch kennen lernen werden.

Im zweiten Schritt werden die Daten verarbeitet. Im Computer werden die Daten im Prozessor verarbeitet, der gewissermaßen sein Gehirn ist. Die Umsetzung der Aufgaben erfolgt durch ein *Programm*.

Daten werden in den Rechner eingegeben und auf vorgeschriebene Weise verarbeitet. Schließlich kommt die Ausgabe. Diese erfolgt bei der Computerarbeit über die so genannten *Ausgabegeräte*, zu denen der Bildschirm und der Drucker gehören.

Die EDV-Anlage kann aus sich selbst heraus die Berechnung der Zinsen nicht durchführen. Für eine solche Aufgabe benötigt sie eine genaue Arbeitsanweisung.

Das heißt, Sie müssen der EDV in einer besonderen, für sie verständlichen Sprache mitteilen,

- welche Zahlen sie berechnen soll,
- wie sie die Daten verarbeiten soll, das heißt, welche Formel sie anwenden soll,
- welche Daten sie ausgeben soll.

Die Werte, die zur Ermittlung der Jahreszinsen benötigt werden, müssen gelesen und in die Formel zur Zinsberechnung eingesetzt werden. Das Ergebnis muss anschließend ausgegeben werden. Für all das ist ein Programm erforderlich. Beim Lösen der Aufgabe muss auch der Computer die mathematischen Gesetze wie beispielsweise „Punktrechnung geht vor Strichrechnung" beachten.

> **Hinweis**
> Ein Computerprogramm, häufig nur Programm genannt, ist eine Folge von Anweisungen und Definitionen in Maschinensprache oder einer höheren Programmiersprache, die es dem Computer ermöglicht, bestimmte Aufgaben im Bereich der Datenverarbeitung auszuführen.

Zusammenfassung

✓ Der Computer ist ein universell einsetzbares Hilfsmittel, dessen Einsatzgebiete von kaufmännischen Anwendungen über die Roboter- und Produktionsablaufsteuerung bis hin zur Raumfahrt reichen.

✓ Der Begriff *Computer* stammt aus dem englischen *to compute* (berechnen).

✓ Die Datenverarbeitung baut auf dem EVA-Prinzip auf. EVA steht für Eingabe – Verarbeitung – Ausgabe.

✓ Die EDV-Anlage kann aus sich selbst heraus gar nichts. Für jede Aufgabe benötigt sie eine genaue Arbeitsanweisung in Form eines Programms.

Übungen

1. Nennen Sie verschiedene Einsatzgebiete der Datenverarbeitung.

2. Was versteht man unter dem *EVA-Prinzip*?

3. Wie definiert man den Begriff *Computerprogramm*?

4. Was verbirgt sich hinter der Abkürzung *EDV*?

Die Lösungen zu diesen Aufgaben finden Sie im Anhang des Co@ches.

Modul 3

Hardware und weiteres Zubehör

Dieses Modul beschäftigt sich mit den wichtigsten Hardware- und Zubehörteilen, aus denen ein Computer besteht. Der Begriff *Hardware* kommt aus dem Englischen und heißt übersetzt Eisenwaren, Metallwaren und ist die Bezeichnung für die physikalischen Komponenten eines Computersystems wie zum Beispiel Tower, Bildschirm oder Tastatur, die Sie bereits kennen gelernt haben. Anders ausgedrückt gehören zur Hardware alle einzelnen Bauteile, die Sie sehen und anfassen können, angefangen beim Bildschirm über die Tastatur bis hin zum Drucker. Das Pendant zur Hardware ist die *Software*, also die Programme und die zugehörigen Daten. Darüber werden Sie im Laufe dieses Buches noch Genaueres erfahren. Die Hardware gibt nur einen Rahmen in Bezug auf die Leistungsfähigkeit des Computers vor. Alles Weitere hängt von der vorhandenen Software und Ihren Kenntnissen ab.

Lernen Sie

- die Bedeutung der Zentraleinheit kennen
- welche Bestandteile zum Prozessor gehören
- welche Unterschiede zwischen flüchtigen und permanenten Speichern bestehen
- diverse externe Speichermedien einzuordnen
- in welche Klassen man Drucker einteilen kann
- worauf Sie beim Bildschirm achten müssen
- Wissenswertes über verschiedene Eingabegeräte
- die Einsatzmöglichkeiten einer Soundkarte kennen
- was ein Modem leistet
- welche Scanner es gibt
- was ein CD-Brenner leistet
- worauf Sie bei der Zusammenstellung des PCs achten sollten

3.1 Die Verarbeitung in der Zentraleinheit

Die Verarbeitung der Daten findet im PC-Gehäuse eines Computers statt. Hierin enthalten ist der wichtigste Bestandteil eines Computers, die *Zentraleinheit*. Diese wiederum besteht aus Komponenten, die die Verarbeitung der Informationen eines Computersystems steuern und kontrollieren. Laut deutscher Industrie-Norm (DIN) 44300/5 gehören der Prozessor, der Zentralspeicher (Hauptspeicher) und die Eingabe-/Ausgabeschnittstellen zur Zentraleinheit. Als Schnittstelle bezeichnet man die Stellen, an denen Informationen zu anderen Bauteilen übergeben werden.

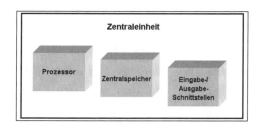

> **Hinweis:** Der englische Begriff für Zentraleinheit ist *CPU* (*central processing unit*). Umgangssprachlich wird die Zentraleinheit häufig auch als Prozessor bezeichnet, was nicht unerheblich zur computersprachlichen Verwirrung beiträgt.

3.2 Der Prozessor

Der wichtigste Teil des Computers ist der *Prozessor*, häufig auch als CPU bezeichnet. Er ist quasi das Gehirn des Computers. Seine Funktion besteht in der Steuerung und Berechnung von Daten. Die Aufgaben werden im Steuer- und Rechenwerk ausgeführt, die gemeinsam den Prozessor bilden.

Das Steuerwerk koordiniert alle Vorgänge, die im Prozessor ablaufen. Wenn ein Anwender zum Beispiel über die Tastatur ein Programm aufruft, dann ist es die Aufgabe des Steuerwerks, das Programm Befehl für Befehl in der richtigen Reihenfolge zu laden und abzuarbeiten.

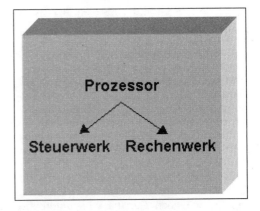

Im Rechenwerk werden alle Rechenoperationen durchgeführt. Da alle Rechenvorgänge auf der Addition beruhen, kann man auch von einem Addierwerk sprechen.

Für Sie als Anwender ist die Leistung des Prozessors wichtig. Bezogen auf die praktische Arbeit bedeutet dies, dass folgende Frage zu klären ist: Wie viel Zeit benötigt der Computer, um eine bestimmte Aufgabe auszuführen?

Zwei wesentliche Leistungsmerkmale der CPU bestimmen maßgeblich die Geschwindigkeit, mit der Daten verarbeitet werden können. Dabei handelt es sich um die Komponenten Bit-Wort (Maschinenwort) und Taktfrequenz.

Im Modul 2 haben Sie bereits erfahren, dass Computer eine besondere Sprache benötigen, um die Anweisungen verstehen und verarbeiten zu können. Im Gegensatz zur menschlichen Sprache haben die Wörter dieser Maschinensprache eine Länge, die immer ein Vielfaches von acht Zeichen umfasst. Ein solches Zeichen nennt man auch ein Bit. 8 Bit sind 1 Byte.

Die Wortlänge, mit der der Prozessor arbeitet, heißt *interne Bit-Breite* und ist ein Vielfaches von 8. Es werden folgende Prozessoren unterschieden:

- 8-Bit-Prozessoren = 1 Byte wird bearbeitet.
- 16-Bit-Prozessoren = 2 Byte werden gleichzeitig bearbeitet.
- 32-Bit-Prozessoren = 4 Byte werden gleichzeitig bearbeitet.
- 48-Bit-Prozessoren = 6 Byte werden gleichzeitig bearbeitet.
- 64-Bit-Prozessoren = 8 Byte werden gleichzeitig bearbeitet.

8-Bit-Prozessoren gehören heute der Vergangenheit an, 16- und 32-Bit-Prozessoren werden nur noch bei sehr preiswerten Computern verwendet. Im PC-Bereich sind 64-Bit-Prozessoren der aktuelle Standard. Das gilt auch für den privaten Bereich.

Für die Leistungsfähigkeit des Prozessors ist außerdem entscheidend, wie viele Bits der Prozessor gleichzeitig an seine angeschlossene Peripherie schicken kann.

> **Hinweis:** Genauso wie Sie das Volumen von Flüssigkeit in Litern oder die Entfernung in Metern oder Kilometern messen können, sind Bits und Bytes Maßeinheiten im Computerbereich.

3.3 Die Taktfrequenz

Ein weiteres entscheidendes Merkmal für die Leistungsfähigkeit eines Rechners ist die Taktfrequenz. Sie ist ein Maß dafür, wie schnell die Daten zwischen den einzelnen Elementen hin- und hergeschickt werden können. Die Taktfrequenz wird durch einen Taktgeber, auch Steuerquarz genannt, erzeugt. Er synchronisiert die Übergabe zwischen den Rechnerbausteinen. Die Taktfrequenz ist der Antrieb des Rechners und wird in der Maßeinheit Megahertz (MHz) gemessen. Ein Hertz wiederum bedeutet eine Aktion (Schwingung) pro Sekunde. Wenn Sie eine Taktfrequenz von 8 MHz haben, bedeutet das, dass der Taktgeber acht Millionen mal pro Sekunde schwingt. Der heutige Standard liegt bei 800 MHz bis 2 GHz.

Fazit: Je höher die Taktfrequenz, desto schneller kann der Rechner arbeiten.

Bei der Beurteilung der Taktfrequenz müssen noch folgende Faktoren berücksichtigt werden:

- Langsame Speicherbausteine können die Verarbeitung bremsen.
- Die Taktfrequenz kann nur bei gleichen Prozessorentypen verglichen werden. Ein 150-PS-Motor bringt schließlich auch in einem Lastwagen eine andere Beschleunigung als in einem Sportflitzer.

3.4 Der Zentralspeicher

Ein Speicher ist nichts anderes als ein Aufbewahrungsort für Daten. Das heißt, ein Speicher nimmt Daten auf, verwahrt diese und gibt sie bei Bedarf wieder ab.

Man unterscheidet

- flüchtige Speicher (RAM) und
- permanente Speicher (ROM).

Der interne Speicher (Zentralspeicher) besteht aus einem vom Anwender nicht veränderbaren permanenten Teil (*ROM:* Read Only Memory) und einem frei beschreibbaren Teil (*RAM:* Random Access Memory).

3.5 Der ROM-Speicher

Im ROM-Speicher befinden sich alle Programmteile, die zur Organisation und zum Starten des Rechners nötig sind. Der ROM-Speicher ist fest programmiert. Er kann nicht verändert und nicht gelöscht werden. Das bedeutet, er ist ein Nur-Lese-Speicher (Read Only Memory). Auch beim Ausschalten des Computers bleibt sein Inhalt bestehen.

Die Größe des ROM-Speichers ist vom Hersteller und System abhängig und von Computer zu Computer unterschiedlich. Der Umfang der ROM-Speicher wird in Byte angegeben. Während in der Vergangenheit zum Beispiel die PCs mit 16-Kbyte-ROM-Speicher ausgestattet waren, hat sich die Kapazität von modernen PCs in heutiger Zeit auf bis zu 2 MByte erhöht. Je höher diese Angabe ist, umso mehr Daten können gespeichert werden.

> **Hinweis:** KByte oder KB ist die Abkürzung für Kilobyte und die Maßeinheit für eine Informationsmenge. Ein KByte entspricht 1024 Byte. 1 MByte (MB, Megabyte) umfasst 1024 KByte und somit 1.048.576 Byte. 1 Gigabyte (GByte oder GB) entspricht 1024 MByte.

Der bekannteste ROM-Speicher ist das ROM-BIOS. *BIOS* ist die Abkürzung für *Basic Input Output System*. Dabei handelt es sich um ein einfaches Ein-/Ausgabesystem beziehungsweise das grundlegende Systemprogramm eines PCs, das nach dem Einschalten des PCs zur Verfügung steht.

Es gibt noch abweichende Bauarten des ROM, die für die Anwender jedoch von untergeordneter Bedeutung sind.

3.6 Der RAM-Speicher

Der RAM-Speicher ist ein Schreib-Lese-Speicher. Er kann frei beschrieben, gelesen und gelöscht werden und steht somit als Daten- und Programmspeicher zur Verfügung.

Das Programm, mit dem Sie arbeiten möchten, wird beim Start in das Kurzzeitgedächtnis des Computers, den RAM, geladen. Dort befinden sich dann auch die zu bearbeitenden Daten. Außerdem werden dort alle Änderungen festgehalten. Der RAM-Speicher speichert die Daten allerdings nur so lange, wie er mit Strom versorgt wird. Wenn Sie den Computer ausschalten, sind alle Daten verloren. Aus diesem Grunde müssen alle eingegebenen Daten und deren Änderungen vor dem Ausschalten des Computers auf einem externen Datenträger, zum Beispiel einer Festplatte oder einer Diskette, gespeichert werden. Die Festplatte ist ein Speicher, der im Computergehäuse eingebaut ist. Über die Speichermedien werden Sie weiter unten in diesem Kapitel noch mehr erfahren. Datenteile, die nicht mehr in den RAM passen, müssen bei Bedarf von der *Festplatte* geholt werden. Das verbraucht selbstverständlich Zeit, denn der Zugriff auf den Arbeitsspeicher ist schneller. Daraus ergibt sich: Je größer der Arbeitsspeicher ist, desto seltener müssen Informationen auf die Festplatte ausgelagert beziehungsweise von dort geladen werden und umso schneller arbeitet der Computer.

Rechner mit schnellen Prozessoren und mit einem geringen Arbeitsspeicher sind oftmals langsamer als Rechner mit einem großen Arbeitsspeicher, aber einem etwas langsameren Prozessor. Anders ausgedrückt, ein noch so guter Prozessor bringt nicht die gewünschte Leistung, wenn er durch einen zu kleinen Arbeitsspeicher gebremst wird. Die Größe des Arbeitsspeichers ist für Computer unter Systemen wie Windows entscheidend für die Arbeitsgeschwindigkeit des Systems und der einzelnen Programme.

Die Kapazität des Arbeitsspeichers wird in Kilobyte oder Megabyte angegeben. Wer zügig mit den Windows-Programmen arbeiten möchte, sollte mindestens 128 MByte besitzen.

RAM-Speicher gibt es in unterschiedlichen Versionen. Hier die wichtigsten Varianten:

- DDR-RAM
- RAMBUS-RAM
- SDRAM
- RAM / DRAM

Über Jahre hinweg gab es nur eine RAM-Art. Dafür reichte der Begriff RAM völlig aus. Heute gibt es Spezifikationen dieser Art. Der dynamische Ursprungstyp wurde deshalb DRAM genannt.

3.7 Die Peripherie

Zur Peripherie des Computers zählen die technischen Komponenten, die nicht zur Hauptplatine gehören. Während zur Hauptplatine, auch Motherboard genannt, Prozessor, ROM und Hauptspeicher gehören, unterscheidet man im Wesentlichen bei der Peripherie zwischen:

- externen Speichern
- Ein- und Ausgabegeräten

Externe Speicher wie zum Beispiel Disketten dienen als Massenspeicher zur Datensicherung von Programmen und Informationen. Ein- und Ausgabegeräte ermöglichen die Kommunikation zwischen Mensch und Maschine. Die bekanntesten Eingabegeräte sind Tastatur und Maus. Zu den Ausgabegeräten zählen Bildschirm und Drucker. Die Peripherie des Computers werden Sie im weiteren Verlaufe, dieses Moduls kennen lernen.

3.8 Externe Speicher

Bislang haben Sie die so genannten internen Speicher in der Zentraleinheit kennen gelernt. Diese reichen allerdings nicht aus, um komplexe Programme, Betriebssysteme und umfangreiche Informationen, die aufbewahrt werden müssen, zu speichern.

Aus diesem Grunde ist es notwendig, Programme und Daten auf separaten Massenspeichern zu sichern. Man unterscheidet verschiedene Arten von externen Speichern. Die wichtigsten Speichermedien sind:

- Festplatte (Harddisk)
- CD-ROM
- Zip-Disk
- Diskette (Floppy Disk)
- magneto-optische Speicherplatten (MO)
- DVD (Digital Versatile Disk)

3.9 Die Festplatte

Die Festplatte, auch Harddisk genannt, besteht aus einer starren, in höchster Präzision geschliffenen Metallscheibe und ist fest im Computer eingebaut. Sie besteht aus einer oder mehreren beschichteten Speicherplatten, die übereinander aufgebaut sind und sich um eine zentrale Achse drehen.

Der Plattenstapel und die gesamte Mechanik befinden sich in einem abgeschlossenen Gehäuse. Auf die Oberfläche der Scheiben wird mit winzig kleinen Schreib-/Leseköpfen zugegriffen. Die Schreib-/Leseköpfe sind auf kammartige Träger montiert, die zwischen die Magnetplatten greifen. Aufgrund der Kammbewegung kann im Zusammenwirken mit der Drehung des Plattenstapels jede Plattenposition erreicht werden.

Jede dieser Platten ist in Spuren und Sektoren aufgeteilt, deren Anzahl und Größe die Plattenkapazität bestimmen. Bevor eine Festplatte beschrieben werden kann, muss sie formatiert werden. Formatieren bedeutet in diesem Zusammenhang, dass die Platte in Spuren und Sektoren eingeteilt wird.

Festplatten erreichen Kapazitäten von mehreren GigaByte. Vorteile sind:

- hohes Fassungsvermögen
- schnelle Zugriffszeit
- hohe Übertragungsraten für Daten und Programme

Viel Speicherplatz ist dringend erforderlich, denn auf der Festplatte werden nicht nur zum Beispiel Ihre Texte gespeichert, sondern auch die Programme, mit denen Sie arbeiten. Auch Spiele, die auf Festplatten kopiert werden, gehen nicht gerade sparsam mit Speicherplatz um. Wenn Sie regelmäßig mit Bildern arbeiten, werden Sie feststellen, dass diese sehr viel Speicherplatz in Anspruch nehmen. Ein Bild ist oft schon größer als 1 MByte.

Die Schnelligkeit der Festplatte ist von folgenden Faktoren abhängig:

- Zugriffszeit
- Datendurchsatz

Wenn Sie sich einen PC anschaffen, sollte die Zugriffszeit der Festplatte unter 15 Millisekunden liegen. Es handelt sich um die Zeit, die im Durchschnitt vergeht, bis sich der Schreib-/Lesekopf der Festplatte bis zur nächsten Position bewegt. Mit Datendurchsatz ist die Datenmenge gemeint, die pro Sekunde von der Festplatte übertragen werden kann. Wenn mehr als 12 bis 16 MByte pro Sekunde erreicht werden, ist der Wert in Ordnung.

3.10 Die Diskette

Disketten waren über Jahre das wohl am weitesten verbreitete Speichermedium. Sie eignen sich aber nur für kleine und mittelgroße Datenmengen, da sie nur einen Bruchteil der Datenmenge einer Festplatte aufnehmen können. Vorteilhaft ist, dass man sie schnell und bequem auswechseln und von PC zu PC transportieren kann. Auch mit der Post können Sie Disketten verschicken.

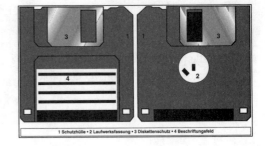

1 Schutzhülle • 2 Laufwerksfassung • 3 Diskettenschutz • 4 Beschriftungsfeld

In den meisten PCs befinden sich heute so genannte 3½-Zoll-Laufwerke. Dementsprechend werden dafür 3½-Zoll-Disketten benötigt. In der Vergangenheit haben sich die 3½-Zoll-Disketten durchgesetzt und die ursprüngliche 5¼-Zoll-Diskette abgelöst. Neben der Größe unterscheiden sich 5¼- und 3½-Zoll-Disketten auch durch die Schutzhülle, die bei der kleineren Variante erheblich härter ist. Dadurch wird dieser Datenträger nicht nur besser geschützt, sondern die Schutzhülle verleiht ihm auch eine größere Stabilität. Darüber hinaus erlaubt die 3½-Zoll-Diskette eine größere Aufzeichnungsdichte.

Die Speicherkapazität von Disketten hängt von der Schreibdichte und Speicherorganisation ab. Hinsichtlich der Schreibdichte unterscheidet man folgende Disketten:

- Single Sided (SS) werden einseitig beschrieben.
- Double Sided (DS) werden doppelseitig beschrieben.

Da die Beschriftung auf einzelnen Spuren verläuft, müssen bezüglich der Spurendichte Unterscheidungen getroffen werden. Gebräuchlich sind Spurendichten mit Double Density (DD: doppelte Dichte) und High Density (HD: hohe Dichte). Auf der Diskettenpackung sollten Sie die Kürzel DS und HD finden, eventuell aber auch die Begriffe Double Sided, High Density oder Hohe Dichte. Damit wird das Fassungsvermögen der Disketten beschrieben. Für die IBM- und IBM-kompatiblen PCs unterscheidet man demnach folgende 3½-Zoll-Disketten:

- Double-Sided (DS) – Double-Density (DD) mit 720 KByte
- Double-Sided (DS) – High-Density (HD) mit 1,44 MByte

> **Hinweis:** Es gibt eigentlich kaum einen Grund, Disketten mit einem Fassungsvermögen von 720 KByte zu kaufen. Sie sind nur unwesentlich preiswerter als die Variante, die 1,44 MByte und damit die doppelte Datenmenge fassen kann.

Bevor eine Diskette benutzt werden kann, muss sie vorbereitet werden. Das heißt, die für das Beschreiben benötigten Spuren müssen auf der Diskette angelegt werden. Außerdem ist die Diskette in Sektoren einzuteilen. In der Fachsprache heißt dieser Vorgang *Formatieren*. Während das Formatieren von Disketten früher vom Anwender vor Gebrauch durchgeführt werden musste, vertreiben inzwischen die meisten Hersteller ihre Disketten formatiert.

Beim Einlegen von Disketten in das Disketten-Laufwerk müssen Sie darauf achten, dass die richtige Seite oben ist. Bei den 3½-Zoll-Disketten können Sie dies an einem kleinen Pfeil, der sich oben auf der Diskette befindet, erkennen. Der Pfeil muss oben sein und in Richtung Laufwerk zeigen. Schieben Sie die Diskette so weit in das Laufwerk, bis sie einrastet. Dabei müssen Sie einen leichten Widerstand überwinden.

Um die Diskette wieder aus dem Laufwerk herauszunehmen, drücken Sie auf den kleinen Knopf, der sich in den meisten Fällen rechts unterhalb des Disketteneinschubschachts befindet. Durch diesen Vorgang wird die Diskette ein Stück aus dem Laufwerk herausgeschoben, so dass Sie diese anfassen und ganz herausnehmen können.

An den Diskettenlaufwerken befindet sich ein kleines Kontrolllämpchen, das in den meisten Fällen entweder grün, rot oder orange ist. Dieses Lämpchen leuchtet, wenn der Computer Daten auf Ihre Diskette schreibt oder Informationen von der Diskette liest. Wenn die Lampe leuchtet, dürfen Sie die Diskette nicht aus Ihrem Laufwerk herausnehmen.

Beim Umgang mit Disketten sollten Sie Folgendes beachten:

- Berühren Sie die Oberfläche der Magnetseite nicht mit Ihren Fingern.
- Bringen Sie die Diskette nie in die Nähe magnetischer Felder, da ansonsten die auf der Diskette gespeicherten Daten verloren gehen.

- Halten Sie die Disketten von allen elektrischen Geräten in einem Abstand von mindestens 30 cm.
- Um ein Beschädigen der Oberfläche zu vermeiden, dürfen Sie eine Diskette nie verbiegen.
- Setzen Sie Disketten nie extremen Temperaturen aus. 10 bis 52 Grad Celsius sind erlaubt.
- Bewahren Sie Ihre Disketten beschriftet in einer Schutzhülle auf.
- Zum Schutz der 3½-Zoll-Diskette verschieben Sie den kleinen Schieber zum Öffnen und Schließen.

> **Hinweis:** Eine Sonderform der Diskette, die heute zunehmend an Bedeutung gewinnt, ist die Zip-Diskette. Sie wird wegen ihrer höheren Kapazität (100 MByte) häufig zusätzlich zur Floppy-Disk eingesetzt. Allerdings erfordert dieses Speichermedium ein eigenes Zip-Laufwerk.

3.11 Optische Speicherplatten

Die *CD-ROM* (Compact Disk Read Only Memory) ist ein bekanntes optisches Speichermedium, das mehr und mehr an Bedeutung gewinnt. Sie ist ein Datenträger mit hoher Kapazität und eignet sich wie die Diskette zum Datentransport. Bei optischen Systemen erfolgt das Lesen und Schreiben von Informationen durch einen Laserstrahl. Dieses Verfahren wird im Zusammenhang mit der Audio-CD und im PC-Bereich eingesetzt.

Bei optischen Speicherplatten werden im Wesentlichen folgende Verfahren der Beschreibbarkeit unterschieden:

- CD-ROM (Read Only Memory: nur Lese-Speicher)
- WORM (Write Once Read Many: einmal beschreibbar, oft lesbar)
- DRAW (Direct Read After Write: direkt nach dem Schreiben lesbar)

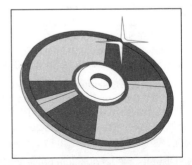

Die CD-ROM ist durch den Anwender nicht beschreibbar. Sie kann nicht mehr gelöscht werden. Sie eignet sich zur kostengünstigen Verarbeitung von großen Datenmengen, zum Beispiel für Nachschlagewerke und elektronische Datenbanken. Die Speicherkapazität einer CD-ROM liegt bei einseitiger Aufzeichnung zwischen 650 und 700 MByte.

Beschreibbar ist hingegen die CD Recordable (CD-R), zu der die WORM und DRAW gehören. Aufgrund sinkender Kosten für den CD-Brenner und die CD-Rohlinge brennen heute immer mehr Anwender ihre CDs selbst. Sie werden unter anderem für Langzeitarchivierung eingesetzt.

Die meisten CDs werden so eingelegt, wie Sie es vielleicht von Ihrer Stereoanlage her kennen.

1. Sie drücken auf den kleinen Knopf am CD-ROM-Laufwerk. Dadurch lösen Sie aus, dass eine Art Schublade ausgefahren wird.
2. Schieben Sie die CD ein. Die CD muss mit der Schrift nach oben eingelegt werden.
3. Drücken Sie wieder auf den Knopf des CD-ROM-Laufwerks. Die Schublade wird geschlossen.

Einige CD-ROM-Laufwerke haben einen kleinen Motor, der sich um das Ein- und Ausfahren der Schublade kümmert. Dann reicht ein ganz geringer Anstoß aus. Um die CD-ROM anschließend wieder aus dem Laufwerk herauszunehmen, fahren Sie die Schublade wieder durch einen Druck auf den Knopf aus.

Die CD-ROM ist sehr empfindlich. Auf der unteren Seite befinden sich die Daten. Wenn diese Seite verschmutzt und/oder zerkratzt wird, hat Ihr Laufwerk mit Sicherheit Probleme, die CD zu lesen. Aber auch Kratzer auf der oberen Seite können Auswirkungen auf die Daten der unteren Seite haben. Behandeln Sie eine CD-ROM aus diesem Grunde sehr pfleglich. Auch direkte Sonneneinstrahlung kann zu Unbrauchbarkeit durch Verbiegen führen. Fett und Schweiß hinterlassen Spuren auf der Oberfläche und führen zu Lesestörungen. Aus diesem Grunde sollten Sie die Oberfläche nicht mit den Fingern anfassen. Zur Aufbewahrung sollten Sie eine CD-ROM in die mitgelieferte Verpackungshülle legen.

3.12 Der Bildschirm

Es gibt eine Vielzahl unterschiedlicher Bildschirme. Auf einen qualitativ hochwertigen Bildschirm sollten Sie besonders viel Wert legen. Folgen eines schlechten Bildschirms können rote, tränende Augen und Kopfschmerzen sein.

Im Zusammenhang mit dem Bildschirm ist die Grafikkarte von besonderer Bedeutung. Monitor und Grafikkarte bilden ein Team. Der beste Bildschirm nützt wenig, wenn die Grafikkarte nichts taugt. Umgekehrt bringt eine leistungsfähige Grafikkarte keine Vorteile, wenn der Monitor deren Leistung nicht unterstützt. Die Grafikkarte ist ein Bauteil, das im Computergehäuse untergebracht ist. Sie wird als Ganzes eingesteckt und heißt deswegen auch Steckkarte. Beim Kauf des Computers ist sie bereits installiert.

An das Terminal sollten Sie folgende Anforderungen stellen:

- Die Bildschirmgröße sollte an Ihre Bedürfnisse angepasst sein.
- Die Bilder auf dem Bildschirm sollten in der gewünschten Größe dargestellt werden können. In der Fachsprache spricht man von *Auflösung*.
- Die Darstellung sollte flimmerfrei erfolgen. Dafür sorgt eine hohe Bildwiederholfrequenz.
- Die Kontraste auf dem Bildschirm sollten gut dargestellt werden.
- Der Bildschirm sollte entspiegelt sein.
- Auf dem Monitor sollten überall die gleichen Farbwerte zu sehen sein.
- Der Bildschirm sollte strahlungsarm sein.

Bildschirme werden in unterschiedlichen Größen (14, 15, 17, 19, 20 und 21 Zoll) angeboten. Die Größe wird in der Bildschirmdiagonale gemessen. Der folgenden Tabelle können Sie die Umrechnung in cm entnehmen:

Bildschirmgröße in Zoll	Bildschirmgröße in cm
14	33,5
15	34,5
17	40
19	45,5
20	48
21	50

Das Bild, das Sie auf dem Bildschirm sehen können, wird aus vielen kleinen Punkten zusammengesetzt. Diese Punkte heißen in der Fachsprache Pixel. Die Anzahl der Punkte, die Monitor und Grafikkarte darstellen können, wird als Auflösung bezeichnet. Die Auflösung, die Sie wählen sollten, hängt von der Bildschirmgröße ab. Als Richtwerte kann man für einen 14-Zoll-Bildschirm eine Auflösung von 640x480 und bei 15 Zoll eine Auflösung von 800x600 ausprobieren. Heute werden mehr und mehr 17- und 19-Zoll-Monitore bei einer Auflösung von 1024 x 768 eingesetzt.

Die Bildschirmfrequenz wird in Hertz ausgedrückt. Diese Maßeinheit beschreibt, wie oft pro Sekunde ein Bild neu aufgebaut wird. 70 Hertz bedeutet beispielsweise, dass 70-mal pro Sekunde ein neues Bild aufgebaut wird. Eine Frequenz von weniger als 70 Hertz ist übrigens nicht empfehlenswert. Bei guten Monitoren beträgt die Frequenz bis zu 115 Hertz.

3.13 Der Drucker

Auch der Drucker, häufig wird auch seine englische Bezeichnung *Printer* verwendet, zählt zu den Ausgabegeräten der Peripherie. Mit seiner Hilfe bringen Sie Ihre Arbeit zu Papier, von der Einladung über Grafiken, Doktorarbeiten bis hin zu Tabellen und Vereinszeitungen. Grundsätzlich werden zwei Druckerklassen unterschieden:

- Impact-Printer
- Non-Impact-Printer

Impact-Printer haben einen mechanischen Anschlag, Non-Impact-Printer hingegen sind anschlagsfrei. Bei Impact-Druckern wird das Zeichen auf dem Papier durch den Anschlag eines kleinen Typenhammers oder von Nadeln mit zwischenliegendem Farbband erzeugt. Zu den Impact-Druckern gehören unter anderem Nadelmatrixdrucker und Typenraddrucker.

Nadelmatrixdrucker, auch einfach nur Nadeldrucker genannt, setzen die Buchstaben und Ziffern aus einzelnen Punkten zusammen. Sie bedrucken das Papier, indem kleine Nadeln auf ein Farbband aufschlagen und so der Abdruck eines Buchstabens entsteht. Einfache Drucker verfügen über neun Nadeln. Es gibt auch Drucker mit 24 Nadeln, die ein wesentlich besseres Schriftbild erzeugen. 9-Nadel-Drucker werden heute nicht mehr verkauft. Auch die 24-Nadeldrucker werden nur äußerst selten angeboten und gekauft, da bei der Technik der Nadeldrucker mit

erheblicher Lärmbelästigung gerechnet werden muss.

Ein weiterer Nachteil ist die Druckqualität, die nicht mit der von Tinten- und Laserdruckern zu vergleichen ist. Auch hinsichtlich der Geschwindigkeit werden keine optimalen Ergebnisse erzielt. Vorteile dieses Druckertyps sind allerdings die geringen Unterhaltungskosten und die Möglichkeit, Durchschläge für Mehrfachsätze zum Beispiel von Rechnungen, Angeboten und Auftragsbestätigungen zu machen.

Typenraddrucker funktionieren im Prinzip wie Schreibmaschinen. Ein Zeichen schlägt über ein Farbband auf das Papier. Auf einem rotierenden Typenrad sitzen alle Zeichen. Vor jedem zu druckenden Zeichen wird das Typenrad in die korrekte Lage gedreht. Ein kleiner Hammer schlägt dann das Zeichen auf das Papier. Diesem Druckertyp kommt heute nur noch wenig Bedeutung zu.

Im Gegensatz zu den Impact-Druckern arbeiten anschlagfreie Drucker, wie der Name bereits besagt, ohne Anschlag. Zu den Non-Impact-Druckern gehören folgende:

- Tintenstrahldrucker
- Laserdrucker
- Thermotransferdrucker

Tintenstrahldrucker bilden die zu druckenden Zeichen mit einer Anordnung von Düsen. Diese wiederum schießen winzige Tintentröpfchen gegen das Papier. Tintenstrahldrucker sind universell einsetzbar, leise und liefern in der Regel ein gutes Druckbild. Außerdem sind sie zu erschwinglichen Anschaffungskosten zu haben. Die Preise für Tintenpatronen sind jedoch im Gegensatz zu den Anschaffungskosten von Druckern unverhältnismäßig hoch.

Laserdrucker arbeiten nach dem gleichen Prinzip wie ein Fotokopierer. Auf einer Walze wird mit Hilfe eines Laserstrahls das Druckbild erzeugt. Die auf diese Weise elektrostatisch aufgeladenen Stellen nehmen Toner, ein Farbmittel, auf. Beim Abrollen der Walze wird der Toner auf das Papier übertragen und dort quasi eingebrannt. Laserdrucker bieten nicht nur bei Ausdruck von Schrift, sondern auch bei Grafiken eine gute Qualität. Sie zeichnen sich außerdem durch Schnelligkeit aus. Viele Drucker schaffen 12 Seiten pro Minute oder mehr. Qualität und Schnelligkeit fordern allerdings auch ihren Preis.

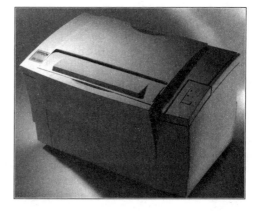

Der Thermodrucker ist ein Drucker, der die Zeichen thermisch, also durch Erwärmen, erzeugt. Diese Technik erfordert ein wärmeempfindliches Spezialpapier.

Die größte Bedeutung bei den einzelnen Druckertypen kommt Nadeldruckern, Tintenstrahldruckern und Laserdruckern zu.

> **Hinweis:** Bei allen Druckertypen werden Sie auf den Begriff dpi stossen. Dpi steht für dots per inch. Dieser Wert gibt an, wie viele Punkte (dots) der Drucker pro Zoll (inch) drucken kann. Als Faustregel gilt, je höher der Wert, desto besser das Druckbild. In der Regel werden mit 300 dpi gute Ergebnisse erzielt. Laserdrucker werden mit einer Auflösung von 600 dpi und mehr angeboten, möglich sind 1440 dpi. Bei Texten ist der Unterschied zu 300 dpi kaum zu bemerken. Bei Grafiken mit Graustufen ist die Abweichung jedoch erheblich.

3.14 Eingabegeräte

Angepasst an die Arbeitsweise des Computers gibt es spezielle Eingabegeräte, die in den folgenden Abschnitten ausführlicher besprochen werden.

Die Tastatur

Die Tastatur ist, wie Sie bereits wissen, ein wichtiger Bestandteil, um mit dem Computer Kontakt aufzunehmen. Sie ist ein Hilfsmittel, um dem Computer mitzuteilen, was er tun soll. Falls sich auf Ihrer Tastatur andere Tasten befinden als in der Abbildung, hat diese die englischen Bezeichnungen.

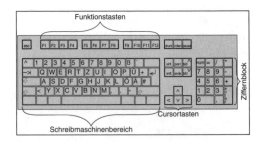

Sofern Sie sich mit der Schreibmaschinentastatur auskennen, wird Ihnen auffallen, dass die PC-Tastatur über zahlreiche weitere Tasten verfügt. Keine Angst, Sie müssen nicht alle Tasten kennen, um mit dem PC umgehen zu können. Selbst viele PC-Anwender, die tagtäglich mit dem Computer arbeiten, sind nicht mit allen Funktionen der Tasten vertraut.

Wenn Sie die unterschiedlichen Aufgaben der einzelnen Tastaturblöcke kennen, reicht das völlig aus. Alles andere lernen Sie später bei der Arbeit ganz von selbst. Dieser Co@ch stellt die wichtigen Tasten an den entsprechenden Stellen vor.

Den größten Teil nehmen die Schreibmaschinentasten ein. Mit Hilfe dieser Tasten werden Sie über die einzelnen Buchstaben später unter anderem Texte erfassen.

Im oberen Bereich der Tastatur finden Sie die so genannten Funktionstasten. Diese Tasten haben in den einzelnen Anwendungsprogrammen unterschiedliche Funktionen. Einige Programme verzichten völlig auf die Belegung der Funktionstasten. In den meisten Programmen erhalten Sie über die F1 eine interne Hilfe zum Anwendungsprogramm.

Rechts neben der Schreibmaschinentastatur gibt es so genannte Pfeil- oder Cursortasten. Auch diese Tasten sind von der verwendeten Software abhängig. Sie werden später an den entsprechenden Stellen erläutert.

Ganz rechts finden Sie den numerischen Block. Er ist besonders für die schnelle Eingabe von Zahlen gedacht. Für die Rechenoperationen benötigen Sie allerdings ein Programm, das Berechnungen durchführen kann. Alle Tasten sind hier doppelt belegt. So kann zum Beispiel die Taste mit der Ziffer 6 auch als Cursortaste verwendet werden. Zwischen den beiden Belegungsvarianten können Sie hin- und herschalten, indem Sie auf die `Num`-Taste drücken. Wenn ein Lämpchen in dieser Taste oder im oberen rechten Bereich der Tastatur leuchtet, können Sie Zahlen eingeben.

Links oberhalb des Nummernblocks finden Sie noch die Tasten `Druck`, `Rollen` und `Pause`. Diese können Sie zunächst einmal ignorieren.

Einige Tasten haben in Computerprogrammen besondere Aufgaben und werden an den entsprechenden Stellen erläutert. Hier jedoch eine kurze Übersicht über die wichtigsten Tasten:

Die größte Taste auf der Tastatur ist neben der Leertaste die `↵`-Taste, auch Return-, Enter- oder Eingabetaste genannt. Sie entspricht quasi dem Wagenrücklauf der Schreibmaschine. Bei der Arbeit mit dem Computer wird sie in erster Linie für die Bestätigung von Befehlen eingesetzt. Wann das notwendig ist, erfahren Sie noch.

Die `⇧`-Taste wird wie bei der Schreibmaschine zum Schreiben von Großbuchstaben benötigt.

Die `Strg`-Taste (Steuerung) und `Alt`-Taste (Alternate) werden in Kombination mit anderen Tasten benutzt und übergeben dann in Abhängigkeit von dem jeweiligen Anwendungsprogramm Befehle an den Computer.

Bei der Arbeit mit dem Computer werden Sie auch mal an der einen oder anderen Stelle einen falschen Arbeitsschritt durchführen. Durch das Drücken der `Esc`-Taste (von Escape = fliehen, flüchten) können Sie eine irrtümlich begonnene Aktion abbrechen. Sie finden diese Taste außen links in der obersten Reihe.

Die `←`-Taste wird zur Berichtigung von Fehlern gebraucht. Wenn Sie diese Taste drücken, wird das zuletzt geschriebene Zeichen gelöscht.

3.15 Die Maus und weitere Zeigegeräte

Auch die *Maus* ist ein Gerät, mit dem Sie dem Computer Befehle übermitteln können. Zwar sind Windows und auch die Programme, die unter Windows laufen, grundsätzlich auch mit der Tastatur zu bedienen, die Konzeption ist allerdings klar auf die Maus ausgerichtet. Das bedeutet, dass Sie viele Arbeitsgänge mit Hilfe der Maus schneller und bequemer durchführen können. In der täglichen Arbeit kommt es meistens zu einer Kombination von Maus- und Tastatureinsatz.

Neben der Maus gibt es noch weitere Zeigegeräte. Dazu gehören unter anderem Lightpen (Lichtgriffel), Trackball und Joystick. Der Lichtgriffel ist kaum größer als ein Kugelschreiber und per Kabel mit dem Computer verbunden. Er wird ähnlich wie die Maus eingesetzt. Vergleichbare Funktionen wie die Maus erfüllen auch die Joysticks, die dem Steuerknüppel eines Flugzeugs ähneln. Sie werden fast ausschließlich bei Computerspielen eingesetzt. Der Trackball ist ein Zeigegerät, das in etwa einer umgedrehten Maus entspricht. Beim Trackball befindet sich die Kugel auf der Oberseite des Geräts. Die Kugel wird in der Regel mit dem Daumen bewegt.

3.16 Zusatzgeräte

Nachdem Sie bereits die wichtigsten Hardware-Komponenten eines Computers kennen gelernt haben, stellen wir Ihnen in diesem Abschnitt noch einige Zusatzgeräte vor. Dabei geht es im Wesentlichen darum, dass Sie einen Überblick über weitere Geräte erhalten, die Sie bei Ihrer Arbeit unterstützen können. Diese können Zeit und Arbeit sparen oder einfach nur Spaß machen. Auf die technische Funktionalität kann dabei nur grob eingegangen werden.

Die Soundkarte

Eine *Soundkarte* ist eine im PC installierte Steckkarte, die es ermöglicht, mit Hilfe eines Lautsprechers oder Kopfhörers akustische Signale auszugeben. Eine Soundkarte stellt unter anderem folgende Aktionen zur Verfügung:

- fertige Sounds auf verschiedene Arten und von diversen Quellen abzuspielen, das heißt, Sie können zum Beispiel eine Audio-CD in Verbindung mit einem CD-ROM-Laufwerk über den PC abspielen
- Musik wie mit einer elektronischen Orgel zu erzeugen
- Geräusche und Sprache mit Hilfe eines Mikrofons aufzunehmen
- Musik beispielsweise von einer CD aufzunehmen
- Musik mit Sprache oder anderer Musik zu vermischen

Modem

Mit einem *Modem* können Daten vom Computer über das Telefonnetz übertragen werden. Anders ausgedrückt, wenn Sie mit Ihrem PC Kontakt zu anderen PCs aufnehmen möchten, benötigen Sie ein Modem und einen Telefonanschluss. Das Ganze funktioniert, indem das Modem Daten in Töne umformt, in der Fachsprache heißt das *moduliert*. Zur Auswahl stehen dabei ein hoher und ein tiefer Ton. Entscheidend ist daher die Reihenfolge der Töne. Diese Signale können über das Telefonnetz übertragen und durch ein Modem auf der Gegenseite in Daten zurückverwandelt, sprich *demoduliert*, werden.

Modem ist übrigens ein Kunstwort, das aus den beiden Funktionen dieses Gerätes, **Mo**dulator/**De**modulator, abgeleitet ist.

Ein Modem kann für folgende Aufgaben genutzt werden:

- das Internet nutzen
- E-Mail und Dateien versenden und empfangen
- Faxe verschicken und empfangen
- Bankgeschäfte abwickeln

Mehr zu diesen Möglichkeiten erfahren Sie übrigens im Modul „Online" dieses Buches.

Man unterscheidet zwei Bauformen von Modems:

- interne Modems
- externe Modems

Interne Modems sind als PC-Steckkarten ausgelegt. Externe Modems hingegen sind separate Geräte, die universeller einsetzbar und nicht auf die Anwendung mit PCs beschränkt sind. Der Einbau und die Inbetriebnahme sind bei externen Modems wesentlich unkomplizierter.

Die Preisunterschiede bei Modems resultieren in erster Linie aus den unterschiedlichen Geschwindigkeiten. Dazu sollten Sie wissen, dass ein langsames Modem längere Übertragungszeiten hat. Dies belastet insbesondere bei hohen Datenmengen die Telefonrechnungen.

Im Zusammenhang mit Modems hier einige Definitionen der wichtigsten Fachbegriffe:

- **Bps:** Die Geschwindigkeit von Modems wird in Baud (bps: Bit pro Sekunde) gemessen. Ein Standardmodem ist heute 56.000 Baud schnell. Allerdings stoßen Sie hier im Zusammenhang mit der analogen Telefonleitung häufig an Grenzen, denn nicht immer gelingen die Verbindungen mit dieser Geschwindigkeit.
- **BZT-zugelassen:** Wenn ein Modem die Bezeichnung *BZT-zugelassen* hat, ist es von der Post zugelassen. Nicht zugelassene Modems können zu Bedienungsschwierigkeiten führen und sind illegal.
- **Send/Receive-Fax:** Einige Modems bieten die Möglichkeit, direkt aus der Textverarbeitung heraus Faxe zu versenden und zu empfangen.

Scanner

Ein *Scanner* (Abtaster) ist ein Eingabegerät, das zum Abtasten von Text- und Bildvorlagen verwendet wird. Mit seiner Hilfe können Sie beispielsweise Ihr Lieblingsfoto in den Computer laden und dort mit geeigneter Software bearbeiten. Es besteht die Möglichkeit, diese Bilder völlig zu verfremden und Fotomontagen zu erstellen.

Ein Scanner funktioniert ähnlich wie ein Fotokopierer. Anstatt die Kopien auf Papier auszugeben, werden sie in Daten umgesetzt. Dabei wird die Vorlage von einer Lichtquelle angestrahlt, die diese dann quasi abtastet. Ein Scanner liest die Vorlage dabei als Punkte, die in der Fachsprache Pixel genannt werden. In je mehr Pixel ein eingescanntes Bild zerlegt werden kann, desto besser ist die Wiedergabe. Auch hier spricht man von Auflösung in dpi (dots per inch).

Mit dem Umsetzen der Bilder in Daten hat der Anwender nichts weiter zu tun. Das erledigt der Computer mit geeigneter Software, die in der Regel mit dem Scanner ausgeliefert wird. Falls Sie sich einen Scanner anschaffen sollten, achten Sie darauf, dass die notwendigen Programme mitgeliefert werden. Im Wesentlichen werden folgende Varianten von Scannern unterschieden:

- Handscanner
- Einzugsscanner
- Flachbettscanner
- Trommelscanner

Im privaten Bereich werden in erster Linie Hand- und Flachbettscanner eingesetzt. Der Handscanner ist die preiswerteste Alternative, die allerdings einige Übung und eine ruhige Hand erfordert. Der Scanner wird nämlich per Hand über die einzuscannende Vorlage gezogen. Besonders nachteilig ist die oft nur geringe Abtastbreite, so dass eine größere Vorlage in mehreren Durchgängen gescannt und anschließend wieder zusammengesetzt werden muss. Diese Vorgehensweise erfordert ein äußerst exaktes Arbeiten.

Der Einzugsscanner zieht die Vorlage wie beim Faxgerät ein. Die Papierführung ist bei weitem nicht so präzise wie beim Flachbettscanner und führt deshalb im Allgemeinen zu schlechteren Ergebnissen.

Beim Flachbettscanner oder auch Tischscanner wird die Vorlage wie beim Kopiergerät flach aufgelegt, da hier das Bild durch den Scanner läuft. Dadurch wird in der Regel eine wesentlich höhere Präzision und höhere Bildqualität erreicht als bei Hand- und Einzugsscannern.

Beim Trommelscanner wird die Vorlage in eine Trommel eingespannt. Aufgrund der hohen Qualität der Scannergebnisse wird diese Bauart in erster Linie im professionellen Bereich eingesetzt.

Um gute Ergebnisse bei Fotos oder farbigen Zeichnungen zu erzielen, sollte ein Scanner 16,7 Millionen Farben oder 256 Graustufen beherrschen. Auch die Auflösung beeinflusst die Qualität des Scans. Die meisten Scanner ermöglichen eine ausreichende Auflösung, in vielen Fällen sogar mehr als nötig. Sie sollten wissen, dass eingescannte Bilder sehr viel Speicherplatz in Anspruch nehmen. Sie sollten deshalb bestrebt sein, die Dateigröße von eingescannten Bildern so gering wie möglich zu halten. Die Anzahl der dpi hat Einfluss auf die Größe der Datei. Je mehr Punkte abgespeichert werden, desto umfangreicher wird die Datei. Aus diesem Grunde sollten Sie nie mit einer größeren Auflösung scannen, als Ihr Drucker verwendet.

> **Hinweis:** Wenn Sie Bilder nur auf dem Bildschirm ansehen wollen, reicht in der Regel eine Auflösung zwischen 60 und 150 dpi.

CD-Brenner

Was eine CD-ROM ist, haben Sie bereits im Zusammenhang mit den Speichermedien erfahren. Ein *CD-Brenner*, auch CD-Writer genannt, ist ein Gerät, mit dessen Hilfe Daten auf speziellen CD-Rohlingen gesichert werden können. Dieser Sicherungsvorgang wird auch Brennen genannt.

CD-Writer gibt es mit verschiedenen Schreibgeschwindigkeiten, die bis zu 600 KByte/s reichen. Es besteht die Möglichkeit, CD-Brenner auch als CD-ROM-Laufwerke einzusetzen. Allerdings sollte man in diesem Zusammenhang wissen, dass diese aufgrund der schwereren Schreib-/Lese-Optik eine langsamere Zugriffszeit haben. In der Regel müssen CDs durchgängig beschrieben werden. Dazu ist es erforderlich, dass die Daten in einem Stück auf einer Festplatte vorliegen. Man unterscheidet unter anderem CD-Formate, die zum Beispiel nur für Videos, Musik, Computer-Daten oder Kombinationen in Frage kommen.

CD-Rohlinge werden nach dem ISO-9660-Standard beziehungsweise nach dem Joliet-Format, das eine Erweiterung dieses Standards ist, beschrieben. Zum Beschreiben einer CD ist eine spezielle Software notwendig. Über Software erfahren Sie mehr im nächsten Modul. Gängige Produkte sind WinOnCD, CeQuadath und CD-Creator.

3.17 Zusammenstellung eines PCs

Nachdem Sie einiges über die Hardware des Computers erfahren haben, geht es in diesem Abschnitt um die Zusammenstellung eines PCs. Häufig kommt es in der Praxis vor, dass die Ausstattung eines „Traum-PCs" mit dem zur Verfügung stehenden Budget nicht zu verwirklichen ist. Hier geht es um Anhaltspunkte, wo beim PC-Kauf gespart werden kann und wo nicht:

- An der Größe der Festplatte sollten Sie auf keinen Fall sparen. 40 GB sollte sie in jedem Fall haben.
- Auch beim Arbeitsspeicher ist Bescheidenheit fehl am Platze. Wenn Sie unter Windows arbeiten, sollten Sie sich mindestens 128 MByte Arbeitsspeicher gönnen.
- Theoretisch lässt sich auch beim Bildschirm sparen. Das sollte man sich allerdings gut überlegen, insbesondere unter dem Gesichtspunkt, dass ein schlechter Monitor zu gesundheitlichen Schäden führen kann. Einen guten Terminal können Sie auch noch weiter verwenden, wenn Sie sich den nächsten Computer kaufen.
- Den Kauf von Zusatzgeräten können Sie zunächst einmal bedenkenlos aufschieben. Scanner können jederzeit nachgerüstet werden.
- Wenn Sie an einigen MHz Geschwindigkeit sparen, wird sich das in der Regel nicht unbedingt bemerkbar machen, viel wichtiger ist, dass das Zusammenspiel der einzelnen Komponenten funktioniert. Ein einziges mangelhaftes Teil kann den kompletten Rechner in die Knie zwingen. Langsame Speicherbausteine beispielsweise können die Verarbeitung bremsen.

Zusammenfassung

- Der Begriff Hardware umfasst alle physikalischen Komponenten eines Computersystems.

- Der wichtigste Bestandteil eines Computers ist die Zentraleinheit. Die Deutsche Industrie-Norm (DIN) 44300/5 definiert den Prozessor, den Zentralspeicher (Hauptspeicher) und die Eingabe-/Ausgabeschnittstellen als Bestandteil der Zentraleinheit.

- Der Prozessor, häufig auch als CPU bezeichnet, ist das Gehirn des Computers. Seine Funktion besteht in der Steuerung und Berechnung von Daten. Die Aufgaben werden im Steuer- und Rechenwerk ausgeführt, die gemeinsam den Prozessor bilden.

- Die Leistungsmerkmale Bit-Wort (Maschinenwort) und Taktfrequenz der CPU bestimmen maßgeblich die Geschwindigkeit, mit der Daten verarbeitet werden können.

- Ein Speicher bewahrt Daten auf. Man unterscheidet flüchtige Speicher (RAM) und permanente Speicher. Flüchtige Speicher dienen als Arbeitsspeicher eines Computers.

- Der interne Speicher (Zentralspeicher) besteht aus einem vom Anwender nicht veränderbaren Teil (ROM) und einem frei beschreibbaren (RAM) Teil. Im ROM-Speicher befinden sich alle Programmteile, die zur Organisation und zum Starten des Rechners nötig sind. Er ist ein Nur-Lese-Speicher (Read Only Memory).

- Der RAM-Speicher ist ein Schreib-Lese-Speicher. Er kann frei beschrieben, gelesen und gelöscht werden und steht somit als Daten- und Programmspeicher zur Verfügung.

- Zur Peripherie des Computers zählen die technischen Komponenten, die nicht zur Hauptplatine gehören. Im Wesentlichen unterscheidet man hier zwischen externen Speichern sowie Ein- und Ausgabegeräten.

- Man unterscheidet verschiedene Arten von externen Speichern. Dazu gehören unter anderem Festplatte (Harddisk), CD-ROM und Diskette (Floppy Disk).

- Die Festplatte besteht aus einer geschliffenen Metallscheibe und ist fest im Computer eingebaut. Die Schnelligkeit der Festplatte ist von der Zugriffszeit und dem Datendurchsatz abhängig.

- Disketten sind das wohl am weitesten verbreitete Speichermedium, geeignet für kleine und mittelgroße Datenmengen. Beim Umgang mit Disketten sollten Sie die Magnetseite pfleglich behandeln, sie nicht in die Nähe magnetischer Felder bringen, sie keinen extremen Temperaturen aussetzen und einen Sicherheitsabstand zu elektrischen Geräten halten.

- Die CD-ROM (Compact Disk Read Only Memory) ist ein bekanntes optisches Speichermedium mit hoher Kapazität und eignet sich wie die Diskette zum Datentransport.

- Der Bildschirm, auch Monitor oder Terminal genannt, ist ein bedeutendes Ausgabegerät des Computers. Ein qualitativ hochwertiger Bildschirm ist wichtig, um Gesundheitsschäden vorzubeugen.

Zusammenfassung

- Mit Hilfe eines Druckers bringen Sie Ihre Arbeit zu Papier. Im Wesentlichen wird zwischen Impact-Printer mit mechanischem Anschlag und Non-Impact-Printer ohne Anschlag unterschieden. Nadelmatrixdrucker und Typenraddrucker sind Impact-Drucker. Zu den Non-Impact-Druckern gehören Tintenstrahldrucker, Laserdrucker und Thermotransferdrucker.

- Neben der Maus werden noch Zeigegeräte wie Lichtgriffel, Joystick und Trackball eingesetzt.

- Bei einer Soundkarte handelt es sich um eine im PC installierte Steckkarte, die es möglich macht, Soundsignale als Audiosignal auszugeben.

- Mit Hilfe eines Modems können Daten vom Computer über das Telefonnetz übertragen werden, indem das Modem Daten in Töne umformt. Man unterscheidet zwei Bauformen von Modems: interne Modems und externe Modems.

- Ein Scanner ist ein Eingabegerät zum Abtasten von Text- und Bildvorlagen. Er funktioniert ähnlich wie ein Fotokopierer. Anstatt die Kopien auf Papier auszugeben, werden sie in Daten umgesetzt.

- Ein CD-Brenner (CD-Writer) ist ein Gerät, mit dessen Hilfe Daten auf speziellen CD-Rohlingen gesichert werden können. Es besteht die Möglichkeit, CD-Brenner auch als CD-ROM-Laufwerke einzusetzen, allerdings mit längeren Zugriffszeiten. Zum Beschreiben einer CD ist eine spezielle Software notwendig.

Übungen

1. Welche Bestandteile gehören zur Zentraleinheit eines Computers?
2. Welche Funktion hat der Prozessor?
3. Welche Leistungsmerkmale beeinflussen die Geschwindigkeit des Prozessors?
4. Welche Aufgabe hat ein Speicher?
5. Welcher Unterschied besteht zwischen einem flüchtigen und permanenten Speicher?
6. Was gehört im Wesentlichen zur Peripherie des Computers?
7. Nennen Sie zwei externe Speicher.
8. Welche Vorteile hat die Festplatte?
9. Wovon ist die Schnelligkeit der Festplatte abhängig?
10. Wovon hängt die Speicherkapazität einer Diskette ab?

Übungen

11. Worauf ist beim Umgang mit Disketten unbedingt zu achten?

12. Beschreiben Sie kurz die CD-ROM.

13. Warum ist ein qualitativ hochwertiger Bildschirm wichtig?

14. Was versteht man unter Bildschirmfrequenz?

15. Nennen Sie je zwei Arten von Impact- und Non-Impact-Druckern.

16. Welche Vor- und Nachteile zeichnen einen Nadeldrucker aus?

17. Was spricht für den Kauf eines Tintenstrahldruckers?

18. Welche Eingabegeräte werden in der praktischen Arbeit häufig kombiniert?

19. Wie wird eine Soundkarte in den PC integriert?

20. Welche Aktionen ermöglicht eine Soundkarte?

21. Für welche Aufgaben kann man ein Modem nutzen?

22. Welche Vorteile haben externe Modems?

23. In welcher Maßeinheit wird die Geschwindigkeit eines Modems gemessen?

24. Wie funktioniert ein Scanner?

25. Welche Scannertypen werden hauptsächlich im privaten Bereich eingesetzt? Skizzieren Sie kurz deren Vor- und Nachteile.

26. Wie kann man einen CD-Brenner einsetzen?

Die Lösungen zu diesen Aufgaben finden Sie im Anhang des Co@ches.

Modul 4

Software

Im Gegensatz zur Hardware, die die materielle Seite des Computers darstellt, handelt es sich bei der Software um die immaterielle Seite. Anders ausgedrückt: Die *Software* ist somit nichts zum Anfassen, sondern die Arbeitsanweisung für einen Computer. Sie teilt dem Rechner in einer für ihn verständlichen Sprache mit, was zu tun ist. Ohne die Software ist der Computer zu nichts zu verwenden. Erst die Software macht ihn zu einem Hilfs- und Arbeitsmittel. Dieses Modul beschäftigt sich mit System- und Anwendungsprogrammen und stellt Ihnen außerdem verschiedene Programmiersprachen vor.

Lernen Sie

- welche Bedeutung das Betriebssystem hat
- den Unterschied zwischen Steuer- und Dienstprogrammen kennen
- warum Sie Anwendersoftware benötigen
- welche Standardsoftware es gibt
- den Unterschied zwischen maschinenabhängiger und maschinenunabhängiger Software kennen
- welche die bekanntesten Programmiersprachen sind
- was man unter Programmieren versteht

4.1 Das Betriebssystem

Damit ein Computer überhaupt arbeiten kann, ist ein Programm erforderlich, das ihm entsprechende Anweisungen gibt. Diese Aufgabe übernimmt die Systemsoftware. Sie steuert die Hardware. In der Umgangssprache nennt man die Systemsoftware auch häufig *Betriebssystem*. Der Name Betriebssystem spricht bereits für dessen Bedeutung. Der Computer benötigt ein solches Programm zum Betrieb. Das Betriebssystem muss unbedingt vorhanden sein, damit die Hardware für beliebige Anwendungen genutzt werden kann. Es dient als Schnittstelle zwischen Anwender und Maschine und managt quasi den Computer. Zu seinen umfangreichen Aufgaben gehören unter anderem:

- Definition der Voreinstellung der Hardware nach dem Einschalten
- Steuerung des Rechners
- Umleitung von Daten und Befehlen
- Verwaltung von internen und externen Speichern
- Kontrolle und Steuerung von Datenströmen von und zu den Peripheriegeräten wie Bildschirm, Tastatur, Drucker
- Befähigt den Computer, Anwendungsprogramme aufzurufen und damit zu arbeiten

Das Betriebssystem besteht aus mehreren Programmen, die die Fähigkeit der Hardware nutzen und mit ihr zusammen das Rechnersystem bilden. Das Betriebssystem lässt sich wie folgt unterteilen:

- Steuerprogramme
- Dienstprogramme

Steuerprogramme werden häufig auch Organisationsprogramme genannt. Sie sorgen für einen reibungslosen Arbeitsablauf im Rechner. Aus den vorangegangenen Modulen ist Ihnen bereits bekannt, dass Datenverarbeitungsanlagen nach den EVA-Prinzip, sprich *Eingabe – Verarbeitung – Ausgabe,* arbeiten. Die Steuerprogamme müssen diesem Prinzip in ihrer Funktionalität gerecht werden. Steuerprogramme werden deshalb weiter wie folgt unterteilt:

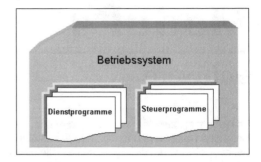

- Ein-/Ausgabeteil
- Ablaufteil

Die für die Ein- und Ausgabe zuständigen Steuerprogramme überwachen, der Name deutet schon darauf hin, die Ein- und Ausgabe von Daten. Darüber hinaus werden sie bei Fehlern aktiv. Sie sorgen dafür, dass auf eingegebene Daten zugegriffen werden kann. Entsprechendes gilt für die Ausgabe, um beispielsweise zu ermöglichen, dass Daten an den Drucker ausgegeben werden. Außerdem werden Daten auf Fehlerfreiheit überprüft.

Der Ablaufteil beaufsichtigt und steuert den gesamten Prozess der Datenverarbeitung. Hier geht es um Fehlerdiagnose, Prozessüberwachung und die Behandlung von Unterbrechungen innerhalb des Arbeitsprozesses.

Dienstprogramme werden vielfach auch als Arbeitsprogramme bezeichnet. Sie erledigen Routinearbeiten im Computer wie beispielsweise die Vorbereitung und Organisation der Speichermedien, Dateioperationen wie das Ausführen, Laden, Kopieren, Löschen und Umbenennen von Dateien und vieles mehr. Was das im Einzelnen bedeutet, werden Sie bei der praktischen Arbeit am Computer kennen lernen.

4.2 Anwendersoftware

Für den Anwender sind die Aufgaben des Betriebssystems in der Regel sehr abstrakt. Mit dem Betriebssystem kann man weder Texte erstellen noch rechnen. Das heißt, Hardware und Betriebssystem bilden zusammen noch kein komplettes System. Erst wenn entsprechende Anwendungsprogramme eingesetzt werden, ist der Computer in der Lage, die gewünschten Aufgaben zu bewältigen.

Im Wesentlichen unterscheidet man zwischen drei Arten von Anwendersoftware:

- Standardsoftware
- integrierte Software
- anwenderspezifische Software

4.3 Standardsoftware

Standardsoftware ist auf einen großen Anwenderkreis zugeschnitten und wird daher in der Regel sehr allgemein gehalten. Hier eine Auflistung klassischer Aufgabenfelder für Standardsoftware:

- Finanzbuchhaltung
- Textverarbeitung
- Tabellenkalkulation
- Grafik
- Lohn- und Gehaltsabrechnung
- Datenbankverwaltung
- CAD (computerunterstütztes Konstruieren)
- Präsentation

Im weiteren Verlauf dieses Co@ches werden Sie den Umgang mit Standardsoftware erlernen. Sie werden einen Einblick in ein Textverarbeitungsprogramm, eine Tabellenkalkulation, eine Datenbank und ein Präsentationsprogramm erhalten.

Im Zusammenhang mit Textverarbeitungsprogrammen geht es, wie der Name schon besagt, um die Arbeit mit Texten. Dort werden beispielsweise Briefe oder Verträge geschrieben. Im Rahmen der Textverarbeitung werden häufig folgende Programme eingesetzt:

- Microsoft Word
- Lotus WordPro
- WordPerfect
- StarWriter

In einer Tabellenkalkulation geht es um das Zusammenstellen von Zahlen und deren Berechnung. Dort werden auch häufig Diagramme erstellt. Die bekanntesten Tabellenkalkulationsprogramme sind:

- Microsoft Excel
- Lotus 1-2-3
- Quattro-Pro
- StarCalc

Datenbanken verwalten Datenbestände wie beispielsweise Artikelbestände oder Adressen. Bekannte Datenbankprogramme sind:

- Microsoft Access
- dBASE
- Paradox

Immer dann, wenn Sie mit dem Computer eine Zeichnung anfertigen möchten, benötigen Sie ein Grafikprogramm. Diese Programme ermöglichen das Malen, Zeichnen und Konstruieren. Folgende Grafikprogramme werden häufig eingesetzt:

- Adobe Photoshop
- CorelDraw
- Paint Shop Pro

4.4 Weitere Software

Um dem Wunsch vieler Anwender nach bequemen Austauschmöglichkeiten zwischen den einzelnen Programmen nachzukommen, wurde die so genannte integrierte Software entwickelt. Dabei werden diverse Standardpakete zu einem einzigen Anwendungsbereich zusammengefasst. Eines der ersten integrierten Programmpakete war Symphony aus dem Hause Lotus, das quasi ein Vorläufer der heutigen Office-Programme ist. Von den derzeit angebotenen integrierten Softwarepaketen ist Microsoft Works das bekannteste. Es enthält Module zur Datenverwaltung, Tabellenkalkulation und Textverarbeitung. Die Grenzen zwischen Standardsoftware und integrierter Software verwischen zunehmend. Heute werden mehr und mehr so genannte Office-Pakete angeboten.

Office-Pakete sind Zusammenstellungen von Programmen, die für typische Büroarbeiten verwendet werden, wie Textverarbeitung, Tabellenkalkulation, Datenbankprogramm und Präsentationsprogramm. Dabei sind mehrere Anwendungsprogramme inhaltlich und formal aufeinander abgestimmt und zu einem Paket zusammengefasst. In der Regel sind solche Pakete preisgünstiger als die Summe der Einzelkomponenten. Sie zeichnen sich außerdem durch folgende Vorteile aus:

- einheitliche Bedienung
- erleichterter Datenaustausch

In Deutschland werden in erster Linie folgende Office-Pakete vertrieben:

- Microsoft Office
- Corel Suite
- Lotus SmartSuite
- StarOffice

Marktführer in Deutschland ist Microsoft mit dem neuesten Paket Microsoft Office XP. Das Paket gibt es in unterschiedlichen Ausführungen und mit verschiedenen Programmen. Die meisten Pakete umfassen die Textverarbeitung Word, die Tabellenkalkulation Excel, den Organisator Outlook sowie den Publisher für die Erstellung von Publikationen wie Einladungen, Visitenkarten und vieles mehr. Zu den komplexeren Versionen gehört noch die Datenbank Access und das Präsentationsprogramm PowerPoint. Außerdem umfasst das Office-Paket von Microsoft noch zahlreiche kleinere Zusatzprogramme.

Da die meisten Anwender die Microsoft-Produkte einsetzen, werden Sie in diesem Buch den Umgang mit der Textverarbeitung anhand von Microsoft Word erlernen. Auch im Bereich Tabellenkalkulation, Datenbank und Präsentation werden die Microsoft-Produkte vorgestellt. Die gezeigten Schritte in den einzelnen Programmen finden Sie in ähnlicher Form auch in anderen Produkten der übrigen Anbieter wieder.

Auch der kanadische Grafikspezialist Corel vertreibt ein Office-Paket. Dabei handelt es sich um die Corel-WordPerfect-Suite, die in der Standardversion die Textverarbeitung WordPerfect, den Organisator Information Central, das Präsentationsprogramm Presentations und das Grafikprogramm Corel Flow umfasst. Das Corel PerfectOffice Professional verfügt zusätzlich zur Standardversion über die Datenbank Paradox.

Auch Lotus, ein amerikanisches Softwareunternehmen, bündelt seine Einzelprogramme unter dem Namen Lotus SmartSuite. Dazu gehören die Textverarbeitung Word Pro, das Präsentationsprogramm Freelance, die Datenbank Approach, die Tabellenkalkulation 1-2-3, der Termin- und Adressplaner Organizer sowie mehrere kleinere Programme.

StarOffice wurde von der norddeutschen Softwarefirma Star Division entwickelt. Es umfasst die Textverarbeitung StarWriter, die Tabellenkalkulation StarCalc und das Grafik- und Präsentationsprogramm StarDraw. Erweitert wird das Paket durch die Bildbearbeitung StarImage, den Formelgenerator StarMath, das Tool StarChart für Geschäftsgrafiken sowie diverse Extras.

Anwenderspezifische Software zielt auf bestimmte Benutzer und deren spezielle Probleme ab. Häufig ist die Anwendersoftware auf individuelle Problemlösungen von Unternehmen oder Branchen zugeschnitten.

4.5 Programmiersprachen

Neben bereits fertigen Programmen, die sofort betriebsbereit sind, besteht auch die Möglichkeit, Programme für konkrete Wünsche selbst zu schreiben. Dazu sind Programmiersprachen notwendig.

Eine Programmiersprache ist eine streng formalisierte Sprache zum Formulieren von Programmen. Sie besteht aus Buchstaben, Ziffern und Sonderzeichen und folgt einer fest vorgegebenen Syntax und Semantik.

> **Hinweis:** Die Syntax umfasst die Regeln für den Aufbau einer beliebigen Sprache.

Man unterscheidet maschinenabhängige Programmiersprachen und maschinenunabhängige Programmiersprachen.

Eine maschinenabhängige Programmiersprache kann nur auf einem ganz bestimmten Computertyp ablaufen. Häufig wird auch von einer maschinenorientierten Programmiersprache gesprochen. Sie hat die gleiche oder ähnliche Struktur wie die Befehle eines Prozessortyps. In diesem Zusammenhang geht es um die Hardwareverträglichkeit der Programmiersprache.

Von maschinenunabhängigen Programmiersprachen oder auch höheren oder problemorientierten Programmiersprachen spricht man hingegen, wenn sich die Sprache nicht an der Maschine, sondern an dem jeweiligen Problem orientiert.

Höhere Programmiersprachen sind eine Schnittstelle zwischen Mensch und Maschine. Sie sind nicht auf einen bestimmten Computer ausgerichtet. Der Programmierer formuliert seine Anforderungen in einer dem Computer verständlichen Sprache. Diese hat in der Regel besondere Befehle und Strukturen für die Bewältigung spezieller Problemstellungen. Man benötigt einen Compiler oder einen Interpreter, um die Programmiersprache in den Maschinencode umsetzen zu können.

Ein Compiler ist nichts anderes als ein Übersetzungsprogramm. Programmiersprachen sind zwar den Strukturen einer Maschine angepasst, aber dennoch kann ein Rechner diese nicht direkt verarbeiten. Sie muss noch in den Maschinencode übersetzt werden. Dies ist eine aufwendige, nach immer gleichen Regeln ablaufende Arbeit und kann selbstverständlich vom Computer selbst übernommen werden. Die Regeln für die Übersetzung werden zum einen von der verwendeten Programmiersprache und zum anderen vom Computer, für den das Programm geschrieben ist, bestimmt. Die Übersetzung des Programms nach diesen Regeln übernimmt der Compiler.

Auch der Interpreter ist ein Übersetzer. Während ein Compiler die Übersetzung eines fertigen Programms durchführt, erzeugt der Interpreter während des Programmablaufs den notwendigen Maschinencode. Das bedeutet, dass sich der Interpreter gleichzeitig mit dem auszuführenden Programm im Hauptspeicher des Rechners befinden muss und jeden einzelnen Befehl für den Rechner Schritt für Schritt übersetzt. Nachteilig ist dabei, dass eine mehrfach zu durchlaufende Anweisung mehrfach übersetzt werden muss, was zu Geschwindigkeitseinbußen führen kann.

Die folgende Tabelle bietet eine Übersicht über die bekanntesten Programmiersprachen:

Sprache	Eigenschaften
COBOL (Common business oriented language)	Eine kaufmännisch orientierte Anwendung, die speziell für Aufgaben aus dem kaufmännischen und Verwaltungsbereich geeignet ist.
RPG (Report program generator)	Eine veraltete kaufmännisch orientierte Sprache
PL1 (Programming language 1)	Eine Sprache, die sowohl für kaufmännische als auch für technisch-wissenschaftliche Aufgaben eingesetzt werden kann
ALGOL (Algorithmic language)	Eine Formelsprache zur Lösung mathematischer, technischer und wissenschaftlicher Aufgaben
BASIC (Beginners all purpose symbolic instruction code)	Eine Allzwecksprache, die in erster Linie für den Dialogverkehr zwischen Mensch und EDV-Anlage verwendet wird; es gibt eine Vielzahl von BASIC-Dialekten (u.a. GWBASIC, BASICA, QBASIC, PowerBASIC)
APL (Aprogramming language)	Eine Dialogsprache, die sich in schwerpunktmäßig für mathematisch-technische Arbeiten eigenet
PASCAL	Eine Allzwecksprache, mit guter Strukturierung (nach dem französischen Mathemati ker und Erfinder der ersten einsatzfähigen Rechenmaschine benannt)
C	Eine Sprache, für die fast jedes Computer system Compiler verfügbar hat, zur Bewältigung vielfältiger Problemstellungen.

Hinweis: Als Weiterentwicklung dieser Programmiersprachen gibt es objektorientierte Programmiersprachen wie Visual Basic, Delphi, Visual C++. Hinzu kommen Internet-Programmiersprachen wie zum Beispiel HTML, XML, Java, Perl.

Mit Hilfe dieser Programmiersprachen ist der Programmierer in der Lage, eine Individualsoftware zu erstellen, die optimal auf die betrieblichen Belange abgestimmt ist. Dies setzt allerdings sehr gute Kenntnisse der Programmierung voraus.

Unter Programmierung versteht man die Zerlegung eines Problems in einzelne Befehle, die die Datenverarbeitungsanlage versteht und in der vorgegebenen Reihenfolge ausführen kann. Bei der Erstellung des Programms sind folgende Stufen zu durchlaufen:

- Aufgabenstellung
- Problemanalyse
- grafische Darstellung des Datenflusses
- grafische Darstellung des Programmablaufs
- Codierung des Algorithmus in eine Programmiersprache
- Programmtest
- Programmdokumentation
- Programmeinsatz

In der Aufgabenstellung ist der zukünftige Zustand zu beschreiben. Die Problemanalyse erfordert zunächst die Ist-Aufnahme der bisherigen organisatorischen Regelungen und Arbeitsabläufe. Daraus ist ein Soll-Vorschlag zu entwickeln, der die entsprechenden Arbeitsabläufe besser und wirtschaftlicher mit Hilfe der EDV regelt. Bei der grafischen Darstellung des Datenflusses wird mit Hilfe von Symbolen der gesamte logische und organisatorische Arbeitsablauf gezeigt. Entsprechend wird der Programmablauf dargestellt. Der Algorithmus ist die Folge von Schritten, die zur Lösung eines Problems führt. Bei der Codierung wird der Algorithmus in eine Programmiersprache übertragen. Anschließend wird das Programm mit Hilfe der vorbereiteten Testdaten getestet. Bevor das Programm eingesetzt wird, sollte es ausführlich dokumentiert werden.

Zusammenfassung

✓ Das Betriebssystem sorgt dafür, dass ein Computer überhaupt arbeiten kann. Es dient als Schnittstelle zwischen Anwender und Maschine und managt quasi den Computer. Es setzt sich aus Steuer- und Dienstprogrammen zusammen.

✓ Steuerprogramme sorgen für einen reibungslosen Arbeitsablauf im Rechner. Sie müssen dem EVA-Prinzip in ihrer Funktionalität gerecht werden.

✓ Dienstprogramme erledigen Routinearbeiten im Computer wie zum Beispiel Dateioperationen.

✓ Hardware und Betriebssystem bilden zusammen noch kein komplettes System. Erst wenn entsprechende Anwendungsprogramme eingesetzt werden, kann mit dem Computer richtig gearbeitet werden.

✓ Standardsoftware ist auf einen großen Anwenderkreis zugeschnitten und wird daher allgemein gehalten. Finanzbuchhaltungs-, Textverarbeitungs- und Tabellenkalkulationsprogramme sind Beispiele für Standardsoftware.

✓ Office-Pakete sind Zusammenstellungen von Programmen, die für typische Büroarbeiten verwendet werden, wie Textverarbeitung, Tabellenkalkulation, Datenbankprogramm und Präsentationsprogramm.

✓ Eine Programmiersprache ist eine streng formalisierte Sprache zum Formulieren von Programmen. Man unterscheidet maschinenabhängige und maschinenunabhängige Programmiersprachen.

Zusammenfassung

- Ein Compiler ist ein Übersetzungsprogramm. Die Regeln für die Übersetzung werden zum einen von der verwendeten Programmiersprache und zum anderen vom Computer, für den das Programm geschrieben ist, bestimmt.

- Auch der Interpreter ist ein Übersetzer. Er erzeugt während des Programmablaufs den notwendigen Maschinencode.

- Unter Programmierung versteht man die Zerlegung eines Problems in einzelne Befehle, die die Datenverarbeitungsanlage versteht und in der vorgegebenen Reihenfolge ausführen kann.

Übungen

1. Welche Funktion übernimmt das Betriebssystem?
2. Wie kann man das Betriebssystem unterteilen?
3. Wofür sorgen die Steuerprogramme?
4. Nennen Sie fünf Beispiele für die Aufgabenfelder der Standardsoftware.
5. Welche Vorteile bieten die Office-Pakete?
6. Welche Office-Pakete werden in Deutschland in erster Linie vertrieben?
7. Was versteht man unter einer Programmiersprache?
8. Was ist der Unterschied zwischen einer maschinenabhängigen und maschinenunabhängigen Programmiersprache?
9. Nennen Sie mindestens fünf bekannte Programmiersprachen.
10. Welche Stufen werden bei der Erstellung eines Programms durchlaufen?

Die Lösungen zu diesen Aufgaben finden Sie im Anhang des Co@ches.

Modul 5

Die Klassifizierung von DV-Anlagen und deren Arbeitsweise

Lernen Sie

- die unterschiedlichen Computerklassen kennen
- warum Daten codiert werden
- die Bedeutung des Binärsystems kennen
- welche gebräuchlichen Codes es gibt
- wie Informationseinheiten aufgebaut sind

In diesem Modul geht es um die unterschiedlichen Computerklassen. Außerdem erfahren Sie, wie ein Computer mit Hilfe logischer Schaltungen seine Aufgaben löst und wie die Daten verschlüsselt werden, damit sie vom Informationssystem des Menschen in eine von der Maschine verständliche Sprache umgesetzt werden.

5.1 Unterschied zwischen PC und Großrechner

Bislang haben Sie nur den PC kennen gelernt. Die zahlreichen und unterschiedlichen Einsatzgebiete von Computern lassen aber schon darauf schließen, dass es unterschiedliche Klassen von Computern gibt. Dies ist auch tatsächlich der Fall. Allerdings sei erwähnt, dass die Übergänge zwischen den einzelnen Typen häufig fließend sind. Im Wesentlichen unterscheidet man folgende Klassen digitaler Rechner:

- Supercomputer
- Großrechner
- Minicomputer
- Workstations
- Mikrocomputer / Personalcomputer (PC)

Supercomputer

Das Einsatzgebiet der Supercomputer liegt im Bereich der Astronomie, Kernphysik und in der Meteorologie. Dabei handelt es sich um Rechner mit höchstem Datenverarbeitungsvolumen, die aufgrund ihrer Leistungsfähigkeit und ihres Einsatzgebietes nicht sehr zahlreich eingesetzt werden.

Großrechner

Großrechner (Mainframe) fallen in die Kategorie der oberen Datentechnik. Es handelt sich um Datenverarbeitungsanlagen mit hoher Rechnerleistung, die im Gegensatz zum PC den Platz eines ganzen Raumes, unter Umständen auch mehr, beanspruchen. Bei Großrechnern besteht die Möglichkeit, über tausend Arbeitsplätze anzuschließen. Die bekanntesten Großrechnersysteme sind IBM 360, IBM 370 und IBM 390. Der Großrechner ist der traditionelle Rechnertyp, der vom Beginn des Computerzeitalters bis zum Ende der siebziger Jahre im Mittelpunkt der Datenverarbeitung stand. Er hat seitdem gegenüber kleineren Rechnern und Computernetzen erheblich an Bedeutung verloren. Mehr und mehr Aufgaben, die von Rechenzentren verwaltet wurden, werden direkt an die Arbeitsplätze in der Fachabteilungen verlagert.

> **Hinweis**: Den Prozess, Aufgaben zunehmend den Fachabteilungen zuzuweisen, nennt man auch Downsizing oder Dezentralisierung. Dadurch werden die Informations- und Kommunikationsstrukturen in den Unternehmen und deren Verwaltungen nachhaltig verändert. Eine erste Welle des Downsizing erfolgte durch die dezentrale Verteilung von Terminals in die Abteilungen. Der PC leitete die zweite Phase dieses Prozesses ein.

Minicomputer

Mit Minicomputer sind die Computer der mittleren Datentechnik gemeint. Mehrere hundert Arbeitsplätze können an einen solchen Computer angeschlossen werden. Sie werden in Verwaltungen, Banken, großen Unternehmen usw. eingesetzt. Der wohl bekannteste Minicomputer ist die AS/400 der Firma IBM.

Workstations

Workstations sind leistungsstarke Computer für rechenintensive Aufgaben wie zum Beispiel Bildbearbeitung oder große Datenbanken. Mit ihrer Hilfe kann aber auch konstruiert werden. Dann spricht man von CAD (Computer Aided Design: computergestütztes Entwerfen). Die bekanntesten Hersteller dieser Kategorie sind die Firmen Sun, Silicon Graphics und IBM.

Microcomputer

In diesem Co@ch werden schwerpunktmäßig Rechner der unteren Datentechnik, also Mikrocomputer und PCs (Personalcomputer), behandelt. Letztere wurden ursprünglich als Arbeitsinstrument für einen einzelnen Benutzer konzipiert. Mit seiner Hilfe war es möglich, immer mehr Aufgaben in Unternehmen an die Mitarbeiter der Fachabteilungen zu delegieren, die diese in eigener Regie lösten. Mit zunehmender Leistungsfähigkeit der PCs ist der Prozess der Dezentralisierung bis heute noch nicht abgeschlossen. Das Anwendungsspektrum von PCs reicht mittlerweile vom preiswerten Hobbycomputer, der überwiegend für Spiele verwendet wird, bis zum hochwertigen Rechner, der für kommerzielle, wissenschaftliche und technische Zwecke benutzt werden kann. Von ihrer Ausstattung her stehen Spitzen-PCs Workstations kaum nach. Überwiegend werden PCs für Textverarbeitung, Tabellenkalkulation, Arbeit mit Datenbanken, Grafik- und CAD-Anwendungen eingesetzt.

5.2 Informationsaustausch durch Stromimpulse

In EDV-Anlagen erfolgen Eingabe, Verarbeitung und Ausgabe von Daten durch Stromimpulse in den elektronischen Bauteilen.

Die Wirkung der Stromimpulse lässt sich am besten anhand der Betätigung eines Lichtschalters vergleichen. Sobald der Lichtschalter auf *ein* gestellt wird, entsteht eine Stromverbindung, und die Lampe leuchtet auf. Sobald der Schalter auf *aus* gestellt wird, fließt kein Strom, und die Lampe leuchtet nicht.

Dieses Ein/Aus-Prinzip (*Ja/Nein*) ist auch die Grundlage aller Bauteile einer elektronischen Datenverarbeitungsanlage. Der Computer kann somit nur zwei Signale verstehen. In diesem Zusammenhang spricht man auch von binären Zuständen, denen man die Werte *Null* oder *Eins* zuordnet. Eine *Eins* deutet an, dass eine Binärstelle belegt ist, *Null* bedeutet demzufolge das Gegenteil. Der Begriff *binär* kommt aus dem Lateinischen (bi = zwei). In den nächsten Abschnitten werden Sie einen Zusammenhang zu den dort behandelten logischen Schaltungen erkennen. Die Ziffern *Null* und *Eins* bilden die kleinste Informationseinheit, in die rechnerintern alle Daten zerlegt werden.

5.3 Logische Schaltungen

Sie wissen bereits, dass Sie mit Hilfe eines Computers vielfältige Aufgaben lösen können. Für die Ausführung der unterschiedlichen Operationen, wie zum Beispiel das Berechnen von Zahlen in der Zentraleinheit einer Datenverarbeitungsanlage, spielen *logische Schaltungen* eine große Rolle. Dabei handelt es sich um Schaltungsanordnungen mit einem oder mehreren Eingängen. Logische Schaltungen werden aus einfachen Verknüpfungsgliedern aufgebaut.

Dabei unterscheidet man folgende Arten, die auch als Logikgatter bezeichnet werden. Auf deren Grundlage lassen sich alle logischen Rechenoperationen eines Computers zurückführen:

- Negation = NOT-Schaltung (Nicht-Schaltung)
- Konjunktion = AND-Schaltung (Und-Schaltung)
- Disjunktion = OR-Schaltung (Oder-Schaltung)

Die Negation

Die Negation ist eine wichtige Operation und wird häufig auch als NOT-Verknüpfung bezeichnet. Zu deren Realisierung wird in logischen Schaltungen das NICHT-Glied verwendet. Diese Schaltungsanordnung invertiert eine Eingangsgröße, das heißt, sie verwandelt eine Eins in eine Null und umgekehrt. Sie „dreht" die Eingangsinformation also um. Da ein Computer nur die Ziffern Null und Eins kennt, ist diese Vorgehensweise unproblematisch. Vergleichen Sie hierzu die folgende Tabelle.

Negation	
Eingang	Ausgang
1	0
0	1

Die Konjunktion

Die NOT-Schaltung stellt die einfachste Form der Schaltungen dar, da nur ein Eingang und ein Ausgang existieren. Die Konjunktion, die häufig auch als AND-Verknüpfung bezeichnet wird, hat zwei Eingänge, aber nur einen Ausgang. Dieses Verknüpfungsglied wird besonders in der Impulstechnik angewendet. Das UND-Glied gibt ein entsprechendes Signal nur dann an seinen einzigen Ausgang ab, wenn die Eingänge ein einheitliches Steuersignal von Eins vorweisen. Das heißt, der Ausgang nimmt immer nur dann den Wert Eins an, wenn an beiden Eingängen ebenfalls eine Eins vorliegt. Die folgende Tabelle verdeutlicht den Sachverhalt:

Konjunktion		
Eingang 1	Eingang 2	Ausgang
1	1	1
0	1	0
1	0	0
0	0	0

Die Disjunktion

Auch bei der ODER-Schaltung (Disjunktion) gibt es zwei Eingänge und einen Ausgang. Diese Schaltung gibt einen bestimmten Wert nur dann an den Ausgang weiter, wenn wenigstens einer oder aber beide Eingänge entsprechende Eingangssignale erhalten. Das heißt, wenn beide oder einer der beiden Eingänge den Wert Eins enthält, erhält auch der Ausgang diesen Wert. Vergleichen Sie auch hierzu die folgende Tabelle:

Disjunktion		
Eingang 1	Eingang 2	Ausgang
1	1	1
0	1	1
1	0	1
0	0	0

5.4 Verschlüsselung der Daten

Während Sie auf der Tastatur die Ihnen bekannten Tasten oder Ziffern drücken, wird innerhalb des Computers eine Verschlüsselung aller Daten vorgenommen. Dies ist deshalb notwendig, da der Computer nur die Ziffern Null und Eins kennt. Mit diesen beiden Ziffern ist er aber in der Lage, auch alle anderen Zahlen, Buchstaben und Sonderzeichen usw. darzustellen.

Im weiteren Sinne ist jede Darstellungsform einer Information eine Verschlüsselung oder Codierung. Codieren ist das Zuordnen von Zeichen eines Zeichenvorrats in Zeichen eines anderen Zeichenvorrats. Im Code ist die Bedeutung dieser Codierung festgelegt. Beispiele für Codes sind Morsezeichen oder die Blindenschrift.

Der Zeichenvorrat, mit dem der Mensch arbeitet, besteht aus Ziffern, Buchstaben und Sonderzeichen. Der Computer hat jedoch eine andere Sprache. Zwischen Mensch und Maschine würde es zu einem Kommunikationsproblem kommen, wenn nicht die Zeichen des Menschen in die Zeichen der

Maschine umgewandelt würden. Soll zum Beispiel der Computer eine Rechenaufgabe lösen, müssen zunächst die Zahlen der Menschen in computergerechte Zahlenwerte umgewandelt beziehungsweise codiert werden.

EDV-Anlagen verwenden je nach Art des zu verarbeitenden Datentyps unterschiedliche Codes. Hier ein Überblick über die wichtigsten Codes:

- Dualcode
- ASCII-Code
- ANSI-Code
- EBCDI-Cod

Hinweis: Früher wurden Daten als spezielle Kombination von Löchern und Nicht-Löchern in Lochkarten eingestanzt. Auch hier erkennen Sie, dass zwei Zustände (Loch; Nicht-Loch) zur Verschlüsselung eingesetzt werden.

5.5 Das Dualsystem

Wie Sie bereits wissen, versteht der Computer nur zwei Signale, die Werte Eins und Null. Numerische Daten werden rechnerintern im Dualcode dargestellt und verarbeitet. Der Begriff kommt aus dem Lateinischen (duo = zwei).

Die beim Dezimalsystem allgemein gültigen Gesetzmäßigkeiten werden auf das Dualsystem angewendet. Das alltägliche Zahlensystem arbeitet mit den zehn Ziffern 0 bis 9. Zahlen, die in diesem Zahlensystem dargestellt sind, heißen Dezimalzahlen. In einem Computer sind nur zwei Zustände möglich, die üblicherweise mit den Ziffern 0 und 1 bezeichnet werden. Deshalb arbeitet der Computer mit einem Zahlensystem, das nur die Ziffern 0 und 1 kennt, dem Dualsystem. Zahlen, die in diesem System dargestellt sind, bezeichnet man als Dualzahlen.

Dezimalzahl	Dualzahl
0	0
1	1
2	10
3	11
4	100
5	101
6	110
7	111
8	1000
9	1001
10	1010

Um eine Dezimalzahl in eine Dualzahl umzuwandeln, müssen die einzelnen Ziffernstellen umgerechnet werden. Dazu folgendes Beispiel: Die Dezimalzahl 53 soll in eine Dualzahl umgewandelt werden und umgekehrt:

Um die Dezimalzahl 53 in eine Dualzahl umzuwandeln, gehen Sie folgendermaßen vor:

1. Dividieren Sie die Dezimalzahl 53 durch 2.
2. Sie erhalten ein Ergebnis von 26 und einen Rest von 1. Notieren Sie den Rest.
3. Dividieren Sie als Nächstes die Zahl 26 durch 2. Sie erhalten ein Ergebnis von 13 und einen Rest von 0. Notieren Sie sich auch diese Null.

```
53 : 2 = 26   Rest                         1
26 : 2 = 13   Rest                    0
13 : 2 = 6    Rest              1
 6 : 2 = 3    Rest         0
 3 : 2 = 1    Rest    1
 1 : 2 = 0    Rest 1
              1    1    0    1    0    1
```

4. Verfahren Sie nach diesem Schema weiter. Teilen Sie die Ergebnisse durch 2 und schreiben Sie sich den jeweiligen Rest auf, auch wenn er 0 beträgt. Vergleichen Sie hierzu die obige Übersicht.

Hier wurde die so genannte Restmethode angewandt. Die Dezimalzahl wird fortlaufend durch zwei dividiert, bis das Ergebnis 0 erreicht wird. Der Rest wird jeweils aufgeschrieben.

Die untereinander geschriebenen Reste ergeben von unten nach oben gelesen die gesuchte Dualzahl.

Dualzahlen werden zum Beispiel im ASCII-Code verwendet, der weiter unten vorgestellt wird.

Wenn Sie die Dualzahl 110101 in eine Dezimalzahl verwandeln möchten, verfahren Sie dazu wie folgt:

1. Schreiben Sie die Dualzahl auf und ordnen Sie ihr einen Stellenwert zu. Die letzte Stelle hat den Stellenwert 1, die vorletzte den Wert 2, die folgende den Wert 4 und so weiter.

$1\ (2^5)$	$1\ (2^4)$	$0\ (2^3)$	$1\ (2^2)$	$0\ (2^1)$	$1\ (2^0)$	dual
32	16	8	4	2	1	Stellenwert

2. In der Dualzahl 110101 ist der Stellenwert 32 einmal enthalten. Prüfen Sie der Reihe nach auch die übrigen Stellenwerte. Vergleichen Sie dazu unsere Übersicht.
3. Nachdem Sie zur Umwandlung der Dualzahlen jeder Dualstelle ihren jeweiligen Stellenwert zugeordnet haben, addieren Sie alle Stellenwerte.
4. Aus der Addition von 32, 16, 4 und 1 ergibt sich die Dezimalzahl 53.

1	1	0	1	0	1	dual
32	16	8	4	2	1	Stellenwert
1 x 32 =						32
	1 x 16 =					16
		0 x 8 =				0
			1 x 4 =			4
				0 x 2 =		0
					1 x 1 =	1
Dezimal					Summe	53

5.6 Der ASCII-Code

Damit nicht jeder Hersteller von Computern seinen eigenen Code erfindet, gibt es einen allgemein gültigen Code. Der übliche Code im Bereich des PCs ist der ASCII-Code (*American Standard Code for Information Interchange*: Amerikanischer Standard für Informationsaustausch). Der ASCII-Code ist ein Binär- oder auch Dualcode. Der ASCII-Code arbeitet mit sieben Stellenziffern und kann dadurch maximal 128 (2^7) verschiedene Darstellungsmöglichkeiten codieren. Das wiederum entspricht insgesamt 128 Zeichen (0 bis 127).

Eine Ziffernstelle bezeichnet man in der Computersprache als *Bit* (*Binary Digit*: Binärzahl). Aufgrund der sieben Stellenziffern spricht man auch von einem 7-Bit-Code.

Durch die Firma IBM wurde dem ASCII-Code ein achtes Bit als Prüf- oder Steuerbit angehängt. Das achte Bit wird heute genutzt, um die Anzahl der darstellbaren Zeichen auf 2^8 zu erhöhen. Dadurch wird der Umfang der Zeichen auf 256 erweitert.

Der 8-Bit-Code wird nicht von allen Produkten oder Programmen gleich belegt. In anderen Ländern wie zum Beispiel Frankreich oder Skandinavien verwendet man landesspezifische Codierungen.

Die Umwandlung von Codes in das Binärsystem für den Computer übernimmt in der Regel ein Programm. Für die Datenausgabe wird der Binärcode wieder zurückverwandelt.

5.7 Der ANSI-Code

Nicht alle Programme arbeiten mit dem ASCII-Code. Windows, das Sie im Verlaufe dieses Buches noch genauer kennen lernen werden, nutzt den ANSI-Code, der sich in einigen Zeichen vom ASCII-Code unterscheidet. ANSI (*American National Standard Institute*: Nationales Amerikanisches Institut für Standards) ist eines der nationalen Normungsgremien in den USA, das zahlreiche, auch international gebräuchliche Standards entwickelt.

5.8 Der EBCDI-Code

Der EBCDI-Code (*Extended Binary Coded Decimal Interchange Code*: Erweiterter Austauschcode für binärcodierte Dezimalzahlen) wird überwiegend im Bereich größerer EDV-Anlagen verwendet. Auch bei diesem Code handelt es sich um einen 8-Bit-Code mit 256 Schlüsselungsmöglichkeiten, die allerdings nicht alle fest genutzt werden.

5.9 Maschinenlesbare Daten

Maschinenlesbare Daten gewinnen zunehmend an Bedeutung. Zur Vereinfachung der Arbeit werden mehr und mehr maschinenlesbare Belege verwendet. Schriften wie der barcode werden hierfür eingesetzt.

Der Barcode (englisch) ist auch unter dem Namen Strichcode bekannt. Die meisten dieser Codes basieren auf dem binären Prinzip. Sie werden mit einer bestimmten Anzahl von breiten und schmalen Strichen beziehungsweise Lücken dargestellt, aus denen sich eine bestimmte Zeichenfolge ergibt. Die Ablesung erfolgt optisch. Durch die unterschiedliche Reflexion der dunklen Striche und hellen Lücken entsteht im Scanner ein Impulszug. Die anschließende elektronische Auswertung interpretiert den Impulszug als Daten. Im Laufe der Zeit haben sich Strichcodes für unterschiedliche Anwendungen entwickelt. Der EAN-Code (Europäische Artikel-Nummer) ist ein Strichcode mit hoher Verbreitung. Unterschiedlich breite Striche mit verschiedenen Abständen bilden eine 13- oder 8-stellige Ziffernkombination. Darunter gibt es eine Zeile mit Klarschrift für eine eventuell notwendige manuelle Eingabe, beispielsweise bei Verschmutzung. Eingesetzt wird dieser Code insbesondere in Kombination mit Scanner-Kassen, die diesen Code einlesen können. Sie finden diesen Code zum Beispiel auf dem Umschlag dieses Co@ches.

5.10 Informationseinheiten

Die kleinste Informations- und Speichereinheit in einem Rechner ist ein Bit (Binary digit – Binärziffer). Ein Bit kann die Werte 1 und 0 annehmen. Mehr darüber haben Sie im Abschnitt über das Binärsystem erfahren. Durch das Aneinanderreihen der beiden Ziffern können beliebige Informationen dargestellt werden. Da durch Codes mehrere Binärziffern zu einem Codezeichen zusammengefasst werden, muss der Anwender anstatt einer Reihe von Nullen oder Einsen nur die entsprechende Ziffer, den Buchstaben oder das Sonderzeichen eintippen.

Eine Gruppe von 8 Bit nennt man Byte. Das Byte ist die kleinste Einheit zur Darstellung eines Zeichens, wie zum Beispiel eines Buchstabens, einer Ziffer oder eines Sonderzeichens. Mit 8 Bit lassen sich 256 Zeichen verschlüsseln.

In Byte wird, wie Sie bereits wissen, auch die Größe von Datenspeichern angegeben. 1 KByte entspricht 1024 Byte, ein MByte umfasst 1024 KByte und 1 Gigabyte (GByte oder GB) entspricht 1024 MByte.

Der Begriff *Tetrade* kommt aus dem Griechischen. Tetra bedeutet vier.

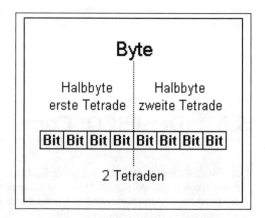

Zusammenfassung

- Die Bedeutung des Großrechners ist in den vergangenen Jahren aufgrund von Downsizing zurückgegangen.

- Eine große Popularität kommt den PCs zu, die sowohl für kommerzielle, wissenschaftliche als auch technische Zwecke verwendet werden. In erster Linie werden PCs für Textverarbeitung, Tabellenkalkulation, die Arbeit mit Datenbanken, Grafik- und CAD-Anwendungen eingesetzt. Im Heimbereich werden auf dem Personalcomputer häufig Spiele durchgeführt.

- Die Rechenoperationen eines Computers sind auf einfache logische Schaltungen zurückzuführen. Es werden drei Arten von Logikgattern unterschieden: Negation, Konjunktion und Disjunktion.

- Der Computer hat eine andere Sprache als der Mensch. Damit es nicht zu Kommunikationsproblemen kommt und der Computer die Daten verarbeiten kann, gibt es in Abhängigkeit von den zu verarbeitenden Daten unterschiedliche Codes.

- Die bekanntesten Codes im PC-Bereich sind der ASCII-Code und der ANSI-Code. Windows nutzt den ANSI-Code, der sich in einigen Zeichen vom ASCII-Code unterscheidet. Sowohl der ASCII- als auch der ANSI-Code umfassen 256 unterschiedliche Zeichen.

- Die kleinste Informations- und Speichereinheit in einem Rechner ist ein Bit (Binary digit = Binärziffer). Ein Bit kann die Werte 1 und 0 annehmen. Eine Gruppe von 8 Bit nennt man Byte. Das Byte ist die kleinste Einheit zur Darstellung eines Zeichens.

Übungen

1. In welche Klassen kann man die Computer einteilen?
2. Wie hat sich die Bedeutung der Großrechner im Laufe der Zeit entwickelt?
3. Was versteht man unter Workstations?
4. Für welche Aufgaben werden PCs häufig eingesetzt?
5. Alle Rechenoperationen eines Computers lassen sich auf drei unterschiedliche logische Schaltungen zurückführen. Nennen Sie diese und erläutern Sie die Unterschiede.
6. Welche Codes kennen Sie, die die Kommunikation zwischen Mensch und Computer ermöglichen?
7. Wo werden der ASCII-Code und der ANSI-Code schwerpunktmäßig eingesetzt?
8. Wo wird der EBCDI-Code überwiegend verwendet?
9. Welche maschinenlesbare Schrift kennen Sie?

Übungen

10. Wandeln Sie die Dezimalzahl 333 in eine Dualzahl um.

11. Definieren Sie die Begriffe *Bit* und *Byte*.

12. Warum müssen die Informationen für den Computer verschlüsselt werden?

13. Wandeln Sie die Dualzahl 100110 in eine Dezimalzahl um.

14. Woher stammt der Begriff *Tetrade*?

Die Lösungen zu diesen Aufgaben finden Sie im Anhang des Co@ches.

Modul 6

Die wichtigsten Funktionen zu Windows XP

In diesem Modul erfahren Sie, was man unter Windows XP versteht. Darüber hinaus lernen Sie einiges über die wichtigsten Funktionen von Windows wie die Arbeit mit Objekten und Fenstern sowie das Anlegen neuer Ordner. Dabei müssen wir uns auf das Notwendigste beschränken. Das Thema *Windows* ist viel zu umfangreich, um sich im Rahmen eines Moduls umfassend umschreiben zu lassen. Vielmehr füllt es ganze Wälzer von Büchern.

Die in diesem Co@ch angesprochenen Funktionen unterscheiden sich bis auf die Windows-Hilfe in Modul 9 kaum von den älteren Windows-Versionen. Das heißt, auch wenn Sie nicht mit dem aktuellsten Windows arbeiten, werden Sie sich leicht in diesem und den folgenden Modulen zurechtfinden.

Lernen Sie

- was Windows heißt und wie es arbeitet
- Windows zu starten
- die Maus kennen
- den Mauszeiger auf dem Monitor gezielt zu bewegen
- ein Fenster zu schließen
- Windows zu beenden
- wie ein Objekt markiert und geöffnet wird
- welche Bestandteile ein Fenster hat
- wie ein Fenster maximiert, minimiert und geschlossen wird
- wie man einen Ordner öffnet, erstellt und löscht
- den Windows-Explorer kennen

6.1 Was Sie über Windows wissen sollten

Der Begriff *Windows* kommt aus dem Englischen und heißt übersetzt *Fenster*. Windows ist ein Produkt der Firma Microsoft. Es handelt sich dabei um eine grafische Benutzeroberfläche, also einen Bildschirm, auf dem eine Reihe von Anweisungen in Form von Symbolen zur Verfügung gestellt werden. Windows XP ist wie seine Vorgänger ein vollwertiges Betriebssystem.

Kurz zur Erinnerung: Ohne Betriebssystem läuft auf dem Computer gar nichts. Es gehört in die Rubrik *Software*.

Ein besonderes Merkmal von Windows ist seine einheitliche, standardisierte Steuerung über Symbole, Menüs und grafische Dialogfelder, die überwiegend mit der Maus bedient werden. Arbeitsoberflächen von Anwendungsprogrammen und Dokumenten werden unter der Verwendung von Fenstern dargestellt. Was das im Einzelnen bedeutet, werden Sie im Verlaufe dieses Co@ches, noch genauer erfahren.

Alle unter Windows laufenden Programme sowie die Oberfläche selbst sind sich in ihrem Erscheinungsbild und in ihrer Bedienungsweise sehr ähnlich. Wenn Sie erst einmal ein Windows-Programm kennen gelernt haben, werden Sie die nächsten Programme viel leichter erlernen.

Die Anwendungsprogramme wie Textverarbeitung, Tabellenkalkulation und so weiter, die Sie bereits im Zusammenhang mit dem Thema Software kennen gelernt haben, können Sie von Windows aus starten. Wenn Sie mit einem solchen Programm arbeiten wollen, ist es unbedingt Voraussetzung, dass Sie wissen, wie Sie Windows starten, wie Sie das gewünschte Programm finden und schließlich, wie Sie ein Programm und Windows wieder beenden.

> **Hinweis**
> Von Windows XP gibt es zwei Versionen, die Home und Professional Edition. Für welchen Einsatzzweck welches Windows geeignet ist, deutet der Name an. Die Home-Version ist für den Heimanwender, die Professional-Version für Firmenanwender gedacht. Windows XP Professional verfügt gegenüber der Home Edition über verschiedene Zusatzfunktionen.

6.2 Windows starten und beenden

Schalten Sie den Computer ein. In der Regel wird Windows sofort gestartet.

1. Nach kurzer Wartezeit werden Sie ein Bild auf Ihrem Monitor sehen, das unserer Abbildung sehr ähnlich ist.

2. Falls Sie Ihren Namen auf dem Bildschirm vorfinden, klicken Sie mit der linken Maustaste auf die zugehörige Schaltfläche. Haben Sie einen neuen PC gekauft, klicken Sie stattdessen auf einen der vordefinierten Einträge. Stellt Ihnen ein Dritter seinen PC zur Verfügung, erkundigen Sie sich, unter welchem Benutzer Sie sich anmelden sollen.

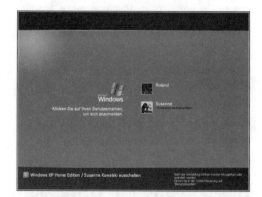

3. Sie erhalten den Windows-Desktop. Wie bereits im Kapitel über das Ein-/Abschalten des PCs erwähnt, kann die Anzeige auf Ihrem Monitor unter Umständen von unserer abweichen.

4. Über die Maus haben Sie bereits einiges erfahren. Auf dem Bildschirm sehen Sie den Mauszeiger in Form eines kleinen weißen Pfeils, der die Mausbewegungen an den Computer meldet. Nach in der Regel kurzer Wartezeit werden Sie ein Bild auf Ihrem Monitor sehen, das unserer Abbildung sehr ähnlich ist.

5. Um den Umgang mit der Maus ein wenig zu trainieren, zeigen Sie auf die Windows-*Start*-Schaltfläche. Danach bewegen Sie den Mauszeiger in die rechte obere Ecke des Bildschirms. Anschließend fahren Sie mit der Maus in die linke unter Ecke. Versuchen Sie, mit der Maus auf die einzelnen Symbole auf dem Bildschirm zu zeigen, damit Sie ein Gefühl für die Maus bekommen.

Windows beenden

1. Zeigen Sie mit der Maus auf die Schaltfläche mit der Bezeichnung *Start*, die sich in der Regel in der linken unteren Bildschirmecke befindet.

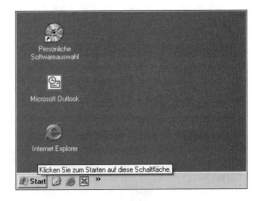

2. Klicken Sie einmal mit der linken Maustaste. Sie erhalten das Fenster des Startmenüs. Es ist zweigeteilt. In der linken Fensterhälfte werden die Symbole der zuletzt benutzten Programme angeboten. Wundern Sie sich also nicht, wenn sich dieser Teil ständig ändert. Fest verankert sind lediglich *Internet* und *E-Mail* sowie der Eintrag *Alle Programme*. In der rechten Hälfte des Inhaltsbereichs finden Sie unter anderem persönliche Ordner wie *Eigene Dateien, Eigene Bilder* und *Eigene Musik*. In diesen Ordnern können Sie später Ihre Dateien und Dokumente ablegen.

3. Bevor Sie Windows beenden, bewegen Sie den Mauszeiger einmal nach oben und unten in der Liste. Drücken Sie dabei keine der Maustasten. Wenn sich der Mauszeiger auf einem der Listeneinträge befindet, wird dieser dunkel unterlegt. Bei einigen Einträgen werden Sie feststellen, dass eine weitere Liste, auch Untermenü genannt, aufgeklappt wird. Dabei handelt es sich um all die Einträge, die einen kleinen, nach rechts zeigenden Pfeil haben.

Hinweis: Anstatt mit der Maus können Sie die einzelnen Einträge auch mit der Tastatur ansteuern. Drücken Sie zu diesem Zweck die Tasten ↑ beziehungsweise ↓.

4. Zeigen Sie auf den Eintrag *Ausschalten* und klicken Sie mit der linken Maustaste. Sie erhalten ein Dialogfeld. Klicken Sie mit der linken Maustaste auf die Schaltfläche *Ausschalten*. Sie erhalten eine Meldung, dass Windows heruntergefahren wird. Der PC schaltet sich in der Regel selbständig aus.

Hinweis: Wenn Sie Ihre Arbeit mit Windows beenden wollen, wählen Sie normalerweise die Schrittfolge *Start/Ausschalten/Ausschalten*. Schneller geht es mit der Tastenkombination [Alt] + [F4]. Auf diese Weise erreichen Sie den Schlussbildschirm. Dort drücken Sie dann nur noch die Taste [A] um Windows endgültig zu beenden.

6.3 Der Desktop

Starten Sie Windows erneut. Nachdem Sie sich unter einem Benutzernamen angemeldet haben, sehen Sie einen grünen Hintergrund und einige kleinere Bilder mit Unterschrift. Der Hintergrund kann je nach Einstellung in Ihrem System eine andere Farbe oder Struktur haben. Auch die kleinen Abbildungen mit ihren Unterschriften müssen nicht identisch sein. Sie werden vermutlich sowohl in der Anzahl als auch in der Anordnung und Bezeichnung variieren.

Hinweis: Sie haben möglicherweise einen nagelneuen PC gekauft, auf dessen Bildschirm ein Logo des PC-Herstellers erscheint. Diese Art von Grafik bringt Ihnen keinen Nutzen. Im Gegenteil, wenn Sie sich eine Menge Verknüpfungen zugelegt haben, wird es eng auf dem Desktop. Um das Logo zu entfernen, klicken Sie mit der rechten Maustaste auf eine freie Position auf dem Desktop. Wählen Sie *Eigenschaften*. Windows ruft das Dialogfeld *Eigenschaften von Anzeige* auf. Dort klicken Sie auf das Register *Desktop*. Wählen Sie aus der Liste *Hintergrund* den Eintrag (*Kein*) aus. Verlassen Sie das Dialogfeld durch einen Klick auf die Schaltfläche *OK*. Danach ist das Logo verschwunden.

Egal wie Ihr Hintergrund aussieht, es handelt sich dabei um Ihre Arbeitsfläche, den so genannten *Desktop*. Der Begriff *Desktop* kommt aus dem Englischen und heißt übersetzt Schreibtisch. Ihr Desktop in Windows entspricht somit quasi Ihrem elektronischen Schreibtisch. Auf diesem Schreibtisch haben Sie die Möglichkeit, Ablagen für Briefe und verschiedene Werkzeuge wie zum Beispiel den Taschenrechner zu nutzen. Im übertragenen Sinne können Sie alle Informationen und Dokumente sorgfältig ordnen, wie Sie dies von Aktenschränken und Ordnern her kennen.

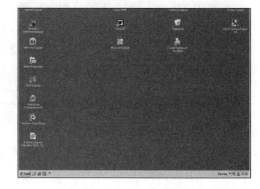

Ohne Ordnung würden Sie vielleicht irgendwann die Übersicht verlieren. Windows unterstützt Sie bei der Verwaltung Ihrer Unterlagen. Mit Hilfe von Windows können Sie beispielsweise alte Dokumente wegwerfen, Briefe von einem Ordner in einen anderen sortieren, kurz Ihre Ablage sinnvoll organisieren.

Die kleinen Bilder mit den Unterschriften auf dem Desktop stehen für bestimmte Anwendungen, die Sie noch näher kennen lernen werden. Sie heißen in der Fachsprache *Symbole* oder *Icons*.

Am unteren Bildschirmrand befindet sich in der Regel eine Leiste, auf der Sie ganz links die Ihnen bereits bekannte *Start*-Schaltfläche finden. Ganz rechts sehen Sie die aktuelle Systemuhrzeit und eventuell noch einige weitere Symbole. Die Leiste heißt *Taskleiste*. Der Begriff *Task* kommt ebenfalls aus dem Englischen und heißt übersetzt Aufgabe oder Arbeit. In der Taskleiste informiert Windows Sie über alle Aufgaben, die es zur Zeit ausführt. Was das genau bedeutet, werden Sie im Verlaufe dieses Co@ches noch erfahren.

> **Hinweis:** Die Taskleiste zählt zu den wichtigsten Windows-Werkzeugen. Wenn Sie allerdings zahlreiche Programme und Dateien geöffnet haben, lässt deren Übersichtlichkeit zu wünschen übrig. Die Fensterbeschriftung wird gekürzt und ist damit i.d.R. nicht mehr aussagekräftig. Da die Taskleiste flexibel ist, können Sie diese mit einem Mausklick vergrößern. Positionieren Sie den Mauszeiger auf den oberen Rand der Taskleiste. Der Mauszeiger nimmt die Form eines Doppelpfeils an. Ziehen Sie die Taskleiste mit gedrückter linker Maustaste nach oben, bis Sie die gewünschte Übersicht erreicht haben.

6.4 Objekte

Die verschiedenen Symbole auf dem Desktop nennt man *Objekte*. Dass Ihre Objekte vielleicht von denen im Co@ch abweichen, liegt daran, dass Sie den elektronischen Schreibtisch an Ihre persönlichen Bedürfnisse anpassen können. Das heißt, Sie können Objekte, die Sie benötigen, hinzufügen und Objekte, die Sie nicht einsetzen, entfernen.

Die Objekte auf dem Schreibtisch haben unterschiedliche Funktionen und reichen vom Papierkorb bis hin zum Taschenrechner.

1. Zeigen Sie mit dem Mauszeiger auf das Symbol *Arbeitsplatz*. Klicken Sie einmal mit der linken Maustaste. Sie werden feststellen, dass das Icon dunkel gerastert wird. Die Bezeichnung enthält einen gepunkteten Rahmen. Die Tätigkeit, die Sie soeben durchgeführt haben, nennt man in der Fachsprache *Markieren*.

> **Hinweis**
>
> Unter Umständen fehlt das Symbol für den Arbeitsplatz auf Ihrem Desktop. Ist das der Fall, klicken Sie auf die *Start*-Schaltfläche und im folgenden Fenster auf den Eintrag *Arbeitsplatz*. Halten Sie die linke Maustaste gedrückt und ziehen Sie mit der Maus in den Bereich des Desktop. Der dunkel hinterlegte Arbeitsplatz wirft eine Art Schatten. Lassen Sie die Maustaste an einer freien Stelle des Desktop los. Anschließend befindet sich ein Symbol *Arbeitsplatz* auf Ihrem Desktop.

2. Führen Sie als Nächstes einen Doppelklick auf dem Symbol *Arbeitsplatz* aus. Doppelklicken heißt, dass Sie zweimal in zeitlich sehr kurzen Abständen mit der linken Maustaste klicken. Wenn der Doppelklick beim ersten Anlauf nicht klappt, sollten Sie sich nicht entmutigen lassen. Dazu gehört schon etwas Übung. Probieren Sie den Doppelklick so lange aus, bis Sie ein Fenster erhalten, das wiederum Symbole enthält.

Auch hier kann das Fenster der obigen Abbildung anders aussehen als auf Ihrem Bildschirm. Es kann höher, schmaler, breiter oder kleiner sein. Außerdem können Sie unter Umständen andere Icons vorfinden. Lassen Sie sich dadurch nicht irritieren.

Im *Arbeitsplatz*-Fenster finden Sie die verschiedenen Laufwerke, wie das Diskettenlaufwerk, das Festplattenlaufwerk und die Systemsteuerung.

6.5 Die Fenstertechnik

In der nebenstehenden Abbildung sehen Sie ein Fenster. Ein Fenster besteht immer aus den gleichen Elementen:

- Rahmen
- Titelleiste
- Menüleiste
- Symbolleisten
- Inhaltsbereich
- Statusleiste

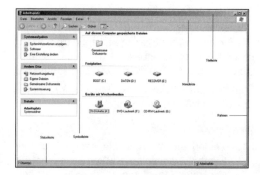

Eventuell haben die Symbole in Ihrem Fenster ein anderes Aussehen.

Die Titel-Leiste

Die *Titelleiste* zeigt den Titel eines Fensters an und ganz links ein Symbol. Das ist das so genannte Systemmenüfeld. Ganz rechts finden Sie noch drei kleine Schaltflächen.

1. Bewegen Sie den Mauszeiger auf das Systemmenüfeld und klicken Sie es mit der linken Maustaste an. Sie werden feststellen, dass sich eine Liste öffnet. Diese Liste wird *Pulldown-Menü* genannt. In dem Pulldown-Menü finden Sie mehrere Befehle zum Umgang mit dem Fenster. Ein Pulldown-Menü ist eine Liste, die beim Anklicken eines Symbols oder eines Menüs nach unten klappt.

2. Zeigen Sie auf *Maximieren* und klicken Sie mit der linken Maustaste auf diesen Befehl. Die Größe des Fensters verändert sich. Es nimmt den ganzen Bildschirm ein. Sie werden feststellen, dass sich die Schaltflächen im rechten Teil der Titelleiste verändert haben.

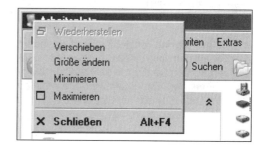

3. Die drei Schaltflächen haben folgende Funktionen: Sie werden zum *Minimieren*, *Wiederherstellen* und *Schließen* eines Fensters benötigt. Diese Befehle sind Ihnen bereits in dem Menü begegnet, das Sie über das Systemmenüfeld geöffnet haben. Klicken Sie einmal auf die mittlere der drei Schaltflächen. Die ursprüngliche Fenstergröße wird wieder hergestellt. Die mittlere Schaltfläche sieht nun wieder wie in der nebenstehenden Abbildung aus.

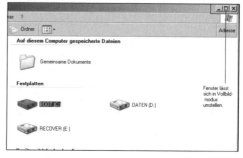

4. Wenn Sie jetzt die mittlere Schaltfläche anklicken, erhält das Fenster die maximale Größe. Probieren Sie dies aus. Setzen Sie das Fenster durch einen Klick auf die Schaltfläche *Wiederherstellen* wieder auf seine alte Größe zurück.

5. Als Nächstes sollen Sie einmal die erste der drei Schaltflächen testen. Klicken Sie diese an. Das Fenster verschwindet vom Bildschirm. Wenn Sie allerdings unten in die Taskleiste schauen, werden Sie dort eine Schaltfläche mit der Bezeichnung *Arbeitsplatz* sehen.

6. Klicken Sie auf die Schaltfläche *Arbeitsplatz* in der Taskleiste. Das Fenster erscheint wieder auf dem Monitor.

7. Durch einen Klick auf die letzte der drei Schaltflächen schließen Sie das Fenster. Führen Sie auch diesen Arbeitsschritt durch. Auch jetzt verschwindet das Fenster. In der Taskleiste finden Sie in diesem Fall keine entsprechende Schaltfläche wieder.

Die drei Schaltflächen, die Sie soeben kennen gelernt haben, haben in allen Programmen die gleiche Funktion.

> **Hinweis:** Schaltflächen werden auch *Button* oder *Schalter* beziehungsweise *Knopf* genannt.

Die Menüleiste

Auch die *Menüleiste* gehört zu den Fensterbestandteilen. Zur Ausführung von Aktionen verwendet man häufig die Menübefehle der Menüleiste. Diese befindet sich unterhalb der Titelleiste und listet sämtliche Menünamen auf. Durch Klicken auf einen Menünamen mit der linken Maustaste können Sie die dem Menü zugeordneten Befehle anzeigen. Anschließend wählen Sie den entsprechenden Befehl, ebenfalls mit Hilfe der linken Maustaste.

1. Öffnen Sie das Fenster *Arbeitsplatz*, indem Sie auf dem Icon einen Doppelklick ausführen. Klicken Sie dann in der Menüleiste einmal auf den Eintrag *Ansicht*. Sie erhalten eine Liste mit weiteren Einträgen.

> **Hinweis:** Außerdem kann man die Menüleiste mit der Tastatur aktivieren. Dazu drückt man die [Alt]- oder [F10]-Taste und den unterstrichenen Buchstaben des entsprechenden Menünamens. Zur Wahl des Menübefehls drückt man noch die Taste mit dem unterstrichenen Buchstaben des gewünschten Befehls.

2. Klicken Sie auf den Eintrag *Liste*. Falls diese Einstellung vorher bereits bei Ihnen gewählt war, ändert sich für Sie nichts.

3. Rufen Sie anschließend noch einmal das *Ansicht*-Menü auf. Wählen Sie diesmal den Eintrag *Kacheln*. Die Ansicht ändert sich erneut.

Sind nur wenige Dateien in einem Ordner, haben Sie, trotz der standardmäßig angezeigten großen Symbole, eine gute Übersicht. Wenn sich allerdings sehr viele Dateien im Ordner befinden, sind Sie in der Regel mit der Listenansicht besser bedient. Diese rufen Sie über *Ansicht / Liste* im Windows-Explorer auf.

> **Hinweis:** Reicht die Anzeige des Dateinamens nicht aus, blenden Sie über *Ansicht / Details* weitere Informationen wie Größe, Typ und Änderungsdatum ein. Die Informationen zur Datei lassen sich bei Bedarf noch erweitern. Über *Details auswählen* ebenfalls im Menü *Ansicht* blenden Sie weitere Informationen zur Datei ein. Dabei kann es sich z.B. um das letzte Zugriffsdatum handeln.

Weitere Fensterbestandteile

Alle Fenster sind von einem so genannten Rahmen umgeben. Darüber hinaus hat jedes Fenster einen Inhaltsbereich mit diversen Symbolen. Am unteren Rand eines Anwendungsfensters finden Sie noch die Statusleiste mit Informationen über Befehle beziehungsweise ausgewählte Optionen.

Wenn bei Ihnen die Statusleiste fehlt, können Sie diese folgendermaßen einstellen:

1. Klicken Sie auf das Menü *Ansicht*.
2. In der sich öffnenden Liste wählen Sie den Eintrag *Statusleiste*. Bei allen Anwendern, bei denen die Statusleiste bereits eingeblendet wird, hat dieser Eintrag ein Häkchen. Dann müssen Sie hier nichts anklicken.

> **Hinweis:** Wenn Sie wissen möchten, wie viele Ordner und Dateien sich in einem Verzeichnis befinden, können Sie diese Information der Statusleiste des Explorers entnehmen. Dort wird die Anzahl der vorhandenen Objekte eingeblendet.

Für die meisten Fenster gibt es auch eine oder mehrere Symbolleisten. Wenn die Symbolleiste in Ihrem Arbeitsplatzfenster fehlen sollte, können Sie diese ähnlich wie die Statusleiste einblenden, indem Sie das Menü *Ansicht* öffnen. Dort zeigen Sie auf den Befehl *Symbolleisten*. Die zur Verfügung stehenden Symbolleisten werden ange-

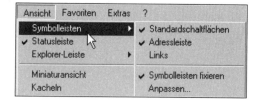

zeigt. Die gewünschte Symbolleiste müssen Sie nur noch mit Hilfe der Maus auswählen.

Symbolleisten enthalten Schaltflächen, über die Sie mit Hilfe der Maus viele Befehle durchführen können. Man führt über diese Schaltflächen Menübefehle aus, ohne das entsprechende Menü anzuwählen. Der Weg über die Menüleiste entfällt dabei komplett. Den Umgang mit den Schaltflächen der Symbolleisten wollen wir an dieser Stelle nicht weiter vertiefen, da Sie diese Arbeitsweise in den folgenden Modulen noch genauer kennen lernen.

6.6 Der Umgang mit Dateien und Ordnern

Zentrale Begriffe in Windows sind *Datei* und *Ordner*. Eine *Datei* ist ein Objekt, das bestimmte Informationen, wie beispielsweise einen Brief, enthält. Diese Informationen kann man mit einem bestimmten Programm, einer Textverarbeitung, bearbeiten. Es gibt aber auch andere Arten von Informationen, wie Tabellen oder Bilder, die dann wiederum mit den entsprechenden Programmen bearbeitet werden. Der *Ordner* ist vergleichbar mit dem Ordner, den Sie aus dem Büro kennen, also eine Art Aufbewahrungsort oder Ablagefach.

Ein Ordner im Büro kann Briefe enthalten, entsprechend kann ein Ordner unter Windows Dateien aufnehmen. Neben Dateien kann ein Ordner aber auch andere Ordner aufnehmen. Auf diese Weise kann eine Ordnerhierarchie aufgebaut werden.

> **Hinweis**: Ihre Dokumente und Programme werden in Ordnern gespeichert. Die Ordner werden im Fenster *Arbeitsplatz* und im Windows-Explorer angezeigt. In früheren Versionen von Windows wurden Ordner als Verzeichnisse bezeichnet.

Ordner öffnen

1. Falls das Arbeitsplatzfenster bei Ihnen nicht geöffnet ist, doppelklicken Sie auf das Symbol.

Die wichtigsten Funktionen zu Windows XP

2. Führen Sie anschließend einen Doppelklick auf dem Symbol für das Festplattenlaufwerk C: aus.
   Einen Ordner erkennen Sie an dem nebenstehenden Symbol.

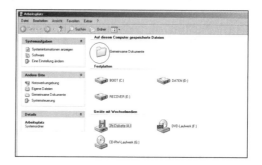

3. Falls Sie nicht den kompletten Ordnerinhalt einsehen können, verschieben Sie die Bildlaufleiste, indem Sie mit dem Mauszeiger auf den Rollbalken klicken und diesen mit gedrückter linker Maustaste verschieben. Wenn Sie die vertikale Bildlaufleiste einsetzen, verschieben Sie den Balken nach oben beziehungsweise unten, bei der horizontalen Bildlaufleiste nach rechts oder links.

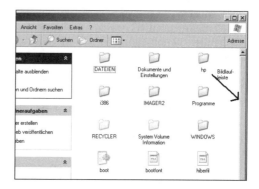

4. Führen Sie einen Doppelklick auf dem Symbol für den Ordner *Windows* aus. Sie gelangen in das Fenster *Windows*, das eigentliche Windows-Fenster, welches wiederum verschiedene Ordner enthält. Da das Öffnen des Windows-Fensters nur Demonstrationszwecken dient, können Sie es durch einen Klick auf die entsprechende Schaltfläche wieder schließen. Sie kehren zurück zu Ihrem Desktop.

Sicherlich ist das Ganze für Sie bislang sehr abstrakt und verwirrend. Lassen Sie sich aber nicht entmutigen, das ergeht jedem so, der das erste Mal mit Windows arbeitet. Spätestens wenn Sie mit den einzelnen Anwendungsprogrammen arbeiten, werden Sie den Sinn und Zweck der in diesem Kapitel vorgestellten Möglichkeiten erkennen.

Einen neuen Ordner erstellen

Neue Ordner sind für Übersicht und Ordnung auf Ihrem Rechner absolute Pflicht! Auf Ihrer Festplatte C: sollen Sie einen neuen Ordner erstellen:

1. Öffnen Sie zunächst wieder das Fenster Ihrer Festplatte C; und zeigen Sie in der Menüleiste auf *Datei*. Klicken Sie einmal mit der linken Maustaste auf diesen Menüeintrag. Auf diese Weise öffnen Sie ein Menü.

2. Sie erhalten ein Menü, in dem Sie zwischen unterschiedlichen Einträgen wählen können. Zeigen Sie auf den Eintrag *Neu*. Auf diese Weise erhalten Sie eine weitere Liste, ein so genanntes Untermenü.

3. Klicken Sie auf den Eintrag *Ordner*. Windows richtet einen neuen Ordner auf der Festplatte C: ein. Wenn Sie sich Ihr Fenster einmal anschauen, werden Sie dafür folgendes Symbol vorfinden.

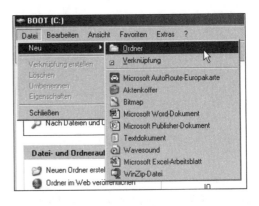

4. Der Text *Neuer Ordner* ist automatisch blau unterlegt und in weißer Schrift dargestellt. Das bedeutet, der Text ist markiert. Benutzen Sie jetzt Ihre Maustaste nicht. Schreiben Sie mit Hilfe der Tastatur den Begriff *Coach*. Drücken Sie die ⏎-Taste zur Bestätigung. Sie haben soeben Ihren ersten Ordner angelegt.

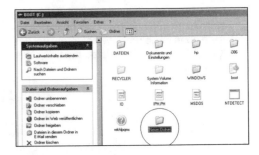

Einen Ordner löschen

1. Klicken Sie den eben erstellten Ordner einmal mit der rechten Maustaste an. Auf diese Weise lernen Sie gleichzeitig ein Kontextmenü kennen. Der Begriff *Kontextmenü* bedeutet, dass sich der Inhalt des Menüs in Abhängigkeit vom angeklickten Element ändert.

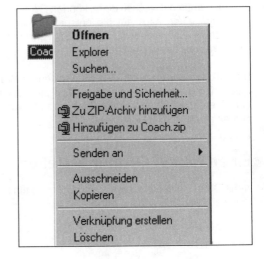

> **Hinweis:** Viele Befehle erreichen Sie in Windows und den Anwendungsprogrammen, die unter Windows laufen, über die so genannten Kontextmenüs. Diese bieten einen schnellen Zugriff auf Befehle, ohne dass Sie Menüpunkte verwenden müssen. Durch das Drücken der rechten Maustaste wird ein objektabhängiges Menü eingeblendet, das Ihnen die wichtigsten Befehle zur Verfügung stellt.

2. Klicken Sie auf den Eintrag *Löschen*. Da ein unbeabsichtigtes Löschen von Dateien und Ordnern sehr unangenehme Folgen haben kann, vergewissert sich Windows mit Hilfe einer Sicherheitsabfrage noch einmal, ob wirklich gelöscht werden soll. Klicken Sie in dem Dialogfeld mit der Sicherheitsabfrage auf die Schaltfläche *Ja*. Der Ordner verschwindet.

Richten Sie jetzt erneut einen Ordner mit dem Namen *Coach* ein. Sie können diesen dann später verwenden, um die einzelnen Dateien abzuspeichern, die Sie im Verlaufe dieses Buches anlegen werden. Zur Wiederholung:

3. Klicken Sie in der Menüleiste auf den Eintrag *Datei*. In dem folgenden Untermenü zeigen Sie auf den Eintrag *Neu*.
4. Klicken Sie im Untermenü auf den Eintrag *Ordner*. Tippen Sie mit Hilfe der Tastatur den Begriff *Coach*. Drücken Sie die ⏎-Taste zur Bestätigung.
5. Klicken Sie einmal mit der linken Maustaste in den freien Bereich des Fensters. Schließen Sie das Fenster der Festplatte C:. Wählen Sie jetzt den Weg über das Menü, in dem Sie den Menüpunkt *Datei* durch einen Klick mit der linken Maustaste auswählen.
6. In der folgenden Liste entscheiden Sie sich für den Befehl *Schließen*. Sie gelangen zurück zum Desktop.

> **Hinweis:** Menübefehle werden auf verschiedene Art und Weise dargestellt. Einige Befehle erscheinen fett und einige abgeblendet. Ein abgeblendeter Menübefehl bedeutet, dass dieser Befehl zur Zeit nicht verfügbar ist. Ein Mausklick auf diesen Befehl bleibt ohne Aktion.

6.7 Der Explorer

Eines der zentralen Arbeitswerkzeuge von Windows ist der so genannte *Windows-Explorer*. Anstatt der Arbeit mit Fenstern bietet der Explorer eine komfortable Möglichkeit, Laufwerke und Ordner einzusehen und zu verwalten.

Es gibt unterschiedliche Varianten, den Explorer aufzurufen. Eine davon führt über das Windows *Start*-Menü:

Die wichtigsten Funktionen zu Windows XP

1. Klicken Sie auf die Windows-*Start*-Schaltfläche. Sie erhalten das Ihnen bereits bekannte Menü mit verschiedenen Einträgen. Zeigen Sie auf *Alle Programme*. Es klappt ein Untermenü auf. Dort zeigen Sie auf *Zubehör*.

2. Klicken Sie auf *Windows-Explorer*. Auf diese Weise wird der Explorer gestartet. Neben den üblichen Fensterbestandteilen zeichnet sich der Explorer durch eine Besonderheit aus. Der eigentliche Fensterinhalt ist in zwei Bereiche geteilt. Im linken Teil, dem Strukturbereich, sehen Sie die Laufwerke und Ordner, im rechten Teil, dem so genannten Inhaltsbereich, die Anordnung oder Struktur des aktuell ausgewählten Laufwerks oder Ordners.

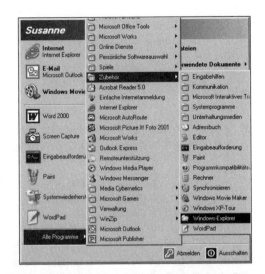

> **Hinweis**: Wenn Sie von Windows XP Tipps zum Umgang mit dem Windows-Explorer wünschen, wählen Sie *Ansicht / Explorer-Leiste / Tipps und Tricks*. Sie erhalten kleinere Hinweise zur Optimierung Ihrer Arbeitsweise. Über *Nächster Tipp* lassen Sie sich weitere Tipps anzeigen.

Außerdem können Sie im Explorer die Struktur Ihres Systems erkennen. Auf der höchsten Ebene befindet sich der Desktop, darunter ist der Arbeitsplatz angeordnet. Dieser wiederum enthält alle angeschlossenen Geräte, Ordner und Dateien.

Einigen Objekten in Strukurbereich ist ein Pluszeichen vorangestellt.

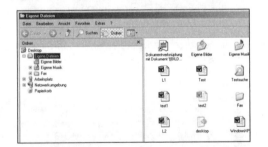

3. Klicken Sie auf Ihr Festplattenlaufwerk C:. Das Pluszeichen verwandelt sich in ein Minuszeichen. Unterhalb des Laufwerks wird dessen Verzeichnisstruktur angezeigt. Im Inhaltsbereich werden die Symbole für die Ordner und Dateien auf dem Festplattenlaufwerk C: aufgelistet.

4. Klicken Sie jetzt auf das Minuszeichen vor dem Symbol für das Festplattenlaufwerk C:.

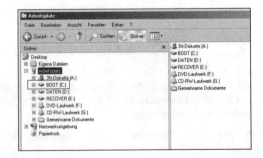

5. Als Nächstes führen Sie einen Klick mit der linken Maustaste auf dem Pluszeichen des Diskettenlaufwerks A: aus, ohne dass sich eine Diskette im Laufwerk befindet. Sie erhalten eine Fehlermeldung. Klicken Sie mit der linken Maustaste auf die Schaltfläche *Abbrechen*.

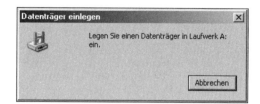

Sie sehen, Windows meldet sich auch, wenn etwas nicht in Ordnung ist.

> **Hinweis**: Vermissen Sie den schnellen Zugriff auf den Windows-Explorer? Sie sparen lästige Mausklicks, wenn Sie sich ein Symbol des Windows-Explorers auf den Desktop holen. In der Fachsprache heißt das, Sie erstellen eine Desktop-Verknüpfung. Zeigen Sie im Startmenü den Eintrag *Alle Programme / Zubehör / Windows-Explorer*. Klicken Sie auf den Eintrag Windows-Explorer und ziehen Sie diesen mit gedrückter linker Maustaste an eine leere Position auf den Desktop.

Sie können auch im Explorer einen neuen Ordner anlegen. Überlegen Sie immer zuerst, an welchem Ort innerhalb der bestehenden Ordnerhierarchie Sie diesen unterbringen möchten. Aktivieren Sie zuerst das Laufwerk, in dem Sie den neuen Ordner aufnehmen möchten und erstellen Sie dann den neuen Ordner. Der Weg führt auch hier über das *Datei*-Menü und die Befehlsfolge *Neu / Ordner*.

6.8 Pannenhilfe

Wenn Sie mit einem Computer arbeiten, kommt es immer wieder zu Situationen, an denen Windows hängen bleibt. Egal, ob Sie die Maus oder Tastatur einsetzen, Windows XP reagiert gar nicht mehr. Da hilft nur noch der so genannte Affengriff: Drücken Sie die Tastenkombination [Alt] + [Strg] + [Entf]. Windows öffnet standardmäßig das Fenster des Task-Managers. Markieren Sie das Programm, dass für die Panne verantwortlich ist. Klicken Sie auf die Schaltfläche *Task beenden*. Anschließend dauert es einen Moment, bis Sie eine Meldung mit dem Hinweis: *Diese Anwendung reagiert nicht mehr* erhalten. Klicken Sie erneut auf *Task beenden*. Anschließend schließt Windows das Anwendungsprogramm. Sollten Sie die Tastenkombination [Alt] + [Strg] + [Entf] zweimal drücken, wird der Rechner neu gestartet. Alle Daten und Änderungen, die Sie nicht gespeichert haben, sind dann verloren. Den Affengriff sollten Sie nur in wirklichen Notfällen einsetzen.

> **Hinweis**: Bei Programmabstürzen erhalten Sie die Möglichkeit, einen Problembericht an Microsoft zu schicken. Wenn Sie davon Gebrauch machen wollen, klicken Sie im Fehlerfenster auf *Problembericht senden*. Windows ruft noch einen weiteren Dialog auf. Verlassen Sie das Fenster über *Schließen*.

Zusammenfassung

✓ Mit Hilfe der Maus steuern Sie auf dem Bildschirm den Mauszeiger. Wenn Sie ein Objekt auf dem Monitor auswählen möchten, zeigen Sie mit der Maus darauf und klicken Sie einmal mit der linken Maustaste.

✓ Der Befehl zum Beenden von Windows befindet sich hinter der Schaltfläche *Start*. Wählen Sie in dem sich öffnenden Fenster den Eintrag *Auschalten*. Im folgenden Dialogfeld klicken Sie ebenfalls auf *Ausschalten*.

✓ Die Arbeitsoberfläche in Windows heißt Desktop und ist eine Art elektronischer Schreibtisch. Auf dem Desktop sind Icons vorhanden, hinter denen bestimmte Anwendungen stecken. Im unteren Bereich des Desktop befindet sich die Taskleiste.

✓ Um ein Objekt zu markieren, zeigen Sie mit dem Mauszeiger auf das Objekt und klicken Sie es einmal kurz mit der linken Maustaste an. Zum Öffnen eines Objekts führt man einen Doppelklick auf dem Objekt aus.

✓ Ein Windows-Fenster besteht aus Rahmen, Titelleiste, Menüleiste, Statusleiste und Inhaltsbereich.

✓ Im rechten Bereich der Titelleiste finden Sie Schaltflächen zum Minimieren, Maximieren beziehungsweise Wiederherstellen und Schließen von Fenstern.

✓ Windows arbeitet mit Dateien und Ordnern. Dateien enthalten Daten wie zum Beispiel Briefe, Tabellen oder Bilder. Die Ordner sind die Ablageorte für Dateien, aber auch für andere, untergeordnete Ordner.

✓ Einen neuen Ordner kann man über den Eintrag *Datei* in der Menüleiste erstellen. In dem folgenden Untermenü zeigen Sie auf den Befehl *Neu* und klicken im Untermenü auf den Eintrag *Ordner*. Über die Tastatur wird der Name des Ordners angegeben. Mit Hilfe der ⏎-Taste wird der Name bestätigt.

✓ Durch einen Klick mit der rechten Maustaste auf ein Objekt wird ein objektabhängiges Menü eingeblendet, das Ihnen die wichtigsten Befehle zur Verfügung stellt. Es heißt Kontextmenü.

✓ Sie können einen Ordner über den Eintrag *Löschen* im Kontextmenü entfernen. Die Sicherheitsabfrage von Windows müssen Sie mit *Ja* beantworten, wenn Sie den Ordner wirklich löschen möchten.

✓ Ein zentrales Windows-Arbeitswerkzeug ist der Explorer. Mit seiner Hilfe können Sie Laufwerke und Ordner einsehen und verwalten. Es gibt unterschiedliche Möglichkeiten, den Explorer aufzurufen. Eine davon führt über das Windows-*Start*-Menü und den Eintrag *Alle Programme / Zubehör*.

✓ Der eigentliche Fensterinhalt des Explorers ist in zwei Bereiche geteilt, dem Struktur- und dem Inhaltsbereich. Im Explorer ist die Struktur Ihres Systems zu erkennen. Auf der höchsten Ebene befindet sich der Desktop.

Übungen

1. Starten Sie Windows und melden Sie sich gegebenenfalls an.
2. Schieben Sie den Mauszeiger auf die *Start*-Schaltfläche.
3. Beenden Sie Windows.
4. Auf welche Weise können Sie in Windows ein Objekt markieren beziehungsweise öffnen?
5. Starten Sie Windows erneut. Öffnen Sie das *Arbeitsplatz*-Fenster. Blenden Sie in diesem Fenster die Symbolleiste und die Statusleiste aus. Stellen Sie die maximale Fenstergröße ein. Als Nächstes blenden Sie Symbolleiste und Statusleiste wieder ein und schließen Sie diese danach.
6. Welche Symbole und Schaltflächen befinden sich in der Titelleiste?
7. Aus welchen Teilen setzt sich ein Windows-Fenster zusammen?
8. Was unterscheidet Dateien und Ordner?
9. Wie kann man einen neuen Ordner erstellen?
10. Legen Sie einen Ordner mit dem Namen *Test* an.
11. Löschen Sie den Ordner mit dem Namen *Test* wieder.
12. Was ist ein Kontextmenü und wie wird dieses geöffnet?
13. Wozu können Sie den Explorer einsetzen?
14. Wie ist der Fensterinhalt des Explorers aufgeteilt?
15. Sehen Sie sich im Explorer den Inhalt des Ordners *Windows* im Inhaltsbereich an.

Die Lösungen zu diesen Aufgaben finden Sie im Anhang des Co@ches.

Modul 7

Windows-Zubehör

Windows XP ist nicht nur auf seine Funktion als Betriebssystem beschränkt. Es wird mit umfangreichem Zubehör ausgestattet, angefangen von einem Media Player, mit dem Sie Ihre Musik-CDs abspielen können, bis hin zu Grundfunktionen wie einer Textverarbeitung oder einem Malprogramm. Einige dieser Funktionen werden wir Ihnen in diesem Modul vorstellen. In diesem Zusammenhang erfahren Sie gleichzeitig auch etwas über die Arbeit mit Anwendungsprogrammen und Dateien. Sie lernen, wie Sie ein Dokument dauerhaft speichern, es wieder öffnen und erneut bearbeiten.

Lernen Sie

- einen Text in WordPad zu erfassen und zu gestalten
- den Umgang mit Listenfeldern
- ein Dokument auf Diskette zu speichern
- welche Elemente zu einer Dialogbox gehören
- eine vorhandene Datei in WordPad zu öffnen und zu ändern
- ein Bild zu erstellen
- weiteres Windows-Zubehör kennen

7.1 Der erste Text mit WordPad

Eine der am häufigsten Tätigkeiten im PC-Bereich ist das Erfassen von Texten. Zum Lieferumfang von Windows gehört WordPad, mit dessen Hilfe Sie Dokumente mit verschiedenen Gestaltungsmerkmalen erstellen können. Zwar ist WordPad bei weitem nicht so komfortabel wie Microsoft Word, das Sie in einem der weiteren Module noch näher kennen lernen werden, um einen einfachen Text, wie zum Beispiel einen Brief zu schreiben, reichen die Möglichkeiten von WordPad jedoch aus.

WordPad öffnen

Es gibt unterschiedliche Möglichkeiten, WordPad zu öffnen. Wählen Sie den Weg über die *Start*-Schaltfläche:

1. Klicken Sie auf die *Start*-Schaltfläche. Zeigen Sie auf *Alle Programme* und in dem sich überlappenden Untermenü auf *Zubehör*.

2. Klicken Sie in der folgenden Liste auf den Eintrag *WordPad*. Windows startet das Textverarbeitungsprogramm WordPad. Sie erkennen den Ihnen bereits bekannten typischen Fensteraufbau.

Auch hier kann es zu Abweichungen zwischen Ihrem Bildschirm und der Abbildung dieses Buches kommen.

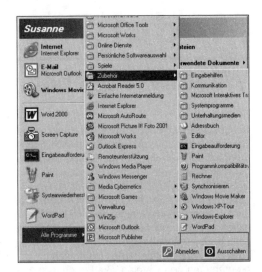

Der blinkende senkrechte Strich heißt *Cursor*. Er wird auch Schreibmarke genannt. An der Stelle, an der der Cursor blinkt, werden die Zeichen eingefügt, die Sie mit Hilfe der Tastatur erfassen.

Einen Text erfassen

1. Geben Sie den folgenden Text ein:

Windows

Ein besonderes Merkmal von Windows ist seine einheitliche, standardisierte Steuerung über Symbole, Menüs und grafische Dialogfelder, die überwiegend mit der Maus bedient werden. Arbeitsoberflächen von Anwendungsprogrammen und Dokumenten werden unter der Verwendung von Fenstern dargestellt. Alle unter Windows laufenden Programme, sowie die Oberfläche selbst, sind in Ihrem Erscheinungsbild und in ihrer Bedienungsweise sehr ähnlich. Wenn Sie einmal ein Windows-Programm kennen gelernt haben, werden Sie die nächsten Programme viel leichter erlernen.

2. Dabei müssen Sie verschiedene Dinge beachten:
Hinter dem Text *Windows* drücken Sie zweimal die ⏎-Taste. Entsprechendes gilt für den ersten Absatz, der hinter „... Fenstern dargestellt" endet. Ansonsten können Sie alle Texte einfach durchschreiben, das heißt, Sie müssen am Ende einer Zeile keine Zeilenschaltung durchführen. Wenn ein Text nicht mehr in die alte Zeile passt, fängt WordPad ohne Ihr Dazutun eine neue Zeile an. Sie müssen sich also nicht um die Zeilenschaltung kümmern. Das erledigt das Programm automatisch.

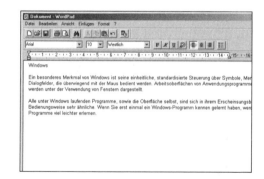

Einen Text bearbeiten

Nicht immer ist man mit dem, was man geschrieben hat zufrieden. Mit Word Pad ist es nicht schwierig, Korrekturen durchzuführen. Ein oder mehrere Zeichen lassen sich mit der ←-Taste zurücknehmen. Diese Taste befindet sich auf der Tastatur oberhalb der ⏎-Taste. Eine markierte Textpassage, können Sie mit der Entf-Taste löschen. Darüber hinaus haben Sie die Möglichkeit, einen markierten Text durch Überschreiben zu entfernen. Auch das Ändern des Layouts ist recht einfach.

1. Klicken Sie mit der linken Maustaste an eine beliebige Stelle in der Überschrift *Windows* und anschließend in der Symbolleiste auf die Schaltfläche *Zentriert*. Der Text wird in die Mitte des Dokumentes gesetzt.

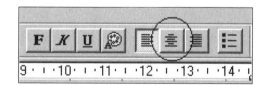

2. Klicken Sie als Nächstes auf den Menüpunkt *Bearbeiten*. Dort wählen Sie den Eintrag *Alles markieren*.

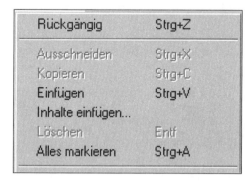

3. Auf diese Weise wird der ganze Text markiert. Das sieht folgendermaßen aus:

4. Klicken Sie nun auf den Pfeil hinter *Arial* in der Symbolleiste, um die Schriftart zu ändern. Es klappt ein Listenfeld auf.

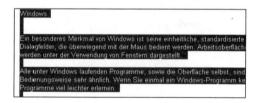

Listenfelder

Im oberen Bereich des Listenfeldes, dem Rechteck, wird die aktuelle Auswahl angezeigt, hier *Arial*. Da mehr Schriften zur Verfügung stehen als gleichzeitig in der Liste angezeigt werden können, enthält das Listenfeld eine Bildlaufleiste, vergleichbar mit den Bildlaufleisten, die Sie bereits im Zusammenhang mit den Fenstern kennen gelernt haben. Das kleine Rechteck in der Bildlaufleiste ist das so genannte Bildlauffeld. Mit seiner Hilfe können Sie sich auf schnelle Weise in der Liste bewegen.

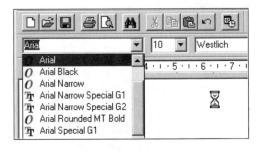

1. Klicken Sie mit der linken Maustaste auf das Bildlauffeld. Lassen Sie die Maustaste nicht los. Schieben Sie den Mauszeiger mit gedrückter linker Maustaste nach oben, bis Sie die Schriftart *Times New Roman* sehen. Lassen Sie die Maustaste los.
2. Klicken Sie auf den Eintrag *Times New Roman* und danach außerhalb des Textes, damit die Markierung verschwindet. Dieser Text wird jetzt in einer neuen Schriftart dargestellt.

Den Text speichern

1. Den Text sollen Sie als Nächstes speichern. Klicken Sie zu diesem Zweck auf die Schaltfläche *Speichern* in der Symbolleiste.

2. Sie gelangen in ein Dialogfeld, auch Dialogbox oder Fenster genannt. In ein Dialogfeld müssen Sie vor der Ausführung eines Befehls weitere Informationen eingeben oder gegebenenfalls Optionen auswählen. Dialogboxen können folgende verschiedene Elemente enthalten:

   - Listenfelder
   - Schaltflächen
   - Textfelder
   - Kontrollkästchen
   - runde Optionsfelder
   - Registerkarten

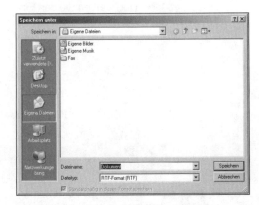

Das Dialogfeld *Speichern unter* enthält verschiedene Schaltflächen, ein Textfeld und Listenfelder. Letztere haben Sie bereits beim Ändern der Schriftart von *Arial* auf *Times New Roman* kennen gelernt.

Das soeben erstellte Textdokument soll auf Diskette gespeichert werden.

3. Schieben Sie eine formatierte Diskette in Ihr 3½-Disketten-Laufwerk. Klicken Sie auf den Pfeil im Listenfeld rechts von *Eigene Dateien*. Anschließend wählen Sie *3,5-Diskette [A:]* durch einen Klick mit der linken Maustaste.

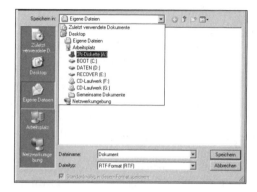

4. Drücken Sie die [↹]-Taste. Der Text im Feld neben dem Begriff *Dateiname* wird automatisch markiert. Dieses Feld ist ein so genanntes *Textfeld*. In Textfelder können Sie Texte oder Werte eingeben. Der Dateiname ist der Name Ihres Dokumentes. Unter der Bezeichnung, die Sie in dieses Feld eintragen, können Sie Ihren Text später auf dem entsprechenden Laufwerk wieder finden.

5. Tippen Sie *Windows* ein. Klicken Sie auf die Schaltfläche *Speichern*.

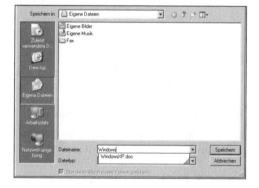

Hinweis Schaltflächen enthalten den Namen der Aktion, die ausgeführt wird. Wenn Sie diese anklicken, wird ein bestimmter Befehl ausgeführt. Außerdem können Sie eine Schaltfläche durch die Tastenkombination der [Alt]-Taste im Zusammenhang mit dem unterstrichenen Buchstaben auf der Schaltfläche aktivieren.

Es dauert einen kurzen Moment. Das Dokument wird gespeichert. Sie gelangen zurück an Ihren WordPad-Arbeitsplatz. Wenn Sie sich die Titelleiste einmal ansehen, werden Sie feststellen, dass diese jetzt den Namen des Dokuments enthält.

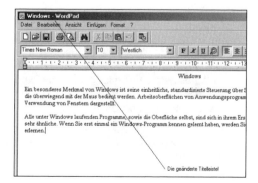

> **Hinweis:** Die Dateinamenerweiterung *.doc*, auch Suffix oder Extension genannt, wird automatisch an den Dateinamen angehängt. Anhand der Dateiendung kann man erkennen, um welche Art von Datei es sich handelt. *Doc* deutet darauf hin, dass es sich um ein Textdokument handelt.

6. Schließen Sie jetzt das Dokument durch einen Klick auf die Schaltfläche *Schließen* ganz rechts in der Titelleiste.

Ein Dokument öffnen

Nachdem Sie nun Ihren ersten Text geschrieben, gestaltet und gespeichert haben, sollen Sie versuchen, diesen wiederzufinden. Zu diesem Zweck sollen Sie zunächst wieder WordPad öffnen.

1. Klicken Sie mit der linken Maustaste auf die *Start*-Schaltfläche von Windows. Dort gelangen Sie über *Alle Programme / Zubehör* zu *WordPad*. Klicken Sie den Eintrag mit der linken Maustaste an. WordPad wird geöffnet.

2. Klicken Sie in der Symbolleiste auf die Schaltfläche *Öffnen*. Sie gelangen in die Dialogbox *Öffnen*, die ähnlich aufgebaut ist wie die Dialogbox *Speichern unter*. Klicken Sie im Listenfeld *Suchen in* auf den Pfeil.

3. Anschließend wählen Sie das 3½-Zoll-Disketten-Laufwerk [A:] durch einen Klick mit der linken Maustaste, um in das Fenster dieses Laufwerks zu gelangen.

4. Klicken Sie zunächst auf *Windows* und anschließend auf die Schaltfläche *Öffnen*. Das gewünschte Dokument wird geöffnet. Wenn Sie jetzt eine Änderung an dem Dokument vornehmen, müssen Sie dieses anschließend erneut speichern. Ansonsten gehen die neuen Eingaben verloren.

5. Markieren Sie den Text *Windows,* indem Sie vor den ersten Buchstaben klicken und dann mit gedrückter linker Maustaste über den gesamten Namen ziehen. Lassen Sie die Maustaste danach los. Der Name wird auf diese Weise invers dargestellt (weiße Schrift mit schwarzer Unterlegung).

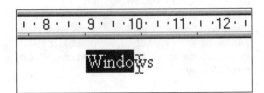

6. Klicken Sie auf die Schaltfläche *Fett* in der Symbolleiste. Die Überschrift hebt sich von dem übrigen Text ab.

7. Um die Änderung zu speichern, genügt ein Klick auf die Schaltfläche mit der Diskette. WordPad soll geschlossen werden. Dazu wählen Sie jetzt den Weg über das Menü *Datei*. Klicken Sie auf *Datei*. Entscheiden Sie sich für den Eintrag *Beenden*.

7.2 Ein Bild mit Paint

Als Nächstes sollen Sie einen Einblick über das pixelorientierte Mal- beziehungsweise Grafikprogramm Paint erhalten, das ebenfalls zum Windows-Zubehör gehört. Für den Start von Paint gehen Sie vor wie beim Start von WordPad.

Paint starten

1. Klicken Sie auf die *Start*-Schaltfläche. Zeigen Sie auf *Alle Programme*. In dem sich aufklappenden Untermenü zeigen Sie auf *Zubehör*. Klicken Sie in der folgenden Liste auf den Eintrag *Paint*.

2. Windows startet das Programm *Paint*. Auch hier erkennen Sie den Ihnen bereits bekannten typischen Fensteraufbau.

Arbeiten mit der Werkzeugleiste

Im linken Bereich des *Paint*-Fensters sehen Sie die Werkzeugleiste von Paint. Unten befindet sich standardmäßig eine Farbpalette. Sollte diese bei Ihnen fehlen, können Sie sie über das Menü *Ansicht* aktivieren (*Ansicht / Farbpalette*).

Bevor Sie Ihr erstes Bild mit Paint malen, sollten Sie einfach einige Dinge ausprobieren, um im Umgang mit diesem Programm etwas Sicherheit zu erhalten.

1. Klicken Sie in der Werkzeugleiste auf die Schaltfläche *Rechteck*. Der Mauszeiger nimmt die Form eines Fadenkreuzes an.

2. Drücken Sie die linke Maustaste und ziehen Sie ein Rechteck auf, indem Sie den Mauszeiger schräg nach rechts unten ziehen. Lassen Sie die Maustaste los, wenn das Rechteck die gewünschte Größe hat.

3. Der verwandelte Mauszeiger bleibt erhalten. Ziehen Sie jetzt drei weitere Rechtecke auf.

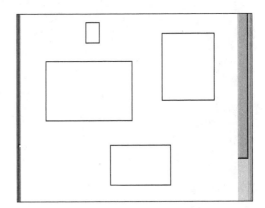

4. Klicken Sie als Nächstes auf die Schaltfläche *Farbfüller*.

5. Anschließend klicken Sie in der Farbpalette auf Gelb und danach auf eines der Rechtecke. Auf diese Weise füllen Sie das Rechteck mit der ausgewählten Farbe. Wählen Sie jetzt die Farbe Pink und klicken Sie danach ein weiteres Rechteck an.

6. Füllen Sie auf diese Weise die beiden übrigen Rechtecke mit Grün und Blau.

7. Klicken Sie jetzt auf die Schaltfläche mit dem Radiergummi. Der Mauszeiger nimmt die Form eines kleinen Quadrates an. Bewegen Sie den Mauszeiger mit gedrückter linker Maustaste über eines der Rechtecke. Auf diese Weise radieren Sie das Rechteck weg.

8. Wählen Sie *Datei / Neu*. Sie erhalten von Paint einen Hinweis, dass Sie Ihre Arbeit noch nicht gespeichert haben. Da es sich nur um Probearbeiten handelt, klicken Sie auf die Schaltfläche *Nein*.

Ein Bild mit Paint erstellen

Sie erhalten einen neuen Paint-Arbeitsbereich, in dem Sie eine kleine Zeichnung anfertigen sollen.

1. Klicken Sie auf die Schaltfläche *Ellipse*. Um einen Kreis aufzuziehen, drücken Sie die ⌂-Taste. Ziehen Sie mit gedrückter ⌂-Taste und gedrückter linker Maustaste einen Kreis auf.

Hinweis: Falls das Ergebnis nicht Ihren Wünschen entspricht, können Sie es selbstverständlich wieder ausradieren. Noch einfacher geht das Entfernen der letzten Aktion über den Befehl *Rückgängig* im Menü *Bearbeiten*.

2. Ziehen Sie auf die gleiche Weise weitere Kreise, ähnlich wie in der folgenden Abbildung, auf. Falls es nicht auf Anhieb klappt, lassen Sie sich nicht entmutigen.

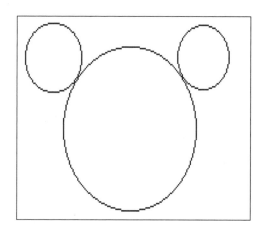

3. Richten Sie einen weiteren, allerdings sehr kleinen Kreis als Auge ein.

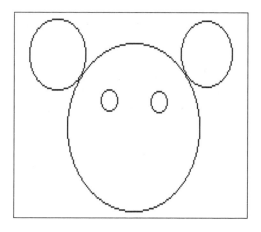

4. Für den Mund setzten Sie zwei abgerundete Rechtecke aneinander. Sie werden wie Rechtecke aufgezogen.

5. Den oberen Teil der Rechtecke radieren Sie weg, so dass Sie zu dem nebenstehenden Ergebnis kommen.

Das Ergebnis speichern

1. Um das Bild zu speichern, wählen Sie *Datei / Speichern*. Sie gelangen in die Dialogbox *Speichern unter*. Das gezeichnete Objekt soll im Ordner *Coach* abgespeichert werden, den Sie im vergangenen Modul erstellt haben.

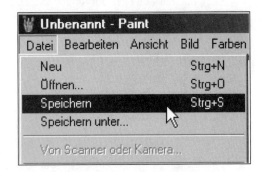

2. Klicken Sie auf den Pfeil rechts im Listenfeld *Speichern in*. Entscheiden Sie sich für Laufwerk *[C:]*, indem Sie auf diesem Eintrag einen Doppelklick ausführen. Anschließend führen Sie einen Doppelklick auf dem Ordner *Coach* aus. Drücken Sie die [↹]-Taste. Auf diese Weise wird der vorgegebene Name im Textfeld *Dateiname* markiert.

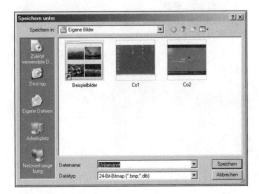

3. Geben Sie als Namen *Beispiel_Paint* ein. Die Dateinamenerweiterung wird automatisch angehängt. Klicken Sie auf die Schaltfläche *Speichern*. Wie bereits zuvor in WordPad, wird der Name der Datei in der *Titelleiste* angezeigt.

4. Schließen Sie Paint über die Schaltfläche ganz rechts in der Titelleiste.

Ein Bild über den Explorer öffnen

Nun sollen Sie das Bild wieder öffnen. Dabei wird ein anderer Weg vorgestellt als der, den Sie bereits bei WordPad kennen gelernt haben. Öffnen Sie das Bild folgendermaßen mit Hilfe des Windows-Explorers:

1. Klicken Sie auf die Windows-*Start*-Schaltfläche. Zeigen Sie auf *Alle Programme*, danach auf *Zubehör* und klicken Sie in dem folgenden Untermenü auf *Windows-Explorer*. Klicken Sie doppelt auf Ihr Festplattenlaufwerk C:. Unterhalb des Laufwerks wird dessen Verzeichnisstruktur angezeigt.

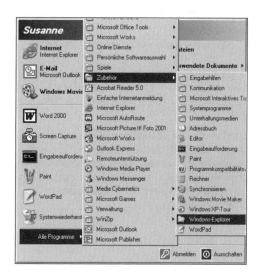

2. Führen Sie jetzt einen Doppelklick auf dem Ordner *Coach* aus. Im Inhaltsbereich sehen Sie die Datei *Beispiel_Paint.bmp*. Führen Sie einen Doppelklick auf der Datei aus. Paint wird geöffnet und Sie erhalten die gewünschte Zeichnung.

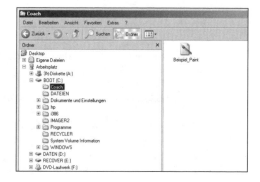

7.3 Sonstiges Zubehör

Der Lieferumfang von Windows umfasst noch weiteres Zubehör, auf das aber an dieser Stelle nicht detailliert eingegangen werden kann. Hier ein Ausschnitt über weitere Funktionen, die über das Menü *Windows-Zubehör* zur Verfügung stehen:

- **HyperTerminal**
  Ermöglicht die Datenübertragung von Computer zu Computer

- **Lautstärkeregelung**
  Zur Regelung der angeschlossenen Lautsprecher, eines Mikrofons oder eines CD-ROM-Laufwerks (Voraussetzung: installierte Audiokarte) im Unterpunkt *Systemprogramme*

- **Defragmentierung**
  Zur Optimierung der Festplatte, damit Dateien und freier Speicherplatz effizient angeordnet, Programme dadurch schneller ausgeführt und Dateien schneller geöffnet werden

- **ScanDisk**
  Zur Überprüfung der Festplatte auf Fehler und gegebenenfalls deren Korrektur

- **Rechner**
  Zum Rechnen wie mit einem Taschenrechner

Das Menü *Alle Programme* enthält auch einen Befehl *Spiele* mit verschiedenen Spieleinträgen.

Darüber hinaus gibt es unter Windows XP zahlreiche weitere Zusatzfunktionen, wie beispielsweise die Möglichkeit, Faxe zu versenden, mit dem Media Player Musik-CDs abzuspielen, Anschlussmöglichkeiten für Digitalkamera oder Scanner und vieles mehr.

Zusammenfassung

✓ Mit Hilfe von WordPad können Sie Textdokumente mit verschiedenen Gestaltungsmerkmalen erstellen. Es wird über die *Start*-Schaltfläche von Windows geöffnet. Zeigen Sie dann auf *Alle Programme* und in dem aufklappenden Untermenü auf *Zubehör*. Klicken Sie in der folgenden Liste auf den Eintrag *WordPad*.

✓ Die Texte werden in WordPad beim Cursor, auch Schreibmarke genannt, eingefügt. Wichtig ist, dass Sie alle Texte durchschreiben können. WordPad fängt ohne Ihr Dazutun eine neue Zeile an und schreibt dort weiter.

Zusammenfassung

- Ein Dokument können Sie durch einen Klick auf die Schaltfläche *Speichern* sichern. Beim ersten Speichern gelangen Sie in die Dialogbox *Speichern unter*. Dort wählen Sie das gewünschte Laufwerk und gegebenenfalls einen Ordner aus. Außerdem müssen Sie der Datei einen Namen geben.

- Um ein Dokument in WordPad zu öffnen, starten Sie zunächst WordPad. Klicken Sie in der Symbolleiste auf die Schaltfläche *Öffnen*. In der Dialogbox *Öffnen* wählen Sie die gewünschte Datei per Doppelklick aus.

- Wenn Sie eine bereits vorhandene Datei verändern, müssen Sie diese erneut speichern.

- Paint ist ein pixelorientiertes Mal- beziehungsweise Grafikprogramm, das ebenfalls zum Windows-Zubehör gehört. Für den Start von Paint gehen Sie vor wie beim Start von WordPad.

- Im linken Bereich von Paint befindet sich eine Werkzeugleiste, die Sie beim Erstellen von Bildern unterstützt. Über die Farbpalette können Sie Ihre Zeichnung bunt gestalten.

- Eine Datei können Sie auch mit Hilfe des Windows-Explorers öffnen. Klicken Sie auf die Windows-*Start*-Schaltfläche. Zeigen Sie auf *Alle Programme / Zubehör* und klicken Sie in dem folgenden Untermenü auf *Windows-Explorer*. Suchen Sie die gewünschte Datei und öffnen Sie diese mit Hilfe eines Doppelklicks.

- Der Lieferumfang von Windows umfasst noch weiteres Zubehör, wie unter anderem Microsoft Fax, eine Wahlhilfe, HyperTerminal, eine Lautstärkeregelung, ein Defragmentierungsprogramm, ScanDisk sowie einen Rechner.

Übungen

1. Auf welche Weise kann man in WordPad den kompletten Text markieren?
2. Welche Elemente kann ein Dialogfeld enthalten?
3. Was für eine Art Programm ist Paint?
4. Auf welche Weise kann man eine Datei mit Hilfe des Windows-Explorers öffnen?
5. Nennen Sie fünf Zusatzprogramme, die zu Windows gehören.

Übungen

Die Aufgaben 6 bis 12 bilden einen Aufgabenkomplex.

6. Öffnen Sie WordPad.

7. Tragen Sie nun den folgenden Text in WordPad ein:

```
Informationen und Datenverarbeitung

Am Arbeitsplatz strömt eine Flut von Informationen auf die Mitarbeiter
ein, die sachgerecht bearbeitet werden müssen. Dabei kann es sich um
das Führen von Verkaufsgesprächen, die Annahme von Bestellungen, um
Auftragserteilung oder Rechnungsschreibung handeln. Wenn diese
Informationen so aufbereitet werden, dass sie von DV-Anlagen gelesen,
gespeichert, weiterverarbeitet und ausgegeben werden können, spricht
man von Daten (Einzahl = Datum). Ganz allgemein wird die Bezeichnung
Daten für numerische oder alphanumerische Informationen verwendet. In
der Datenverarbeitung versteht man unter Daten alles, was sich in
einer für die Datenverarbeitungsanlage erkennbaren Weise codieren und
verarbeiten lässt. Für die praktische Arbeit unterscheidet man
zwischen verschiedenen Datenarten, auf die im Laufe dieses Kapitels
näher eingegangen wird. Darüber hinaus werden auch die Codierung der
Daten und die Informationseinheiten behandelt.
```

8. Zentrieren Sie die Überschrift und formatieren Sie diese in fetter Schrift.

9. Speichern Sie den Text auf Diskette. Nennen Sie das Dokument *Informationen*.

10. Schließen Sie WordPad.

11. Öffnen Sie das eben erstellte Dokument und schließen Sie es wieder.

12. Schließen Sie Word Pad.

Die Aufgaben 13 bis 16 bilden einen Aufgabenkomplex.

13. Starten Sie Paint.

14. Erstellen Sie vier Kreise und füllen Sie diese mit unterschiedlichen Farben.

15. Speichern Sie das Bild auf Diskette. Vergeben Sie den Namen *Kreise*.

16. Schließen Sie Paint.

Die Lösungen zu diesen Aufgaben finden Sie im Anhang des Co@ches.

Modul 8

Die Windows-Systemsteuerung

Mit der *Systemsteuerung* lernen Sie eine weitere zentrale Funktion von Windows XP kennen. Die Systemsteuerung dient der Lenkung und Konfiguration des Betriebssystems, über deren Bedeutung Sie ja bereits einiges erfahren haben. Über die Systemsteuerung hat man beispielsweise Zugriff auf die Speicherverwaltung, die Einrichtung von Anschlussgeräten wie Maus, Drucker, Tastatur oder auch des Modems.

> **Lernen Sie**
>
> - die Windows-Systemsteuerung kennen
> - was Registerkarten sind
> - die Eigenschaften der Maus zu verändern
> - Hardware zu installieren

8.1 Die Systemsteuerung öffnen

Klicken Sie auf die Windows-*Start*-Schaltfläche und im folgenden Fenster auf den Eintrag *Systemsteuerung*. Die Systemsteuerung wird geöffnet. Sie steht unter Windows XP in zwei Varianten zur Verfügung:

- Kategorieansicht
- Klassische Ansicht

Wenn Sie die Systemsteuerung über *Start / Systemsteuerung* öffnen, erhalten Sie standardmäßig die Kategorieansicht, es sei denn, Sie haben zuvor in die klassische Ansicht umgeschaltet. In der Kategorieansicht sind die Aufgaben, die Sie über die Systemsteuerung bewältigen, in verschiedene Gruppen unterteilt. Über den entsprechenden Verweis gelangen Sie entweder direkt zu dem gewünschten Dialog, oder Sie müssen sich durch eine weitere Auswahl klicken.

Je nachdem, welche Ansicht Sie aktuell gewählt haben, wechseln Sie mit den Befehlen *Zur klassischen Ansicht wechseln* und *Zur Kategorieansicht wechseln* im linken oberen Teil des Fensters zwischen den beiden Varianten.

8.2 Die Maus

Wie Sie bereits wissen, ist die Maus ein Gerät, mit dem Sie dem Computer Befehle übermitteln. Die Einstellungen von Windows XP sind auf eine Mehrzahl von Anwendern abgestimmt. Das gilt gleichermaßen für die Geschwindigkeiten von Maus, Tastatur und Cursor. Besonders die Geschwindigkeit des Mauszeigers macht immer wieder Anwendern zu schaffen. Funktioniert diese zu schnell oder zu langsam, passen Sie die Geschwindigkeit an Ihre Bedürfnisse an. Den Umgang mit der Maus können Sie an Ihre individuellen Arbeitsbedingungen anpassen.

1. Klicken Sie auf die Windows-*Start*-Schaltfläche und im folgenden Fenster auf *Systemsteuerung*. Sie gelangen in die Ihnen bereits bekannte Windows-Systemsteuerung. Dort wechseln Sie zur klassischen Ansicht. Führen Sie einen Doppelklick auf dem Symbol *Maus* aus. Sie gelangen in die Dialogbox *Eigenschaften von Maus*.

2. Auf diese Weise lernen Sie auch Registerkarten kennen. Eine Registerkarte ist vergleichbar mit einer Karteikarte und vereint in einem Dialogfeld zusammengehörende Befehle. Die Dialogbox *Eigenschaften von Maus* enthält folgende Register:

- Tasten
- Zeiger
- Zeigeroptionen
- Rad
- Hardware

3. Das gewünschte Register erhält man, indem man mit der linken Maustaste die entsprechende Lasche anklickt. Blenden Sie die Registerkarte *Zeigeroptionen* ein. Regulieren Sie, falls nötig, die Zeigergeschwindigkeit. Dazu zeigen Sie auf den Schiebehebel zwischen *Langsam* und *Schnell* im Bereich *Zeigergeschwindigkeit auswählen* und ziehen diesen mit gedrückter linker Maustaste in die gewünschte Richtung.

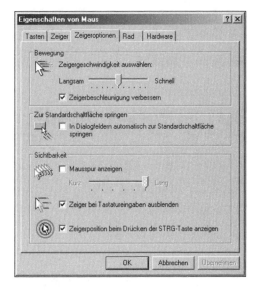

4. Klicken Sie jetzt die Registerkarte *Tasten* an. Wenn Sie möchten, können Sie hier die Funktionen der rechten und linken Maustaste oder die Doppelklickgeschwindigkeit der Maustaste verändern. Das Vertauschen der beiden Maustasten ist für Linkshänder sehr wichtig. Um die Tasten zu vertauschen, klicken Sie auf das Kästchen vor dem Text *Primäre und Sekundäre Taste umschalten*. Das Kästchen erhält ein Häkchen. Derartige Kästchen heißen Kontrollkästchen.

5. Falls Sie Veränderungen durchgeführt haben, klicken Sie auf die Schaltfläche *OK*, ansonsten auf *Abbrechen*, um das Dialogfeld zu schließen. Verlassen Sie die Systemsteuerung über die Schaltfläche *Schließen*.

Hinweis: Kontrollkästchen wirken wie Ein-/Ausschalter. Wenn ein Kontrollkästchen ein Häkchen enthält, wird angezeigt, dass der jeweilige Befehl aktiviert wurde. Sie aktivieren beziehungsweise deaktivieren ein Kontrollkästchen durch Anklicken mit der linken Maustaste.

8.3 Drucker installieren

In der Regel reicht es aus, wenn Sie einen Drucker oder andere Hardware mit Ihrem Rechner verbinden. Windows erkennt das Gerät sebstständig und Sie können es sofort einsetzen. Leider ist das nicht immer der Fall. Dann müssen Sie manuell eingreifen und das Gerät installieren. Da Windows XP für die Installation verschiedener Hardwarekomponenten Assistenten zur Verfügung stellt, ist diese Aufgabe leicht zu bewältigen. Wir stellen Ihnen einen solchen Installationsvorgang anhand des Druckerinstallations-Assistenten vor.

Hinweis: Vermissen Sie den schnellen Zugriff auf die Systemsteuerung? Werkzeuge, die Sie häufig benötigen, sollten griffbereit liegen. Sie sparen lästige Mausklicks, wenn Sie sich diese Komponenten auf den Desktop holen. Markieren Sie im Startmenü den Eintrag *Systemsteuerung* und ziehen Sie diesen mit gedrückter linker Maustaste auf den Desktop. An einer freien Stelle auf dem Desktop lassen Sie die Maustaste los.

1. Schließen Sie den Drucker an Ihren Computer an und schalten Sie ihn ein. Wählen Sie *Start / Systemsteuerung*. Klicken Sie in der *Kategorieansicht* doppelt auf den Eintrag *Drucker und andere Hardware*.

2. Im folgenden Fenster folgen Sie dem Eintrag *Drucker hinzufügen*. Der Assistent zur Installation des Druckers wird aufgerufen.

    Ein Assistent ist ein Helfer, dem Sie verschiedene Fragen beantworten müssen.

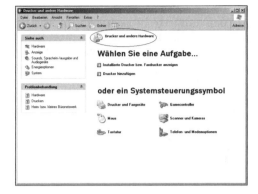

3. Klicken Sie auf die Schaltfläche *Weiter*.

4. Überprüfen Sie im folgenden Fenster, ob das Kontrollkästchen *Plug & Play-Drucker automatisch ermitteln und installieren* abgehakt ist und klicken Sie auf *Weiter*.

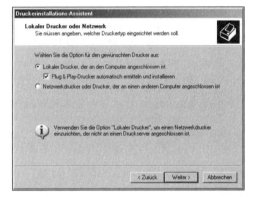

5. Sobald Windows den Drucker gefunden hat, erhalten Sie einen Hinweis. Für den Drucker wird ein Symbol im Ordner *Drucker und Faxgeräte* angelegt. Findet Windows XP den Drucker nicht, müssen Sie den Drucker mit Hilfe des Assistenten manuell installieren.

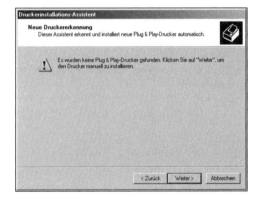

6. Im folgenden Schritt des Druckerinstallations-Assistenten entscheiden Sie sich für den Anschluss des Druckers. In der Regel akzeptieren Sie den Vorschlag von Windows und klicken auf *Weiter*.

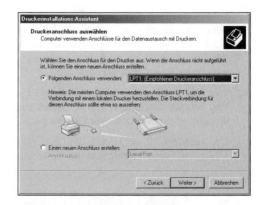

7. Im nächsten Fenster wählen Sie den Druckerhersteller und aus der rechten Liste den Drucker aus und klicken auf *Weiter*.

8. Danach müssen Sie den Drucker benennen. Windows XP schlägt einen Namen vor, den Sie übernehmen oder überschreiben. Auch hier rufen Sie den nächsten Schritt des Assistenten durch einen Klick auf die Schaltfläche *Weiter* auf.

9. Abschließend bestimmen Sie, ob Sie eine Testseite drucken möchten. Nachdem Sie das letzte Fenster des Assistenten über *Weiter* aufgerufen haben, schließen Sie den Vorgang durch einen Klick auf *Fertig stellen* ab.

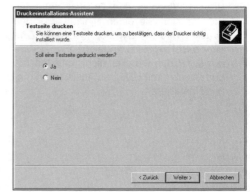

8.4 Windows-Komponenten nachträglich installieren

Auch die Installation von Software erledigen Sie über die Systemsteuerung von Windows XP. Sollten bestimmte Windows-Komponenten während des Installationsvorgangs auf Ihrem Rechner nicht berücksichtigt worden sein, erledigen Sie das nachträglich. Das gilt unter anderem für die Funktion zum Versenden von Faxen.

1. Wählen Sie *Start / Systemsteuerung / Zur klassischen Ansicht wechseln*. Führen Sie einen Doppelklick auf dem Symbol *Software* aus. Sie gelangen in das gleichnamige Dialogfeld.

2. Über die Schaltfläche *Windows-Komponenten hinzufügen/entfernen* starten Sie den Assistenten für Windows-Komponenten.

3. Der Assistent prüft, welche Komponenten bereits installiert sind und stellt Ihnen dann eine Liste der möglichen Zusatzkomponenten zur Verfügung. Dort aktivieren Sie das Kontrollkästchen *Faxdienste* und klicken auf *Weiter*. Der Faxdienst wird installiert. Über *Fertig stellen* schließen Sie den Vorgang ab.

Hinweis: Auch Programme, die nicht zum Umfang von Windows XP gehören, können Sie über die Systemsteuerung installieren. Wählen Sie *Start / Systemsteuerung / Zur klassischen Ansicht wechseln*. Führen Sie einen Doppelklick auf *Software* aus und wählen Sie *Neue Programme hinzufügen*. Legen Sie die CD oder Diskette ein, auf der sich das Programm befindet und klicken Sie auf die Schaltfläche *CD oder Diskette*. Windows durchsucht den Datenträger nach einer Datei, die die Installation des gewünschten Programms in Gang setzen soll. Wird Windows nicht fündig, greifen Sie manuell über die Schaltfläche *Durchsuchen* ein. Über *Fertig stellen* starten Sie die Installationsroutine.

Zusammenfassung

- Die Systemsteuerung unter Windows dient der Steuerung und Konfiguration des Betriebssystems. Zudem haben Sie Zugriff auf die Speicherverwaltung, die Konfiguration von Anschlussgeräten wie Maus, Drucker, Tastatur oder auch Modem.

- Eine Registerkarte ist vergleichbar mit einer Karteikarte und vereint in einem Dialogfeld zusammengehörende Befehle. Das gewünschte Register erhält man, indem man mit der linken Maustaste die entsprechende Lasche anklickt.

- Mit Hilfe der Systemsteuerung werden Windows-Komponenten und Software installiert.

Überschrift

1. Wozu wird die Systemsteuerung unter Windows benötigt?
2. Welche Ansichten werden im Zusammenhang mit der Systemsteuerung unterschieden?
3. Welche Bedeutung hat das Betriebssystem?
4. Erläutern Sie die Begriffe *Registerkarte* und *Kontrollkästchen*.
5. Auf welche Weise erhalten Sie ein Symbol für die Systemsteuerung auf Ihrem Desktop?
6. Rufen Sie die Dialogbox *Eigenschaften von Software* auf.
7. Schließen Sie die Dialogbox *Eigenschaften von Software* und verlassen Sie die Systemsteuerung.
8. Lassen Sie sich in der *Systemsteuerung* die Eigenschaften von Datum und Uhrzeit anzeigen.
9. Wie lässt sich die Doppelklickgeschwindigkeit der linken Maustaste ändern?
10. Welche Möglichkeiten haben Linkshänder, komfortabel an einem Rechner zu arbeiten?

Die Lösungen zu diesen Aufgaben finden Sie im Anhang des Co@ches.

Modul 9

Die Windows-Hilfe

Die Windows-Hilfe bietet Ihnen die Möglichkeit, notwendige Informationen zu Windows zu erhalten, ohne ein Buch zu öffnen oder den Bildschirm zu verlassen. Dabei werden Ihnen sowohl Erklärungen zu Themen als auch Schritt-für-Schritt-Lösungen angeboten. Sogar Begriffsdefinitionen und Auflistungen von Tastenkombinationen umfassen den Umfang der Hilfe. In diesem Modul erhalten Sie einen Einblick in die Windows-Hilfe, stellvertretend auch für die in diesem Buch vorgestellten Anwendungsprogramme. Denn auch für die Programme Word, Excel, PowerPoint, Access und Outlook gibt es je eine Hilfe, die ähnlich funktioniert. Sogar WordPad und Paint, die Sie bereits kennen gelernt haben, verfügen über eine Hilfe.

Lernen Sie

- wie Sie die Windows-Hilfe aufrufen
- Hilfethemen aufzurufen
- mit dem Index zu arbeiten
- Touren und Lernprogramme sowie das Troubleshooting kennen

9.1 Die Windows-Hilfe aufrufen

Die Windows-Hilfe ist in den diversen Windows-Versionen sehr unterschiedlich. Wir beschreiben in diesem Co@ch die Hilfe von Windows XP. Es gibt verschiedene Möglichkeiten, die Windows-Hilfe zu öffnen. Wählen Sie den Weg über die *Start*-Schaltfläche.

1. Klicken Sie auf die *Start*-Schaltfläche. Sie erhalten das Windows-Startmenü. Dort klicken Sie in der rechten Fensterhälfte auf den Eintrag *Hilfe und Support*.

Windows ruft das Hilfe- und Supportcenter auf. Wie alle Fenster verfügt es über eine Menü- und Symbolleiste. Bereits im Eingangsdialog des Hilfe- und Supportcenters erhalten Sie eine Auswahl bestimmter Themenbereiche rund um das Betriebssystem. Diese Hauptthemen verzweigen zu untergeordneten Themen und von dort zu zahlreichen Querverweisen.

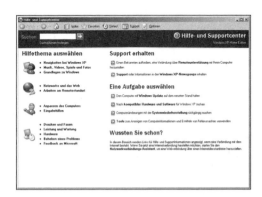

Die Windows-Hilfe

2. Klicken Sie auf den Eintrag *Grundlagen zu Windows*. Das Fenster ändert sich.

3. Klicken Sie jetzt im linken Bereich des Fensters auf das Pluszeichen vor dem Thema *Grundlegende Aufgaben in Windows*. Das Thema gliedert sich in mehrere Unterthemen.

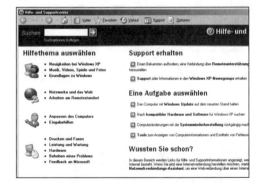

4. Über *Arbeiten mit Dateien und Ordnern* erhalten Sie eine Themenliste im rechten Fensterbereich.

5. Wenn Sie dort dem Verweis *Erstellen eines neuen Ordners* folgen, erhalten Sie eine Schritt-für-Schritt-Anleitung zu dieser Aufgabe.

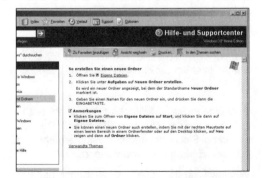

> **Hinweis**
> Aus dem Windows Explorer heraus, können Sie die Windows-Hilfe über *?/Hilfe- und Supportcenter* aufrufen.

108   Grundlagen PC & DV

9.2 Der Index

Bis Sie die gewünschten Informationen über die Auswahl der Themenbereiche erhalten, müssen Sie eine Menge Klickarbeit durchführen. Wenn Sie, mit dem Index der Windows-Hilfe arbeiten, können Sie sich in vielen Fällen den Weg über die Hauptthemen sparen. I. d. R. kommen Sie schneller zum Ziel.

1. Wählen Sie *Start / Hilfe und Support*. Sie gelangen in das *Hilfe- und Supportcenter*. Klicken Sie in der Symbolleiste auf die Schaltfläche *Index*.

    Im Index arbeiten Sie mit Suchbegriffen. In dem dafür vorgesehenen Feld können Sie den gewünschten Begriff eintragen. In der Regel reichen hierfür die ersten Buchstaben eines bestimmten Wortes aus.

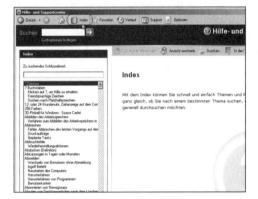

Tragen Sie den Suchbegriff oder den Anfang des Suchbegriffs in das Feld *Zu suchendes Schlüsselwort* ein. In der Regel erhalten Sie bereits nach der Eingabe des zweiten Buchstabens einen Bereich des Index, in dem Windows passende Begriffe auflistet. Dort klicken Sie auf den Indexeintrag. Das Fenster wird erneut angepasst und zeigt die gewünschten Informationen. Oft wird ein Verweis auf verwandte Themen eingeblendet. Es kann sehr hilfreich sein, wenn Sie dieser Verknüpfung folgen.

An dieser Stelle sollen Sie einmal versuchen, Informationen zum Thema *Symbolleiste* zu erhalten.

2. Geben Sie die Buchstabenfolge *Symbolleiste* ein.

3. Führen Sie einen Doppelklick auf *Definition* aus. Windows blendet eine entsprechende Erläuterung ein.

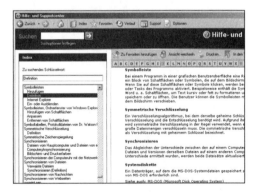

Hinweis: Mit Hilfe der Remote-Unterstützung von Windows XP besteht die Möglichkeit, Hilfe durch Dritte anzufordern. Das kann zum Beispiel ein Freund sein oder Firmen, die entsprechenden Support gegen Entgelt zur Verfügung stellen. Das bedeutet, dass ein Dritter von seinem Rechner aus, auf Ihrem PC nachforscht, wo ein Fehler vorliegt.

9.3 Touren & Lernprogramme

Wir wollen Ihnen noch einen weiteren Part der Windows-Hilfe vorstellen. Dabei handelt es sich um ein Lernprogramm. Die damit verbundene Tour durch das Betriebssystem Windows läuft selbständig wie ein Film ab und ist mit Sprache hinterlegt. Das Windows-Lernprogramm gehört wie WordPad und Paint zum Windows-Zubehör.

1. Wählen Sie *Start / Alle Programme / Zubehör / Windows XP-Tour*.

2. Klicken Sie im *Willkommen*-Dialog auf *Animierte Tour* und anschließend auf die Schaltfläche *Weiter*.

Die Tour durch Windows XP wird automatisch gestartet.

Es werden verschiedene Themen besprochen. Im Zusammenhang mit den Windows-Grundlagen werden verschiedene Punkte aus diesem Co@ch behandelt.

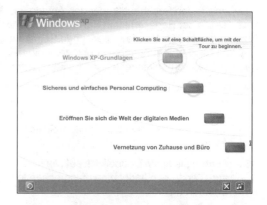

3. Wenn Sie die Tour verlassen wollen, klicken Sie auf die Schaltfläche *Schließen*.

> **Hinweis:** Wenn Sie mitten in der Arbeit stecken und z.B. Fragen zu einer Option oder einem Kontrollkästchen innerhalb eines Dialogs haben, öffnen Sie das Kontextmenü des Objekts. Sie erhalten dann Hinweise in Form einer so genannten *Quickinfo* innerhalb eines Textkastens. Sobald Sie mit der Maus klicken, verschwindet der Infotext und Sie können wie gewohnt mit Ihrer Arbeit fortfahren. Alternativ können Sie die Schaltfläche mit dem Fragezeichen in der Titelleiste und danach das gewünschte Element im Dialogfeld anklicken.

9.4 Troubleshooting

Mit dem Hilfe-Programm von Windows XP können Sie nicht nur Informationen abfragen, sondern darüber hinaus das System bzw. das Ausführen von Systemfunktionen analysieren. Außerdem wurde ein Troubleshooting eingeführt. Dabei handelt es sich um einen Katalog mit verschiedenen Problemlösungen zu unterschiedlichen Themen wie z.B. Hardware, Netzwerk, Internetverbindung oder Multimedia-Programmen.

1. Wählen *Start / Hilfe und Support / Beheben eines Problems*. Entscheiden Sie sich für das Thema, in dem sich möglicherweise Lösungen für Ihr Problem befinden.
2. In Abhängigkeit von Ihrem Problem müssen Sie eine weitere Auswahl treffen oder verschiedene Fragen beantworten, bevor Sie ein Angebot unterschiedlicher Lösungen erhalten. Unter Umständen sollten Sie einen kompetenten Helfer zu Rate ziehen.

- Drucken und Faxen
- Leistung und Wartung
- Hardware
- **Beheben eines Problems**
- Feedback an Microsoft

> **Hinweis:** In den einzelnen Anwendungsprogrammen erreichen Sie die Dialogbox *Hilfethemen* über das Fragezeichen in der Menüleiste. In fast allen Computerprogrammen erhalten Sie Hilfestellung über die Taste `F1`.

Zusammenfassung

✓ Die Windows-Hilfe können Sie über die *Start / Hilfe- und Supportcenter* aufrufen. Bereits im Eingangsdialog des Hilfe- und Supportcenters erhalten Sie eine Auswahl bestimmter Themenbereiche rund um das Betriebssystem.

✓ Unter *Index* können Sie in dem dafür vorgesehenen Feld einen Suchbegriff eintragen. In der Regel reichen hierfür die ersten Buchstaben eines bestimmten Wortes aus.

Zusammenfassung

- Gute Dienste leisten im Zusammenhang mit der Windows-Hilfe auch die Windows XP-Tour, das Troubleshooting und die kontextbezogene Hilfe.

- In fast allen Computerprogrammen erhalten Sie Hilfestellung über die Taste 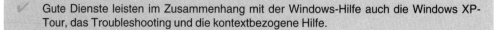.

Übungen

Die Aufgaben 1 bis 5 bilden einen Aufgabenkomplex.

1. Rufen Sie die Windows-Hilfe auf.

2. Klicken Sie auf das Thema *Eingabehilfen*.

3. Suchen Sie im folgenden Dialog das Thema *Übersicht über die Windows Tastenkombinationen*.

4. Verfolgen Sie ein Thema Ihrer Wahl.

5. Schließen Sie die Hilfe.

6. Wie rufen Sie das Hilfe und Supportcenter über den Windows-Explorer auf?

7. Starten Sie *WordPad*. Rufen Sie die Hilfe von WordPad auf und suchen Sie dort Informationen zum Thema *Erstellen einer Aufzählung*. Verlassen Sie anschließend die Hilfe von WordPad und beenden Sie WordPad.

8. Über welche Taste lässt sich in fast allen Computerprogrammen Hilfe anfordern.

Die Lösungen zu diesen Aufgaben finden Sie im Anhang des Co@ches.

Modul 10

Die Textverarbeitung Microsoft Word

Lernen Sie

- den Word-Arbeitsplatz kennen
- einen Text zu erfassen und zu gestalten
- ein Dokument zu speichern
- den Umgang mit der Rechtschreib- und Grammatikprüfung
- das Arbeiten mit der Funktion *AutoText* kennen
- ein Dokument zu schließen
- das Ausdrucken von Dokumenten
- Word zu beenden
- eine bereits vorhandene Datei zu öffnen
- Serienbriefe zu erstellen, zu drucken und zu erfassen

Für jede Aufgabe gibt es in der Datenverarbeitung spezielle Software. Mit einem Textverarbeitungsprogramm arbeiten Sie immer dann, wenn es um das Erstellen, Bearbeiten und Ausdrucken von Textdokumenten geht. In diesem Modul erhalten Sie einen Einblick in das Textverarbeitungsprogramm *Microsoft Word*. Die vorgestellten Schritte finden Sie in ähnlicher Form auch in anderen Textverarbeitungsprogrammen wieder. Um sich grundsätzlich mit dem Programm vertraut zu machen, reicht dieses Modul allerdings nicht aus. Dazu sollten Sie ein spezielles Buch verwenden.

10.1 Word starten

1. Bevor Sie den Word-Arbeitsplatz erreichen, müssen Sie Word starten. Dazu klicken Sie auf die *Start*-Schaltfläche in der Taskleiste. Siealten ein Windows-Menü mit verschiedenen Einträgen. Zeigen Sie auf den Eintrag *Alle Programme*. Windows öffnet automatisch das zugehörige Untermenü. Dass Ihr Untermenü von denen in den folgenden Abbildungen gezeigten abweichen kann, wissen Sie bereits. Der Inhalt ist abhängig von den auf Ihrem Rechner installierten Programmen. Klicken Sie auf *Microsoft Word*. Falls Sie eine Desktop-Verknüpfung für Microsoft Word eingerichtet haben, klicken Sie doppelt auf das entsprechende Symbol.

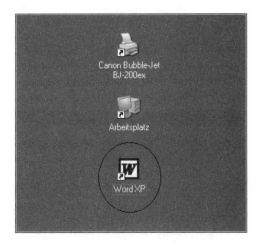

Das Textverarbeitungsprogramm wird geladen und die Arbeitsoberfläche von Word wird angezeigt.

10.2 Der Word-Arbeitsplatz

Die Programmoberfläche von Word ist aufgebaut wie die übrigen Windows-Anwendungen, die Sie noch kennen lernen werden. Je nach Einstellung kann Ihr Word-Arbeitsplatz geringfügig von unserer Abbildung abweichen.

Ganz oben finden Sie die Titelleiste, die den Programm- und Dateinamen anzeigt. Es folgen die Menüleiste, die *Standard*-Symbolleiste, die *Format*-Symbolleiste und das *Lineal*. Anschließend sehen Sie den Arbeits- beziehungsweise Eingabebereich und die Statusleiste.

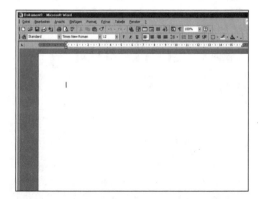

Wenn auf Ihrem Bildschirm das Lineal oder die Symbolleisten fehlen, können Sie diese über das Menü *Ansicht* anzeigen. Klicken Sie dort auf den Eintrag *Lineal*. Um fehlende Symbolleisten anzuzeigen, zeigen Sie im Menü *Ansicht* auf *Symbolleisten* und klicken in dem sich öffnenden Untermenü die gewünschte Leiste an.

Sie werden unter Umständen vom Office-Assistenten begrüßt. Der *Office-Assistent* unterstützt Sie bei der Arbeit mit Word. Wenn Sie ihn nicht benötigen, lässt er sich über *?/Office-Assistenten ausblenden* schließen.

> **Hinweis:** Standardmäßig erscheint der Office-Assistent in Form der Büroklammer *Karl Klammer*. Je nach Einstellung in Ihrem Programm kann er aber auch eine andere Form haben. Unabhängig von seinem Erscheinungsbild bietet er Hilfestellung zur aktuellen Arbeitssituation.

10.3 Die ersten Eingaben

Jetzt steht Ihnen ein leeres Arbeitsblatt zur Verfügung. Der blinkende senkrechte Strich ist der so genannte *Cursor* oder die *Einfügemarke*. An dieser Position werden die Eingaben eingefügt.

Die Textverarbeitung dient insbesondere der Erstellung von Textdokumenten, wie zum Beispiel von Briefen. Sie sollen jetzt einen Brief erstellen und ihn anschließend gestalten und drucken. Die im Folgenden beschriebene Vorgehensweise ist jederzeit auf andere Situationen übertragbar.

1. Beginnen Sie mit den ersten Eingaben. Geben Sie `Schreiber GmbH` ein und drücken Sie dann die Tastenkombination ⇧ + ↵. Dadurch erreichen Sie, dass Word eine neue Zeile beginnt. Wenn Sie sich verschreiben, können Sie falsche Zeichen mit Hilfe der ←-Taste oder `Entf`-Taste löschen. Dadurch löschen Sie die Zeichen links beziehungsweise rechts von der Schreibmarke.

2. Tragen Sie `Bachstraße 11` ein und drücken Sie wieder die Tastenkombination ⇧ + ↵. Weiter geht es mit `80000 München` sowie ⇧ + ↵. Möglicherweise meldet sich der Office-Assistent zwischenzeitlich. Dann verzichten Sie auf seine Hilfe, indem Sie das Optionsfeld *Brief erstellen ohne Hilfe* anklicken.

3. Vor der Telefonnummer soll ein kleines Telefon erscheinen. Wählen Sie das Menü *Einfügen* und klicken Sie in dem sich öffnenden Menü auf *Symbol*. Sie gelangen in das Dialogfeld *Symbol*.

4. Klicken Sie dort im Feld *Schriftart* auf den Pfeil. Sie erhalten eine Auswahl unterschiedlicher Schriftarten. Unter *Wingdings* sehen Sie in der ersten Reihe ein Telefon. Klicken Sie es an und anschließend nacheinander auf die Schaltflächen *Einfügen* und *Schließen*.

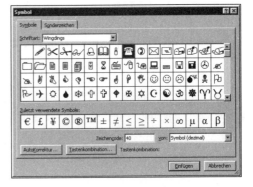

5. Drücken Sie die Leertaste und tragen Sie die Telefon-Nr. `089/22 45 11` ein. Schließen Sie jetzt die Eingabe mit der ↵-Taste ab.

Hinweis: Auch mit ↵ gelangen Sie in eine neue Zeile. Im Unterschied zur Tastenkombination ⇧ + ↵ beginnen Sie auf diese Weise gleichzeitig einen neuen Absatz. Diese Unterscheidung ist wichtig für fortgeschrittene Arbeiten mit Word.

6. Drücken Sie die Tastenkombination [Alt] + [⇧] + [D], um das aktuelle Datum in Ihr Dokument einzufügen.

7. Ergänzen Sie den untenstehenden Text, wie Sie es in unserer Abbildung sehen können. Übernehmen Sie bitte auch die Fehler! Diese wurden absichtlich in das Dokument eingebaut, um Sie später mit der Rechtschreib- und Grammatikprüfung vertraut zu machen.

```
Maria Mühler
Bitgasse 17
80000 Münshen

Sehr geehrte Frau Mühler,

wir freuen uns, dass Ihnen unser Angebot gefallen hat und werden
Ihnen die bestellten Unterlagen vereinbarungsgemäß zustellen. Wir
hoffen, dass Sie mit unserem Service zufrieden sein werden und
verbleiben

mit freundlichen Grüßen
```

Word erkennt, wenn eine Zeile gefüllt ist und beginnt automatisch eine neue Zeile. Man nennt dies automatischen Zeilenumbruch. Sie können sich also eine Zeilenschaltung am Ende einer Zeile sparen.

> **Hinweis**
> Auf dem Bildschirm erkennen Sie einen Zeilenumbruch an dem Kennzeichen für die Zeilenschaltung ↵ und den Absatz an der Absatzmarke ¶. Diese Zeichen erscheinen später nicht auf Ihrem Ausdruck. Sollten sich diese Marken nicht auf Ihrem Bildschirm befinden, können Sie diese mit Hilfe der Schaltfläche *¶einblenden/ausblenden* aus der *Standard*-Symbolleiste anzeigen.

10.4 Ein Dokument speichern

1. Jetzt ist es Zeit, das Dokument zu speichern. Dazu klicken Sie das Disketten-Symbol in der *Standard*-Symbolleiste an.

2. Sie gelangen in die Dialogbox *Speichern unter*. Standardmäßig speichert Word Dokumente im Ordner *Eigene Dateien*. Sie sollen Ihr Dokument im Ordner *Coach*, den Sie bereits im Windows-Modul erstellt haben, speichern. Öffnen Sie den gewünschten Ordner.

3. Klicken Sie mit der linken Maustaste in das Feld *Dateiname*. Tragen Sie unter *Dateiname* den Namen Ihres Dokumentes ein. Nennen Sie es `Beispiel_Word`. Verlassen Sie das Dialogfeld durch einen Klick auf die Schaltfläche *Speichern*.

4. Sie kehren zurück zu Ihrem Word-Dokument. In der Titelleiste wird jetzt der Name der Datei angezeigt.

10.5 Ein Dokument gestalten

Als Nächstes soll das Dokument gestaltet werden. In der Fachsprache heißt das Formatieren. Der Name des Absenders soll jetzt von den übrigen Eingaben abgehoben werden.

1. Markieren Sie den Text „Schreiber GmbH", indem Sie vor den ersten Buchstaben klicken und dann mit gedrückter linker Maustaste über den gesamten Namen ziehen. Der Name wird auf diese Weise invers dargestellt (weiße Schrift mit schwarzer Unterlegung).

2. Klicken Sie in der *Format*-Symbolleiste auf die Schaltfläche *Fett* und anschließend auf den Pfeil hinter *Schriftgrad*. Es klappt ein so genanntes Listenfeld auf. Im oberen Bereich des Listenfeldes, dem Rechteck, wird die aktuelle Auswahl angezeigt.

3. Da mehr Schriftgrößen zur Verfügung stehen, als gleichzeitig in der Liste angezeigt werden können, enthält das Listenfeld eine Bildlaufleiste. Das kleine Rechteck in der Bildlaufleiste ist das Bildlauffeld. Mit seiner Hilfe können Sie sich auf schnelle Weise in der Liste bewegen.

4. Wählen Sie eine Schriftgröße von *16*, indem Sie auf diesen Eintrag klicken.

Hinweis: Wenn Sie einen Text fett formatieren oder die Schriftgröße verändern, spricht man in Word von *Zeichenformatierung*. Wenn Sie diese auf ein einzelnes Wort anwenden möchten, klicken Sie mit der linken Maustaste in das Wort. Wenn Sie die Zeichenformatierung auf einen bestimmten Textabschnitt anwenden möchten, markieren Sie den Text. Weitere Zeichenformatierungen finden Sie unter *Format / Zeichen*.

5. Setzen Sie den Cursor an eine beliebige Stelle innerhalb des Absenders und klicken Sie auf die Schaltfläche *Zentriert*. Wenn Sie einem Absatz die Ausrichtung *Zentriert* zuweisen, spricht man in Word von einer *Absatzformatierung*. Um diese auf einen Absatz anzuwenden, reicht es aus, den Cursor in den zu formatierenden Absatz zu positionieren.

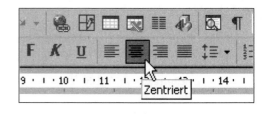

6. Rufen Sie im Menü *Format* den Befehl *Rahmen und Schattierung* auf. Sie gelangen in die gleichnamige Dialogbox. Dort wird die Registerkarte *Rahmen* benötigt. Wählen Sie diese aus, falls es nötig sein sollte.

7. Klicken Sie im linken Bereich unter *Einstellung* auf *Kontur* und wählen Sie dann eine Linienart aus. Über die Laufpfeile erweitern Sie Ihre Auswahl. Wählen Sie eine Doppellinie wie in der Abbildung.

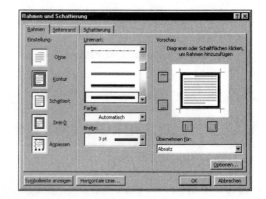

8. Der rechte und linke Rand des Kastens soll nicht angezeigt werden. Klicken Sie im rechten Teil der Dialogbox unter *Vorschau* nacheinander auf den linken und rechten Seitenrand. Bestätigen Sie Ihre Auswahl über *OK*.

9. Um die Linien um die Adresse zu verkleinern, rufen Sie den Befehl *Absatz* im Menü *Format* auf. Im folgenden Dialogfeld drücken Sie zweimal die Tabulatortaste, um in das Feld *Links* im Bereich *Einzug* zu gelangen. Tragen Sie die Ziffer 3 ein und drücken Sie erneut die Tabulatortaste. Sie gelangen in das Feld *Rechts*. Auch dort tippen Sie die Ziffer 3 ein.

10. Klicken Sie auf den Pfeil, der zum Feld *Zeilenabstand* gehört und wählen Sie einen Abstand von *1,5 Zeilen*. Verlassen Sie das Dialogfeld über die Schaltfläche *OK*.

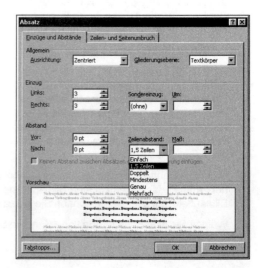

Den derzeitigen Arbeitsstand können Sie mit der nebenstehenden Abbildung vergleichen.

11. Setzen Sie den Cursor in die Zeile mit dem Datum und klicken Sie auf die Schaltfläche *Rechtsbündig* in der *Format*-Symbolleiste.

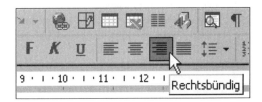

12. Anschließend positionieren Sie die Einfügemarke in den Absatz mit dem Text *Wir freuen uns* und klicken Sie auf die Schaltfläche *Blocksatz*, die sich ebenfalls in der *Format*-Symbolleiste befindet.

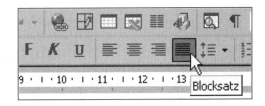

Neben *Zentriert*, *Rechtsbündig* und *Blocksatz* steht in Word noch die Absatzausrichtung *Linksbündig* zur Verfügung. Standardmäßig wird eine linksbündige Ausrichtung in Word verwendet.

Ihr Brief sollte jetzt aussehen wie in der nebenstehenden Abbildung:

10.6 Rechtschreib- und Grammatikprüfung

Sicherlich sind Ihnen die Begriffe aufgefallen, die mit einer roten Wellenlinie gekennzeichnet sind. Das sind die Wörter, die Word nicht kennt oder die nicht richtig geschrieben wurden. Unter Umständen empfindet Word aber auch die Grammatik als nicht korrekt. Die Rechtschreibprüfung von Word vergleicht nämlich alle Wörter im Dokument mit einem Standardwörterbuch.

Um eine Rechtschreib- und Grammatikprüfung für das Beispiel-Dokument durchzuführen, gehen Sie folgendermaßen vor:

1. Drücken Sie die Tastenkombination [Strg] + [Pos1], um an den Anfang des Dokumentes zu gelangen.

2. Von dort starten Sie die Prüfung, indem Sie auf die Schaltfläche *Rechtschreibung und Grammatik* in der *Standard*-Symbolleiste klicken. Sie gelangen automatisch in die Dialogbox *Rechtschreibung und Grammatik*, in der auch die für Ihr Textverarbeitungsprogramm eingestellte Sprache angezeigt wird.

Word zeigt im Feld *Nicht im Wörterbuch* den ersten gefundenen Satz beziehungsweise Absatz an, in dem ein unbekannter oder falscher Begriff gefunden wurde. Das unbekannte Wort wird rot hervorgehoben. Wenn Sie den Text wie in diesem Buch übernommen haben, wird als Erstes der Eigenname *Mühler* als fehlerhaft angezeigt.

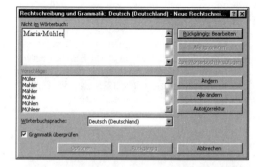

3. Klicken Sie auf die Schaltfläche *Alle ignorieren*. Auf diese Weise wird der Text nicht verändert.

Sollte sich in Ihren Eingaben ein Tippfehler befinden, wird der falsche Begriff unter *Nicht im Wörterbuch* angezeigt. Im Beispiel wurde das Wort *München* falsch geschrieben.

4. Klicken Sie auf die Schaltfläche *Ändern*.

Falls im Feld *Vorschläge* mehrere Alternativen zur Verfügung stehen, klicken Sie zunächst den korrekten Begriff an und anschließend auf die Schaltfläche *Ändern*.

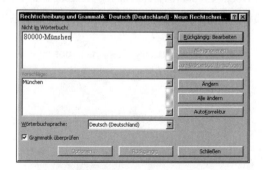

Bei Grammatikfehlern wird im Feld *Vorschläge* die Art des Fehlers aufgezeigt oder kurz erklärt. Je nach Art des Fehlers erhalten Sie auch einen Vorschlag für einen korrekten Satz.

5. Auch die übrigen Fehler, die angezeigt werden, können Sie ignorieren. Wenn Sie den Text vollständig durchgearbeitet haben, zeigt Word Ihnen an, dass die Rechtschreib- und Grammatikprüfung abgeschlossen ist. Klicken Sie auf *OK*.

Je nach Einstellung in Ihrem Programm (Menü *Extras / Optionen /* Registerkarte *Rechtschreibung und Grammatik*) erhalten Sie unter Umständen eine so genannte *Lesbarkeitsstatistik*. Klicken Sie auf die Schaltfläche *OK*, um diese zu verlassen.

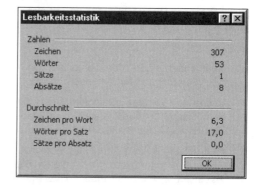

> **Hinweis**
>
> Ihr Textverarbeitungsprogramm moniert auch Wörter, die zwar korrekt geschrieben wurden, die ihm aber nicht bekannt sind. Mit Hilfe der Schaltfläche *Hinzufügen* können Sie einen solchen Begriff in das Wörterbuch aufnehmen. Wenn Sie zukünftig einen Begriff schreiben, den Sie dem Wörterbuch hinzugefügt haben, wird er nicht mehr als unbekannt angezeigt.

10.7 AutoText

Bevor das Dokument gedruckt wird, sollen Sie noch eine weitere Funktion kennen lernen, die Ihnen die Arbeit mit Word erleichtert. Es handelt sich um den *AutoText*.

Der AutoText ist ein Textbaustein. Er wird einmal erfasst und formatiert und kann bei Bedarf schnell aufgerufen werden.

1. Markieren Sie den kompletten eingerahmten Absender. Achten Sie darauf, dass Sie auch die Absatzmarke mit markieren.
2. Zeigen Sie auf den Befehl *AutoText* im Menü *Einfügen*. Klicken Sie in dem sich öffnenden Untermenü auf *Neu*.

> **Hinweis**
>
> Die AutoText-Liste, die Sie über *Einfügen / AutoText / AutoText* erreichen, enthält bereits einige Einträge, die speziell auf die Arbeit im Büro abgestimmt sind.

Word öffnet das Dialogfeld *AutoText erstellen*. Der Anfang des markierten Textes erscheint automatisch im Feld *Name für AutoText-Eintrag* als Namensvorschlag.

3. Überschreiben Sie den Vorschlag durch die Abkürzung abs für Absender.
4. Verlassen Sie das Dialogfeld über die Schaltfläche *OK*. Word erstellt einen AutoText-Eintrag aus der aktuellen Markierung.
5. Nun sollen Sie den Aufruf des AutoText-Eintrags einmal testen. Positionieren Sie zu diesem Zweck den Cursor an das Ende des Dokumentes. Am schnellsten erledigen Sie dies mit Hilfe der Tastenkombination [Strg] + [Ende]. Drücken Sie die [↵]-Taste.

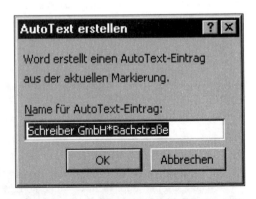

6. Geben Sie den Namen für den AutoText, also abs, ein und drücken Sie die Funktionstaste [F3]. Word fügt sofort die komplette Adresse in der vordefinierten Formatierung ein. Sollten die Absatzformatierungen nicht erscheinen, haben Sie beim Anlegen des AutoTextes die Absatzmarke nicht markiert.

> **Hinweis:** Für einen AutoText sollten Sie möglichst kurze, aber trotzdem aussagekräftige Namen wählen.

7. Da Sie den AutoText nur zu Testzwecken eingefügt haben, soll er wieder entfernt werden. Klicken Sie die Schaltfläche *Rückgängig* in der *Standard*-Symbolleiste an. Sofort verschwindet der Text. Mit Hilfe der Schaltfläche *Rückgängig* können Sie Befehle widerrufen. Wenn Sie auf den Pfeil dieses Symbols klicken, werden die letzten von Ihnen durchgeführten Aktionen angezeigt. Über die Schaltfläche *Rückgängig* widerrufene Befehle können Sie durch einen Klick auf *Wiederherstellen* zurücknehmen.

8. Wenn Sie den Namen für Ihren AutoText-Eintrag einmal vergessen sollten, schauen Sie in der Dialogbox *AutoKorrektur* nach. Diese erreichen Sie ebenfalls über das Menü *Einfügen*. Zeigen Sie auf *AutoText* und klicken Sie auch in der eingeblendeten Liste auf den Eintrag *AutoText*.

9. Sie gelangen automatisch in das Dialogfeld *AutoKorrektur*. Dort klicken Sie, falls nötig, auf die Registerkarte *AutoText*.

10. Im Feld *AutoText-Einträge hier eingeben* sehen Sie eine Auflistung unterschiedlicher AutoText-Einträge. Wenn Sie auf die Abkürzung *abs* klicken, sehen Sie unter *Vorschau* den zugehörigen Text.

11. Durch einen Klick auf die Schaltfläche *Einfügen* übernehmen Sie den Text in Ihr Dokument. Probieren Sie diese Vorgehensweise einmal aus.

12. Entfernen Sie den Eintrag anschließend über die Schaltfläche *Rückgängig*.

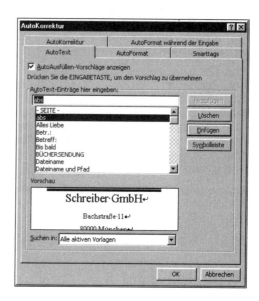

Hinweis: Wenn Sie einen AutoText-Eintrag nicht mehr benötigen, markieren Sie diesen in der Dialogbox *AutoKorrektur* und klicken Sie anschließend auf die Schaltfläche *Löschen*.

10.8 Ein Dokument drucken

Als Nächstes soll der Brief gedruckt werden. Vorher soll jedoch das Layout des Briefes überprüft werden.

Die Überprüfung vor dem Druck

Bevor Sie ein Dokument drucken, können Sie es in der Seitenansicht überprüfen. Klicken Sie auf die Schaltfläche *Seitenansicht* in der *Standard*-Symbolleiste.

Word schaltet in die *Seitenansicht* um. Sie werden feststellen, dass die Aufteilung des Briefes auf der Seite zu wünschen übrig lässt.

Die Darstellung des Dokumentes erfolgt mit einem sehr kleinen Zoomfaktor. Diesen können Sie ändern, indem Sie den Mauszeiger auf das Dokument bewegen. Der Mauszeiger nimmt die Form einer Lupe an. Klicken Sie einmal mit der linken Maustaste. Einen anderen Zoomfaktor können Sie auch über das Feld *Zoom* in der Symbolleiste einstellen.

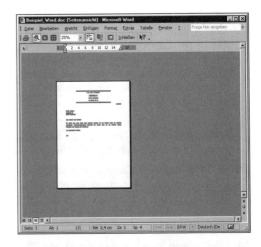

1. Verlassen Sie die Seitenansicht über die Schaltfläche *Schließen*. Sie kehren zurück in Ihr Dokument, das vor dem Druck noch bearbeitet werden soll.

Bearbeitung vor dem Druck

1. Das Datum soll von der Absenderadresse abgerückt werden. Setzen Sie den Cursor zu diesem Zweck vor das Datum und drücken Sie zweimal die ⏎-Taste. Auf diese Weise können Sie nachträglich leere Absätze in Ihr Dokument einfügen.
2. Markieren Sie den kompletten Text ohne die Absenderadresse, also vom Datum angefangen bis zu *mit freundlichen Grüßen*.
3. Drücken Sie die Tastenkombination Strg + 9. Dadurch weisen Sie dem markierten Text eine größere Schrift zu. Der Schriftgrad wird um eins erhöht. Lassen Sie die Markierung stehen.
4. Um einen größeren Zeilenabstand einzurichten, drücken Sie die Tastenkombination Strg + 5.

Ein Dokument ausdrucken

1. Wenn Sie möchten, können Sie Ihr Dokument noch einmal vor dem Ausdruck in der Seitenvorschau ansehen.

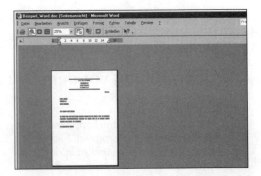

2. Sollten Sie mit dem Layout zufrieden sein, klicken Sie auf die Schaltfläche *Drucken* in der Symbolleiste. Ansonsten müssen Sie die Formatierungen noch einmal überarbeiten.

3. Wechseln Sie über die Schaltfläche *Schließen* in die vorherige Ansicht zurück.

4. Um das bearbeitete Dokument zu sichern, klicken Sie auf die Schaltfläche *Speichern*. Da Sie bereits einen Namen für Ihren Brief vergeben haben, entfällt der Weg über die Dialogbox *Speichern unter*, den Sie weiter oben bereits kennen gelernt haben.

10.9 Ein Dokument schließen

1. Wenn Sie alle Arbeiten an Ihrem Dokument durchgeführt haben, sollten Sie dieses schließen. Dies funktioniert zum Beispiel über die Befehlsfolge *Datei / Schließen*. Klicken Sie zu diesem Zweck im Menü *Datei* auf den Eintrag *Schließen*.

Sollten Sie vor dem Schließen vergessen haben, Ihre Datei zu speichern, werden Sie von Word an den Speichervorgang erinnert. Wenn Sie die erfassten Daten beziehungsweise durchgeführten Änderungen übernehmen möchten, klicken Sie auf die Schaltfläche *Ja*.

> **Hinweis:** Wenn Sie ein neues Dokument anlegen möchten, drücken Sie die Tastenkombination [Strg] + [N] oder klicken Sie auf die Schaltfläche *Neu* in der *Standard*-Symbolleiste.

10.10 Word beenden

Um das Textverarbeitungsprogramm Word zu verlassen, gehen Sie folgendermaßen vor:

1. Schließen Sie alle geöffneten Dokumente.

2. Um Word zu schließen, wählen Sie den Befehl *Beenden* im Menü *Datei* oder führen einen Doppelklick auf dem Systemmenüfeld aus.

10.11 Ein Dokument öffnen

Nachdem Sie nun Ihren ersten Text geschrieben, gestaltet und gespeichert haben, sollen Sie versuchen, diesen wiederzufinden. Wenn Sie Ihr Dokument zu einem späteren Zeitpunkt noch einmal bearbeiten möchten, müssen Sie das Dokument zunächst öffnen.

Öffnen bedeutet, dass das Dokument geladen wird. Zunächst müssen Sie Word wieder öffnen.

1. Klicken Sie mit der linken Maustaste auf die *Start*-Schaltfläche von Windows. Dort zeigen Sie, wie Sie bereits gelernt haben, auf das Untermenü *Programme*.
2. Wählen Sie *Word* durch Anklicken mit der linken Maustaste. Das Textverarbeitungsprogramm wird geöffnet.

> **Hinweis:** Wenn Sie das Menü *Datei* anklicken, zeigt Word Ihnen standardmäßig die vier Dateien an, die Sie zuletzt bearbeitet haben. Wenn Sie die gewünschte Datei dort anklicken, können Sie diese auf schnelle Weise öffnen, ohne vorher den entsprechenden Ordner einzustellen.

3. Klicken Sie in der *Standard*-Symbolleiste auf die Schaltfläche *Öffnen*. Sie gelangen in die Dialogbox *Öffnen*, die ähnlich aufgebaut ist wie die Dialogbox *Speichern unter*. Standardmäßig wird der Ordner *Eigene Dateien* angezeigt. Sie benötigen allerdings den Ordner *Coach*.

4. Klicken Sie im Listenfeld *Suchen in:* auf den Pfeil rechts.
5. Stellen Sie unter *Suchen in:* den Ordner ein, in dem Sie Ihr Dokument abgespeichert haben. Für dieses Anwendungsbeispiel ist das der Ordner *Coach*. Klicken Sie mit der linken Maustaste auf den Ordner *Coach* und danach auf die Schaltfläche *Öffnen*, um in das Fenster dieses Ordners zu gelangen.

6. Klicken Sie zunächst auf *Beispiel_Word.doc* und anschließend wieder auf die Schaltfläche *Öffnen* oder führen Sie einen Doppelklick auf dem Dokument aus. Es erscheint auf Ihrem Bildschirm.

   Nachdem das gewünschte Dokument geöffnet wurde, können Sie die gewünschten Änderungen durchführen. Wenn Sie Veränderungen an dem Dokument vornehmen, müssen Sie dieses anschließend speichern. Dazu genügt ein Klick auf die Schaltfläche *Speichern*.
7. Um Word zu schließen, wählen Sie den Befehl *Beenden* im Menü *Datei* oder führen einen Doppelklick auf dem Systemmenüfeld aus.

10.12 Serienbriefe erstellen

Häufig kommt es vor, dass man ein und dasselbe Schreiben an verschiedene Empfänger verschicken möchte. Anstatt den Brief mehrmals zu erfassen, reicht es aus, wenn Sie das Schreiben einmal erstellen und dann mit Hilfe der Serienbrief-Funktion von Word an verschiedene Adressaten schicken. Wie das funktioniert, ist Thema dieses Abschnitts. Allerdings können wir Ihnen in diesem Rahmen nur die Grundzüge der Seriendruck-Funktion vorstellen. Word verfügt über wesentlich umfangreichere Möglichkeiten als die hier vorgestellten Arbeitsschritte. Diese zu beschreiben, würde allerdings den Umfang dieses Co@ches sprengen.

Die Bestandteile eines Serienbriefes

Ein Serienbrief besteht aus zwei Dateien, einem Hauptdokument und einer Datenquelle, welche über die Serienbrief-Funktion miteinander verbunden werden. Das Hauptdokument ist der eigentliche Brief mit dem Text, der für alle Empfänger gleich ist. Die Datenquelle enthält die Empfängeradressen, also die Informationen, die in jedem Schreiben unterschiedlich sind. Am einfachsten ist es, wenn Sie mit dem Erstellen des Hauptdokuments beginnen.

Ein Hauptdokument einrichten

1. Starten Sie Word und klicken Sie in der *Standard*-Symbolleiste auf die Schaltfläche *Neu*.

2. Erstellen Sie ein Word-Dokument wie in der nebenstehenden Abbildung.

3. Um einen Serienbrief zu erstellen, zeigen Sie im Menü *Extras* auf *Briefe und Sendungen*.

4. Word öffnet ein Untermenü, in dem Sie sich für den Eintrag *Seriendruck-Assistent* entscheiden. Word öffnet am rechten Rand den Serienbrief-Assistenten, der Sie bei der Erstellung des Serienbriefes unterstützt. Zunächst müssen Sie angeben, welche Art von Dokument Sie erstellen möchten.

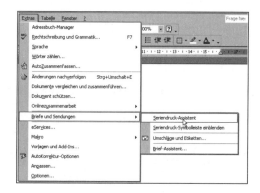

5. Klicken Sie auf *Briefe* und danach auf die Schaltfläche *Weiter* um den nächsten Schritt des Assistenten zu erreichen.

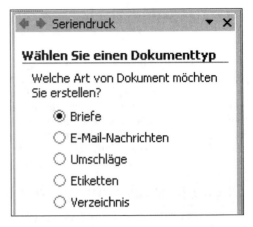

6. Als Nächstes müssen Sie angeben, welches Dokument Sie als Hauptdokument verwenden wollen. Klicken Sie auf *Aktuelles Dokument verwenden*. Damit erreichen Sie, dass das zur Zeit auf dem Bildschirm aktuelle Schreiben zum Serienbrief-Hauptdokument wird.
7. Klicken Sie auf *Weiter: Empfänger wählen*.

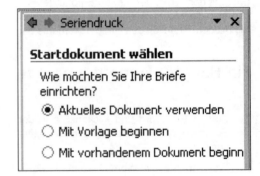

Eine Datenliste erstellen

Sie erreichen den dritten Schritt des Assistenten. Dort müssen Sie Word mitteilen, woher die Empfängerdaten stammen. Wenn, wie im aktuellen Beispiel, noch keine Empfängerliste vorliegt, benötigen Sie die Option *Neue Liste eingeben*.

1. Klicken Sie anschließend unter *Neue Liste eingeben* auf *Erstellen*.

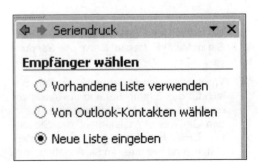

2. Word ruft das Dialogfeld *Neue Adressliste* auf. Dabei handelt es sich um eine Datenmaske, in die Sie direkt die Empfängerdaten eingeben können. Klicken Sie in das Feld *Vorname* und geben Sie dort den Namen `Julia` ein.

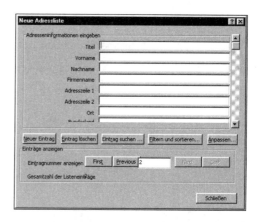

3. Mit Hilfe der Tabulatortaste gelangen Sie in das Feld *Nachname*. Tragen Sie dort `Maier` ein.

4. Klicken Sie in das Feld *Adresszeile 1* und tippen Sie dort die Straße `Am Rheinarm 6a` ein.

5. Tragen Sie auf entsprechende Art und Weise unter *Ort* die Stadt `Köln` und unter `Postleitzahl` die Zahl `50000` ein.

6. Durch einen Klick auf die Schaltfläche *Neuer Eintrag* erhalten Sie eine weitere Dialogbox *Neue Adressliste*.

7. Geben Sie dort folgenden Empfänger einschließlich Adresse ein:

```
Uwe Rot
Schnellstraße 17
50000 Köln
```

Word ruft automatisch das Dialogfeld *Adressliste speichern* auf. Die Adressliste wird mit der Dateiendung *.mdb* gespeichert. Das ist die Dateiendung der Access-Datenbank, die Sie später kennen lernen werden. Für den Serienbrief ist das ohne weitere Bedeutung.

8. Klicken Sie auf *Schließen*. Word schlägt vor, die Liste im Ordner *Meine Datenquellen* zu speichern. Sie können die Liste auch in Ihrem Ordner *Coach* sichern.

9. Klicken Sie zweimal auf die Schaltfläche *Aufwärts*, bis Sie zum Desktop gelangen.

10. Klicken Sie auf *Arbeitsplatz*, dann auf *C:* und aktivieren Sie anschließend den Ordner *Coach*.

11. Klicken Sie in das Feld *Dateiname* und tragen Sie dort den Begriff `Beispielquelle` ein.

12. Anschließend klicken Sie auf die Schaltfläche *Speichern*, um die Datei zu sichern.

13. Sie erhalten automatisch das Dialogfeld *Seriendruckempfänger*. Dort können Sie die Eingaben noch einmal überprüfen.
14. Klicken Sie auf *OK*.

Seriendruckfelder einfügen

Sie kehren zurück zu Ihrem Schreiben.

Ihr Word-Fenster hat jetzt eine weitere Symbolleiste, die so genannte *Seriendruck*-Symbolleiste. Diese Leiste enthält spezielle Befehle für die Arbeit mit Seriendruck-Funktionen.

Als Nächstes müssen die Seriendruckfelder für die einzelnen Adressen eingefügt werden. Dazu verwendet man die Schaltfläche *Seriendruckfelder einfügen*.

1. Setzen Sie den Cursor an die gewünschte Stelle im Text und klicken Sie in der *Seriendruck*-Symbolleiste auf *Seriendruckfeld einfügen*. Word ruft das Dialogfeld *Seriendruckfeld einfügen* auf. Diese Liste enthält alle zur Verfügung stehenden Seriendruckfelder. Sie entspricht den Feldbeschriftungen der Adressliste.

Hinweis: Wichtig in diesem Zusammenhang ist es, dass nicht alle dort aufgeführten Felder auch tatsächlich im Hauptdokument verwendet werden müssen.

2. Für die Anschrift werden die Felder *Vorname, Name, Adresszeile 1, Postleitzahl* und *Ort* benötigt.
   Wählen Sie zunächst den Eintrag *Vorname* durch einen Klick mit der linken Maustaste aus. Klicken Sie auf *Einfügen* und danach auf die Schaltfläche *Schließen*.

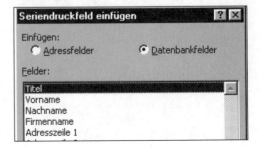

3. Das Dialogfeld wird geschlossen und in Word erscheint ein Feld *Vorname*.
4. Tragen Sie ein Leerzeichen ein und klicken Sie erneut auf *Seriendruckfeld einfügen*.

5. Jetzt wählen Sie den Eintrag *Name* und klicken erneut auf *Einfügen* und *Schließen*.
6. Mit Hilfe der ⏎-Taste bzw. der Tastenkombination ⇧ + ⏎ gelangen Sie eine Zeile tiefer.
7. Öffnen Sie die Dialogbox *Seriendruckfeld einfügen* erneut und fügen Sie jetzt das Feld *Adresszeile 1* ein.

8. Drücken Sie zweimal die Tastenkombination ⇧ + ⏎. Sie gelangen zwei Zeilen tiefer.
9. Dort erfassen Sie mit Hilfe des Dialogs *Seriendruckfeld einfügen* wie zuvor beschrieben die Postleitzahl und den Ort.

Serienbrief drucken und kontrollieren

Bevor Sie den Serienbrief zu Papier bringen, sollten Sie das Ergebnis zunächst am Bildschirm überprüfen. In Word können Sie alle Serienbriefe zunächst vor dem Ausdruck kontrollieren und anschließend, falls erforderlich, korrigieren.

1. Klicken Sie in der *Seriendruck*-Symbolleiste auf die Schaltfläche *Seriendruck-Vorschau*.

2. Word blendet den ausgewählten Serienbrief ein.

3. Durch einen Klick auf die Schaltfläche *Seriendruck an Drucker* gelangen Sie in das Dialogfeld *Seriendruck an Drucker*.

4. Über *OK* rufen Sie das Dialogfeld *Drucken* auf.

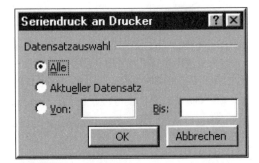

Hinweis: Mit Hilfe der Schaltflächen *Erster Datensatz*, *Vorheriger Datensatz*, *Nächster Datensatz*, *Letzter Datensatz* können Sie alle Schreiben durchblättern.

5. Dort starten Sie über die Schaltfläche *OK* den Ausdruck der Serienbriefs.

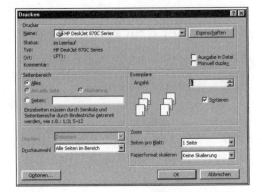

Hinweis: Eine andere Möglichkeit, fertige Serienbriefe zu prüfen, führt über die Schaltfläche *Seriendruck in neue Datei* aus der *Seriendruck*-Symbolleiste. Word erstellt dabei ein neues Dokument mit dem Namen *Serienbriefe1.doc*. Dort finden Sie alle Briefe hintereinander. Wenn Sie diese Datei kontrolliert haben und alles korrekt ist, können Sie diese wie jede andere Datei ausdrucken. Falls Sie einen oder mehrere Fehler entdecken, schließen Sie das neue Dokument, ohne es abzuspeichern. Führen Sie die entsprechenden Korrekturen je nach Bedarf im Hauptdokument oder in der Datenquelle durch.

Hauptdokument speichern

Bevor Sie das Hauptdokument schließen und Word verlassen, müssen Sie das Dokument speichern.

1. Dazu klicken Sie das Disketten-Symbol in der *Standard*-Symbolleiste an.
2. Sie gelangen in die Dialogbox *Speichern unter*. Wie Sie bereits wissen, speichert Word Dokumente standardmäßig im Ordner *Eigene Dateien*.

3. Stellen Sie wieder den Ordner *Coach* ein.
4. Tragen Sie den Dateinamen, z. B. `Hauptdokument`, ein und klicken Sie auf *Speichern*.

10.13 Tastenkombinationen

Taste(n)	Aktion
Strg + E	Absatz zentrieren
Strg + B	Absatz im Blocksatz ausrichten
Strg + L	Absatz linksbündig ausrichten
Strg + R	Absatz rechtsbündig ausrichten
Strg + Q	Absatzformatierung entfernen
⇧ + ↵	Zeilenumbruch
Alt + ⇧ + D	Aktuelles Datum einfügen
Strg + N	Neues Dokument erstellen
Strg + O	Dokument öffnen
Strg + W	Dokument schließen
Strg + F4	Dokument schließen

Taste(n)	Aktion
`Strg` + `S`	Dokument speichern
`⇧` + `F12`	Dokument speichern
`Strg` + `P`	Drucken des aktuellen oder markierten Objekts
`Strg` + `Ende`	Cursor zum Ende des Dokumentes
`Strg` + `Pos1`	Cursor zum Anfang des Dokumentes
`Pos1`	Cursor zum Anfang einer Zeile
`Ende`	Cursor zum Ende einer Zeile

Zusammenfassung

- Mit Hilfe eines Textverarbeitungsprogramms können Sie Texte erfassen, bearbeiten, speichern und drucken.

- Word wird gestartet, indem Sie das *Start*-Menü von Windows öffnen und im Untermenü *Alle Programme* den Eintrag *Microsoft Word* wählen.

- Nach dem Aufruf des Programms erscheint der Bildschirm des Textverarbeitungsprogramms Word, dessen Oberfläche unter anderem aus Titelleiste, Menüleiste, Symbolleisten, Lineal, Eingabebereich und Statusleiste besteht.

- Die Eingaben werden an der Cursorposition übernommen. Wenn Sie sich verschreiben, können Sie falsche Zeichen mit Hilfe der `←`-Taste und `Entf`-Taste löschen.

- Mit der Tastenkombination `⇧` + `↵` führen Sie einen Zeilenumbruch aus, mit `↵` erzeugen Sie einen neuen Absatz.

- Mit dem Befehl *Einfügen / Symbol* können Sie zwischen zahlreichen Zeichen wählen und diese in Ihr Dokument einfügen.

- Mit einem Klick auf die Schaltfläche *Speichern* können Sie Ihr Dokument sichern. Beim ersten Speichern gelangen Sie in die Dialogbox *Speichern unter*, in der Sie den Namen für das Dokument eintragen und den Ordner auswählen, in dem Sie das Dokument speichern möchten.

- Über die entsprechenden Schaltflächen der *Format*-Symbolleiste können Sie Ihr Dokument schnell formatieren. Es stehen sowohl Schaltflächen für die Zeichenformatierung, wie zum Beispiel *fett,* als auch für die Absatzformatierung, zum Beispiel *Blocksatz,* zur Verfügung.

- Einen Rahmen erstellen Sie über die Befehlsfolge *Format / Rahmen und Schattierung*.

- Einstellungen für Absatzeinzüge führen Sie im Dialogfeld *Absatz* durch, das Sie über *Format / Absatz* erreichen.

Zusammenfassung

✓ Um eine Rechtschreib- und Grammatikprüfung durchzuführen, klicken Sie auf die Schaltfläche *Rechtschreibung und Grammatik*.

✓ Einen AutoText-Eintrag erstellen Sie über *Einfügen / AutoText / Neu*. Verwenden Sie möglichst kurze, aber aussagekräftige Bezeichnungen als Namen.

✓ Um einen AutoText-Eintrag aufzurufen, geben Sie den Namen des AutoTextes ein und drücken Sie die Funktionstaste [F3].

✓ Wenn Sie Ihr Dokument vor dem Ausdruck überprüfen möchten, klicken Sie auf die Schaltfläche *Seitenansicht* in der *Standard*-Symbolleiste.

✓ Mit einem Klick auf die Schaltfläche *Drucken* in der *Standard*-Symbolleiste erstellen Sie einen Ausdruck Ihres Dokumentes.

✓ Um ein Dokument zu schließen, wählen Sie *Datei / Schließen*.

✓ Mit Hilfe des Befehls *Datei / Öffnen* können Sie ein bereits erstelltes Dokument aufrufen. Führen Sie in der Dialogbox *Öffnen* einen Doppelklick auf der gewünschten Datei aus.

✓ Sie können die Arbeit in Word mit dem Befehl *Datei / Beenden* einstellen.

✓ Wenn man ein und dasselbe Schreiben an verschiedene Empfänger verschicken möchte, setzt man die Serienbrief-Funktion von Word ein.

✓ Ein Serienbrief besteht aus zwei Dateien, einem Hauptdokument und einer Datenquelle, welche über die Serienbrief-Funktion miteinander verbunden werden.

✓ Das Hauptdokument ist der eigentliche Brieftext. Die Datenquelle enthält die Empfängeradressen.

✓ Um einen Serienbrief zu erstellen, zeigen Sie im Menü *Extras* auf *Briefe und Sendungen* und wählen im Untermenü den Eintrag *Seriendruck-Assistent*. Der Assistent begleitet Sie Schritt für Schritt zum Serienbrief.

✓ Wenn Sie eine Adressliste anlegen wollen, können Sie das über das Dialogfeld *Neue Adressliste* erledigen. Dabei handelt es sich um eine Datenmaske, in die Sie direkt die Empfängerdaten eingeben können.

✓ Die Seriendruckfelder für die einzelnen Adressen werden über die Schaltfläche *Seriendruckfeld einfügen* eingerichtet.

✓ Das Dialogfeld *Seriendruckfeld einfügen* enthält alle zur Verfügung stehenden Seriendruckfelder. Sie entsprechen den Feldbeschriftungen der Adressliste.

✓ Bevor Sie den Serienbrief zu Papier bringen, sollten Sie das Ergebnis zunächst am Bildschirm überprüfen. Zu diesem Zweck stehen in der *Seriendruck*-Symbolleiste verschiedene Schaltflächen zur Verfügung.

Übungen

1. Wofür wird das Textverarbeitungsprogramm Word schwerpunktmäßig eingesetzt?
2. Wie ist der Bildschirm in Word aufgebaut?
3. Wie führt man einen Zeilenumbruch durch?
4. Wie erzeugen Sie einen neuen Absatz?
5. Auf welche Weise können Sie in Word Korrekturen durchführen?
6. Zu welcher Art der Formatierung gehört das Ändern der Zeilenabstände?
7. Zu welcher Art der Formatierung gehört das Vergrößern der Schrift?
8. Welche Vorteile hat der AutoText?
9. Wie schließen Sie ein Dokument und wie beenden Sie Word?
10. Welche Möglichkeiten kennen Sie, um ein bereits vorhandenes Dokument in Word zu öffnen?
11. Mit Hilfe welcher Tastenkombination können Sie ein neues Dokument anlegen?
12. Wie gehen Sie vor, um ein Sonderzeichen in Word einzufügen?

Die Aufgaben 13 bis 21 bilden einen Aufgabenkomplex.

13. Öffnen Sie das Textverarbeitungsprogramm Word.
14. Erstellen Sie ein Dokument wie in der folgenden Abbildung.

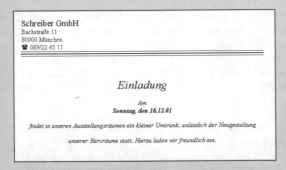

15. Übernehmen Sie die Zeichen- und Absatzformatierungen.
16. Führen Sie für dieses Dokument eine Rechtschreib- und Grammatikprüfung durch.
17. Überprüfen Sie das Dokument in der Seitenansicht.
18. Speichern Sie das Dokument unter dem Namen *Word_1.doc* im Ordner *Coach*.

Übungen

19. Schließen Sie das Dokument *Word_1.doc*.

20. Beenden Sie Word, starten Sie Word erneut und öffnen Sie das Dokument *Word_1.doc* über das *Datei*-Menü.

21. Schließen Sie das Dokument erneut, verlassen und starten Sie Word noch einmal und öffnen Sie das Dokument *Word_1.doc* jetzt über die Schaltfläche *Öffnen* in der *Standard-Symbolleiste*.

Die Aufgaben 22 bis 30 bilden einen Aufgabenkomplex.

22. Rufen Sie ein neues Dokument auf.

23. Geben Sie Ihren Namen und Ihre Anschrift ein. Zentrieren Sie Namen und Adresse.

24. Umranden Sie Ihren Namen mit einem Rahmen, der eine doppelte Linie haben soll. Der Kasten soll einen beidseitigen Einzug von zwei cm haben (Linien verkleinern).

25. Fügen Sie nachträglich zwischen Ihrem Namen und der Adresse eine Leerzeile ein. Wählen Sie für Ihren Namen einen Schriftgrad von 16.

26. Speichern Sie das Dokument unter dem Namen *Word_2.doc*.

27. Richten Sie den Rahmen und dessen Inhalt als AutoText ein. Als AutoText-Namen verwenden Sie Ihren Vornamen.

28. Schließen Sie alle noch geöffneten Dokumente.

29. Rufen Sie ein neues Dokument und dort den AutoText mit Ihrem Namen auf.

30. Löschen Sie den AutoText, der Ihren Namen enthält. Schließen Sie dieses Dokument.

Die Aufgaben 31 bis 37 bilden einen Aufgabenkomplex.

31. Öffnen Sie wieder ein neues Dokument und übernehmen Sie den Text und dessen Gestaltung wie in der folgenden Abbildung:

Die Programmoberfläche von Word

Die Programmoberfläche von Word ist aufgebaut wie die der übrigen Windows-Anwendungen, die Sie bereits kennengelernt haben. Dementsprechend finden Sie

- die Titelleiste
- die Menüleiste
- die Standard-Symbolleiste
- die Format-Symbolleiste
- das Lineal
- den Eingabebereich
- die Statusleiste

Wenn auf Ihrem Bildschirm das Lineal oder die Symbolleisten fehlen, können Sie diese über das Menü **Ansicht** anzeigen. Wählen Sie Ansicht und klicken Sie auf den Eintrag **Lineal**. Um fehlende Symbolleisten anzuzeigen, zeigen Sie im Menü **Ansicht** auf **Symbolleisten**. Klicken Sie in dem sich öffnenden Untermenü die gewünschte Leiste an.

Übungen

32. Führen Sie die Rechtschreib- und Grammatikprüfung für diesen Text durch.

33. Markieren Sie die Auflistung und legen Sie diese als AutoText unter dem Namen *Oberfläche* an.

34. Fügen Sie folgende Sonderzeichen am Ende Ihres Dokumentes ein:

- *
- =
- ™

35. Entfernen Sie die Zeichen wieder.

36. Speichern Sie den Text unter *Word_3.doc* im Ordner *Word-Übungen*.

37. Schließen Sie das Dokument und verlassen Sie Word.

Die Aufgaben 38 bis 44 bilden einen Aufgabenkomplex.

38. Erstellen Sie ein Einladungsschreiben Ihrer Wahl zu einer Geburtstagsparty.

39. Machen Sie aus dem Einladungsschreiben ein Serienbrief-Hauptdokument.

40. Erstellen Sie zu dem Serienbrief eine Adressliste mit folgenden Adressen:

```
Andrea Schulte
Am Freibad 17
40000 Düsseldorf

Anton Müller
Am schiefen Graben 19
40000 Düsseldorf

Oskar Schwarz
Birkenallee 89
40000 Düsseldorf
```

41. Speichern Sie die Adressliste unter dem Namen *Testquelle.mdb* im Ordner *Coach*.

42. Verbinden Sie Hauptdokument und Datenquelle.

43. Drucken Sie den Serienbrief.

44. Speichern Sie das Hauptdokument unter dem Namen *Test.doc* im Ordner *Coach*.

Die Lösungen zu diesen Aufgaben finden Sie im Anhang des Co@ches.

Modul 11

Die Tabellenkalkulation Microsoft Excel

In diesem Modul lernen Sie die Arbeit mit der *Tabellenkalkulation Excel* kennen. Eine Tabellenkalkulation ist vergleichbar mit einem elektronischen Rechenblatt. Resultierend daraus arbeiten Sie mit einem Tabellenkalkulationsprogramm immer dann, wenn es um die Arbeit mit Zahlen wie zum Beispiel das Berechnen, Vergleichen, Analysieren oder die Präsentation mit Hilfe von Diagrammen geht.

Lernen Sie

- den Excel-Arbeitsplatz kennen
- Daten in Excel zu erfassen
- Spaltenbreiten zu optimieren
- Zeilen einzufügen
- Berechnungen in einer Tabelle durchzuführen
- den Unterschied zwischen absoluten und relativen Zellbezügen kennen
- eine Tabelle zu gestalten
- Arbeitsblätter zu benennen
- die Seitenumbruchvorschau kennen
- das Papierformat und Randeinstellungen zu ändern
- eine Tabelle zu drucken
- ein Diagramm zu erstellen
- eine Arbeitsmappe zu schließen
- die Arbeit in Excel zu beenden
- den Funktions-Assistenten von Excel kennen
- mit Funktionen zu arbeiten

11.1 Der Excel-Arbeitsplatz

1. Klicken Sie mit der linken Maustaste auf die *Start*-Schaltfläche von Windows. Dort zeigen Sie, wie Sie bereits gelernt haben, auf das Untermenü *Alle Programme*. Automatisch öffnet sich erneut ein Untermenü, in dem Sie *Microsoft Excel* durch Anklicken mit der linken Maustaste auswählen.

Nach dem Starten des Programms erscheint Excel in der Standardinstallation mit einer leeren Arbeitsmappe auf dem Bildschirm.

Wie Sie dies bereits in der Textverarbeitung Word gesehen haben, befindet sich oben die Titelleiste, gefolgt von der Menüleiste und den Symbolleisten. Daran schließt sich die so genannte Bearbeitungszeile an. Dort können Sie Eingaben wie zum Beispiel Werte oder Formeln eintragen beziehungsweise bearbeiten. Dann kommen das eigentliche *Tabellenarbeitsblatt*, das Blattregister und die Statusleiste.

Eine Arbeitsmappe umfasst mehrere Tabellenarbeitsblätter, die zu einer Datei gehören. Das Tabellenblatt ähnelt kariertem Papier und setzt sich aus Spalten und Zeilen zusammen. Der Schnittpunkt von *Spalte* und *Zeile* heißt *Zelle* und ist eindeutig durch Koordinaten definiert. Die erste Zelle einer Tabelle ist durch die Koordinate A1 gekennzeichnet. Die Zelle rechts daneben mit B1. Zellbezeichnungen sind später bei der Arbeit mit Formeln wichtig.

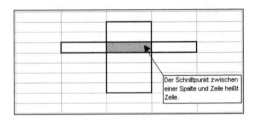

11.2 Daten erfassen

Um den Umgang mit Excel zu erlernen, müssen zunächst einige Eingaben vorgenommen werden.

1. Schließen Sie, falls nötig, den *Assistenten,* bevor Sie mit der Erfassung der Daten beginnen.

   Daten können Sie nur in eine aktive Zelle eingeben. Ob eine Zelle aktiv ist, erkennen Sie an der schwarzen Umrandung. Aktivieren können Sie eine Zelle, indem Sie sie mit der linken Maustaste anklicken. Ganz links in der Bearbeitungszeile sehen Sie im so genannten Namenfeld die Adresse der Zelle.

2. Klicken Sie, falls nötig, in die Zelle A1, um diese zu aktivieren. Tragen Sie dort den Text Büroservice - Uwe Schulz ein. Drücken Sie die ⏎-Taste.

3. A2 wird zur aktiven Zelle. Dort tragen Sie den Begriff Artikel ein. Drücken Sie jetzt die ⇥-Taste.

4. Die Zelle B2 ist ausgewählt. Dort tragen Sie Januar ein und bestätigen die Eingabe mit Hilfe der ⏎-Taste.

5. Aktivieren Sie die Zelle B2 durch Mausklick. Bewegen Sie den Mauszeiger in die rechte untere Ecke der Zelle B2, bis er die Form eines kleinen schwarzen Kreuzes erhält.

6. Drücken Sie die linke Maustaste und ziehen Sie die Markierung nach rechts bis zur Zelle G2. Die markierten Zellen werden

grau umrahmt. Excel zeigt Ihnen in einem kleinen Kästchen die Monatsangaben.

7. Wenn die Zellen B2 bis G2 umrahmt sind, lassen Sie die Maustaste los. Excel hat für Sie die Eintragung der weiteren Monatsnamen übernommen. Diesen Vorgang nennt man *Ausfüllen*.

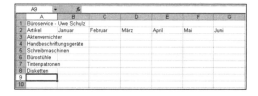

8. Aktivieren Sie die Zelle A3 und übernehmen Sie die einzelnen Artikelgruppen bitte aus der nebenstehenden Abbildung.

9. Als Nächstes tragen Sie die Beispielzahlen in Ihr Tabellenarbeitsblatt ein. Vergleichen Sie auch hierzu die folgende Abbildung.

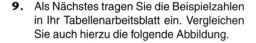

Wenn Sie sich einmal verschrieben haben, können Sie in Excel Korrekturen durchführen, indem Sie die Zelle anklicken, deren Eingaben Sie verändern möchten. Sie können den ursprünglichen Inhalt einfach überschreiben und die neuen Eingaben mit der ⏎-Taste bestätigen. Außerdem können Sie auch einen Teil des Inhalts in der Bearbeitungszeile verändern.

11.3 Das Tabellenblatt bearbeiten

Einige Ihrer Artikelgruppen sind nicht mehr komplett auf dem Bildschirm sichtbar. Um die fehlenden Texte komplett einzublenden, müssen Sie die Spaltenbreite der Spalte A vergrößern.

1. Klicken Sie genau auf die Trennlinie zwischen den Spalten A und B, die so genannte Spaltenbegrenzungslinie. Der Mauszeiger nimmt die Form eines Kreuzes mit Doppelpfeil an.

2. Führen Sie einen Doppelklick auf der Spaltenbegrenzungslinie aus. Auf diese Weise stellen Sie die optimale Spaltenbreite ein.

3. Um zu verdeutlichen, dass es sich um Umsatzzahlen handelt, sollte dieser Hinweis in der Übersicht nicht fehlen. Markieren Sie die Zeile zwei, indem Sie auf die Ziffer 2 am linken Bildschirmrand, Zeilenkopf genannt, klicken.

4. Drücken Sie die Tastenkombination Strg + +, um eine neue Zeile einzufügen. In der neuen Zelle A2 geben Sie dann den Begriff Umsatz ein.

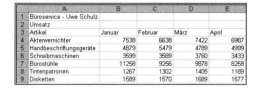

11.4 Rechenoperationen

1. Um den Gesamtumsatz für die einzelnen Monate zu ermitteln, aktivieren Sie zunächst die Zelle B10, in der die erste Berechnung erfolgen soll.

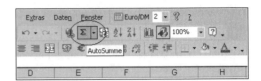

2. Klicken Sie das Summen-Symbol in der *Standard*-Symbolleiste an. Es hat den Namen *AutoSumme*.

3. Excel umrandet die Zellen B4 bis B9 mit einem gestrichelten Laufrahmen und trägt in B10 die Formel *=Summe(B4:B9)* ein. Sie sehen die Formel in der Bearbeitungsleiste. Vergleichen Sie dazu die nebenstehende Abbildung.

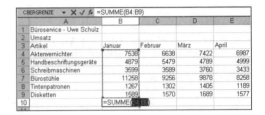

Wenn Sie die Schaltfläche *AutoSumme* aus der *Standard*-Symbolleiste verwenden, sucht Excel ab der aktiven Zelle den nächsten zusammenhängenden Bereich von Zahlen und schlägt diesen für die Addition vor. Falls es sich nicht um den gewünschten Bereich handelt, markieren Sie einfach den vorgesehenen Zellbereich.

4. Da für dieses Beispiel der korrekte Bereich der zu addierenden Zellen vorgeschlagen wird, bestätigen Sie mit der ⏎-Taste.

5. Aktivieren Sie erneut die Zelle B10. Bewegen Sie den Mauszeiger in die linke untere Ecke, bis er die Form eines kleinen schwarzen Kreuzes erhält.

6. Drücken Sie die linke Maustaste, ziehen Sie die Markierung nach rechts bis zur Zelle G10 und lassen Sie die Maustaste erst los, wenn der Bereich B10 bis G10 komplett umrandet ist. Auf diese Weise kopieren Sie die Summen-Funktion in die markierten Felder.

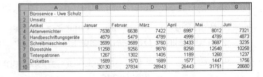

> **Hinweis:** Excel arbeitet hier mit relativen Zellbezügen, die das Kopieren beziehungsweise Ausfüllen von Zellen mit Formeln ermöglichen. Die Formeln werden an die neue Position angepasst. Während Excel in der Zelle B10 die Summe für den Bereich B4:B9 ermittelt, wird in Zelle C10 der Bereich C4:C9 addiert. Excel passt sich der neuen Position an.

7. Tragen Sie in die Zelle H3 als Überschrift 1. Halbjahr ein.
8. Schreiben Sie in A10 den Begriff Gesamt.
9. Aktivieren Sie die Zelle H4. Um die Summe für das erste Halbjahr zu bilden, klicken Sie wieder auf das Icon *Summe*. Excel schlägt für die Addition den Bereich B4 bis G4 vor. Akzeptieren Sie den Vorschlag, indem Sie die ⏎-Taste drücken.

10. Kopieren Sie die Formel aus H4, indem Sie den Mauszeiger in die rechte untere Ecke von H4 setzen. Sobald das bereits bekannte kleine schwarze Kreuz erscheint, ziehen Sie den Mauszeiger bis in die Zeile H10.

11. Markieren Sie den Bereich B4 bis H10. Gehen Sie dazu mit der Maus in das Feld B4. Der Mauszeiger wandelt sich in ein dickes, weißes Kreuz. Ziehen Sie dieses Kreuz mit gedrückter linker Maustaste bis zum Feld H10. Klicken Sie anschließend auf den Button *Währung* in der *Format*-Symbolleiste.

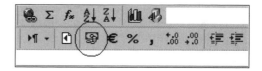

12. In der Zeile 11 sollen die prozentualen Umsatzanteile der einzelnen Monate am gesamten Halbjahresumsatz ermittelt werden. Tippen Sie in die Zelle B11 ein Gleichheitszeichen ein.

Formeln werden in Excel mit einem Gleichheitszeichen eingeleitet. Durch die Angabe der Zellen in den Formeln teilen Sie Excel mit, in welchen Zellen sich die Werte befinden, die Excel berechnen soll.

13. Klicken Sie die Zelle B10 an. Geben Sie anschließend ein Divisionszeichen ein. Das Divisionszeichen ist nicht der Doppelpunkt, sondern der Schrägstrich.

14. Jetzt klicken Sie die Zelle H10 an. Drücken Sie die ⏎-Taste.

15. Aktivieren Sie B11 erneut. Mit einem Klick auf die Schaltfläche *Prozentformat* aus der *Format*-Symbolleiste formatieren Sie die Zahl.

Eben haben Sie die Vorteile der relativen *Zellbezüge* kennen gelernt. Wenn Sie die Formel der Zelle B11 in die nebenstehenden Zellen kopieren würden, kämen Fehlermeldungen zustande. In der Zelle C11 würde dann die Formel =C10/I10 stehen. Das ist falsch, denn schließlich müssen Sie stets durch den Wert der Zelle H10 dividieren. Dies erreichen Sie, indem Sie die Koordinaten der Zelle H10 absolut setzen. Zu diesem Zweck steht in Excel das $-Zeichen zur Verfügung.

16. Führen Sie einen Doppelklick auf der Zelle B11 aus, sodass die Formel in der Bearbeitungszeile angezeigt wird.

17. Zeigen Sie in der Bearbeitungszeile auf H10 und führen Sie genau auf dieser Zellbezeichnung einen Doppelklick aus, um zu markieren. Drücken Sie die Funktionstaste F4. Dadurch werden die Koordinaten absolut gesetzt. Die korrekte Formel lautet jetzt *=B10/H10*.

18. Drücken Sie zur Bestätigung die ⏎-Taste.

19. Kopieren Sie die Formel wie bereits erläutert bis in die Zellen C10 bis H10. Wenn Sie die Eingaben nachträglich verändern, werden die Ergebnisse in den Formeln automatisch neu errechnet.

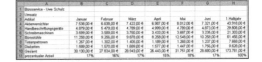

Hinweis: Die Unterschiede zwischen absoluten und relativen Zellbezügen zeigen sich beim Kopieren und Verschieben von Formeln in eine andere Zelle. Excel verwendet von sich aus relative Bezüge. Beim Verschieben oder Kopieren einer Formel mit einem absoluten Bezug wird die Formel so wiedergegeben, wie sie in der Ausgangsformel steht.

11.5 Die Gestaltung der Tabelle

Nachdem alle erforderlichen Berechnungen durchgeführt wurden, steht die Gestaltung der Tabelle an.

1. Markieren Sie die Zelle A1 und weisen Sie ihr eine Schriftgröße von 16 und den Schriftschnitt *Fett* über die Schaltflächen *Schriftgrad* beziehungsweise *Fett* zu. Die Vorgehensweise haben Sie bereits im Modul zu Microsoft Word kennen gelernt.

2. Die Zelle A2 formatieren Sie in einer Schriftgröße von 12.

3. Markieren Sie den Bereich A3 bis A11 und B3 bis H3 gleichzeitig. Dabei handelt es sich um eine Mehrfachmarkierung. Dazu aktivieren Sie die Zelle A3 und ziehen den Mauszeiger bis in die Zelle A11. Drücken Sie die Strg-Taste und markieren Sie anschließend den Bereich von B3 bis H3.

4. Klicken Sie den Button *Fett* aus der *Format*-Symbolleiste an.

5. Markieren Sie den Bereich B10 bis H11 und weisen Sie diesen Zellen eine Schriftgröße von 11 zu. Je nach Bildschirmeinstellung kann es passieren, dass die Daten in den Zellen dann nicht mehr zu lesen sind. Sollte dies der Fall sein, müssen Sie die Spaltenbreite, wie Sie das bereits gelernt haben, anpassen.

6. Als Nächstes soll der Bereich B3 bis H3 und B11 bis H11 zentriert werden. Denken Sie dabei an die Möglichkeit der Mehrfachmarkierung. Klicken Sie auf die Schaltfläche *Zentriert*.

7. Der Bereich A3 bis H3 soll umrandet werden. Markieren Sie den Bereich zunächst. Wählen Sie im *Format*-Menü den Eintrag *Zellen*.

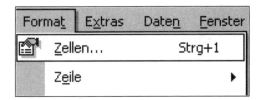

8. Entscheiden Sie sich für die Registerkarte *Rahmen*.
9. Dort klicken Sie im Bereich *Voreinstellungen* auf *Außen*.
10. Verlassen Sie das Dialogfeld über die Schaltfläche *OK*.
11. Markieren Sie anschließend den Bereich A10 bis H11 und drücken Sie die Funktionstaste [F4]. Auf diese Weise umranden Sie auch diesen Bereich. Mit Hilfe der Funktionstaste [F4] wiederholen Sie die letzte durchgeführte Aktion.

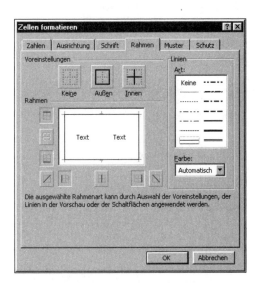

12. Markieren Sie den Bereich A1 bis H1.
13. Klicken Sie auf die Schaltfläche *Zusammenführen und zentrieren* in der *Format*-Symbolleiste.

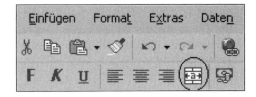

14. Wiederholen Sie diesen Vorgang für den Bereich A2 bis H2.
15. Abschließend sollen noch die Gitternetzlinien ausgeschaltet werden. Rufen Sie den Befehl *Optionen* im Menü *Extras* auf.

16. Entscheiden Sie sich für die Registerkarte *Ansicht*.

17. Deaktivieren Sie das Kontrollkästchen *Gitternetzlinien* durch einen Klick mit der linken Maustaste, sodass das Häkchen im Kontrollkästchen verschwindet.

18. Verlassen Sie das Dialogfeld durch einen Klick auf *OK*.

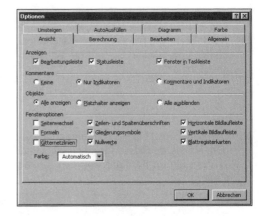

19. Die Tabelle sieht nun aus wie in der nebenstehenden Abbildung.

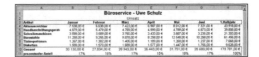

> **Hinweis**
> Im Menü *Format* finden Sie den Befehl *AutoFormat*, über den Sie in die gleichnamige Dialogbox gelangen. Dort stehen bereits vorgefertigte Tabellen-Formate zur Verfügung, die Sie durch Anklicken auswählen können. In der Vorschau können Sie Ihre Wahl vorab prüfen. Um ein AutoFormat auf eine Tabelle anzuwenden, reicht es aus, wenn Sie eine Zelle im Eingabebereich der Tabelle platzieren.

11.6 Arbeitsblätter benennen

Excel legt standardmäßig drei Tabellenarbeitsblätter in einer Arbeitsmappe an. In welcher Tabelle Sie sich befinden, erkennen Sie im Blattregister am unteren Bildschirmrand, an der hellen Unterlegung. Jedes Tabellenblatt kann man mit einem aussagekräftigen Namen versehen.

1. Bewegen Sie den Mauszeiger auf die Registerlasche *Tabelle1* und führen Sie einen Doppelklick aus.

2. Überschreiben Sie den vorgegebenen Tabellennamen durch den Text 1. Halbjahr und übernehmen Sie Ihre Eingabe mit einem Klick in das Tabellenarbeitsblatt.

11.7 Eine Arbeitsmappe speichern

Ihre Arbeit sollten Sie speichern. Dieser Vorgang unterscheidet sich in der Vorgehensweise nicht von der, die Sie bereits im Zusammenhang mit dem Textverarbeitungsprogramm Word kennen gelernt haben. Dadurch, dass sich viele Arbeitsgänge auf dieselbe oder auf ähnliche Weise erledigen lassen, wird die Arbeit in Office erheblich erleichtert.

> **Hinweis:** Bei der täglichen Arbeit sollten Sie Ihre Datei nicht nur speichern, nachdem Sie Ihre Arbeit vollständig erledigt haben, sondern immer in bestimmten Zeitabständen, zum Beispiel alle 10 Minuten. Sollte Ihr Programm einmal abstürzen, sind dann nicht alle Daten verloren.

1. Um Ihre Datei zu speichern, klicken Sie auf das Disketten-Symbol.

2. Sie gelangen in die Dialogbox *Speichern unter*. Speichern Sie Ihre Arbeitsmappe im Ordner *Coach*. Dort geben Sie unter *Dateiname* den Namen Ihrer Arbeitsmappe `Beispiel_Excel` ein und klicken anschließend die Schaltfläche *Speichern* an.

11.8 Eine Tabelle drucken

Bevor Sie Ihre Tabelle drucken, sollten Sie diese in der Seitenansicht überprüfen. Auch in Excel erfolgt die Überprüfung vor dem Druck wie in Word in der Seitenansicht.

Überprüfung in der Seitenansicht

1. Klicken Sie die Schaltfläche *Seitenansicht* in der *Standard*-Symbolleiste an. Excel zeigt Ihnen die Seite mit der Tabelle, wie diese beim Ausdruck auf dem Papier erscheinen würde. Sie werden feststellen, dass die Tabelle in der derzeitigen Einstellung nicht auf eine Seite passt.

2. Klicken Sie in der Seitenansicht auf die Schaltfläche *Seitenumbruchvorschau*.

3. Ein kleines Dialogfeld heißt Sie in der Seitenumbruchvorschau willkommen. Klicken Sie auf *OK*. Falls Sie den Office-Assistenten eingeblendet haben, meldet er sich anstelle der Seitenumbruchvorschau.

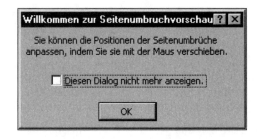

Die Seitenränder werden in der Seitenumbruchvorschau durch gestrichelte blaue Linien dargestellt. Mit Hilfe der linken Maustaste kann man die Seitenränder spalten- beziehungsweise zeilenweise verschieben. Verschobene Linien werden durchgezogen und nicht mehr gestrichelt dargestellt.

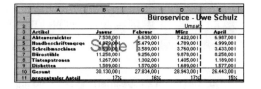

Anhand der Seitenansicht erkennen Sie, dass die Tabelle für das Hochformat der Seite eindeutig zu breit ist. Aus diesem Grunde sollen in der Seitenumbruchvorschau keinerlei Änderungen durchgeführt, sondern ein anderer Weg zur Darstellung der Tabelle gewählt werden.

4. Verlassen Sie die Seitenumbruchvorschau über *Ansicht / Normal*.

Die Seite einrichten

1. Wählen Sie den Befehl *Seite einrichten* im Menü *Datei*. Sie gelangen in die gleichnamige Dialogbox.

2. Klicken Sie die Option *Querformat* an und unter *Skalierung* die Option *Anpassen*.

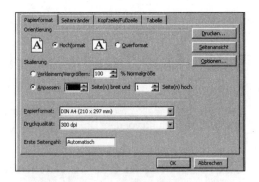

3. Schalten Sie um auf die Registerkarte *Seitenränder*.

4. Im nächsten Arbeitsschritt soll die Tabelle mitten auf der Seite angeordnet werden. Aktivieren Sie das Kontrollkästchen *Horizontal* im unteren Teil der Dialogbox.

5. Verlassen Sie die Dialogbox über die Schaltfläche *Seitenansicht*.

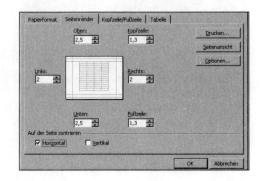

Die Tabellenkalkulation Microsoft Excel

6. Sie gelangen in die Seitenansicht. Klicken Sie auf die Schaltfläche *Ränder*, um die Randeinstellungen einzublenden. Um die Tabelle etwas tiefer auf der Seite beginnen zu lassen, bewegen Sie den Mauszeiger auf die zweite waagerechte Linie von oben.

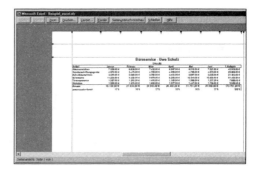

7. Der Mauszeiger nimmt die Form eines Doppelpfeils mit einem Querstrich an. Ziehen Sie den Zeiger mit gedrückter linker Maustaste nach unten, um die Tabelle zu verschieben.

8. Wenn Sie die gewünschte Position erreicht haben, lassen Sie die Maustaste los. Klicken Sie auf die Schaltfläche *Drucken*. Sie gelangen in das gleichnamige Dialogfeld.

9. Klicken Sie auf die Schaltfläche *OK*, um den Druck zu starten.

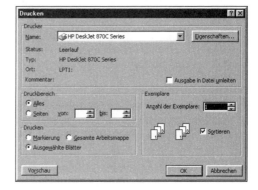

Hinweis: In der Dialogbox *Drucken* können Sie unter anderem die Anzahl der zu druckenden Exemplare festlegen oder, wenn der Druckbereich umfangreicher sein sollte, die zu druckenden Seiten bestimmen.

11.9 Ein Diagramm erstellen

Als Nächstes sollen Sie einen Einblick in die Möglichkeiten der Diagrammerstellung erhalten.

1. Markieren Sie den Bereich A3 bis G9, indem Sie mit der linken Maustaste die Zelle A3 anklicken und mit gedrückter Maustaste den Mauszeiger zur Zelle G9 führen.

2. Klicken Sie die Schaltfläche *Diagramm-Assistent* in der *Standard*-Symbolleiste an.

3. Excel blendet die Dialogbox *Diagramm-Assistent – Schritt 1 von 4 – Diagrammtyp* ein.
4. Wählen Sie den Diagrammtyp *Säule* durch Anklicken aus, wenn er bei Ihnen nicht schon automatisch markiert ist.
5. Als Untertyp entscheiden Sie sich für *Gestapelte 3D-Säule*. Dies ist der mittlere Diagrammtyp der zweiten Reihe.
6. Über *Schaltfläche gedrückt halten für Beispiel* können Sie sich eine Vorschau Ihrer Auswahl anzeigen lassen. Bewegen Sie zu diesem Zweck den Mauszeiger auf diese Schaltfläche und drücken Sie die linke Maustaste. Das Beispieldiagramm wird eingeblendet. Um die Vorschau zu beenden, lassen Sie den Mauszeiger einfach los.

7. Über einen Klick auf die Schaltfläche *Weiter* gelangen Sie zum nächsten Schritt des Diagramm-Assistenten. Hier nehmen Sie jetzt keine Einstellungen vor.
8. Über *Weiter* erreichen Sie den dritten Schritt des Diagramm-Assistenten.
9. In der Registerkarte *Titel* klicken Sie in das Feld *Diagrammtitel* und geben den Text Umsatz ein.

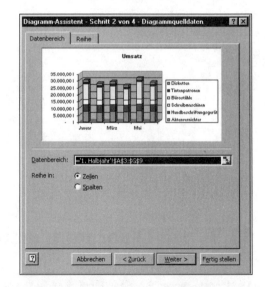

10. Stellen Sie die Registerkarte *Legende* ein.
11. Achten Sie darauf, dass in dem Kontrollkästchen *Legende anzeigen* ein Häkchen eingestellt ist. Falls dies nicht der Fall sein sollte, klicken Sie das entsprechende Feld an.
12. Klicken Sie erneut die Schaltfläche *Weiter* an.

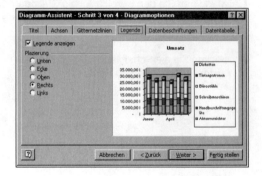

13. Im vierten Schritt des Diagramm-Assistenten wählen Sie für dieses Beispiel die Option *Als neues Blatt*.
14. Klicken Sie in das Feld neben *Als neues Blatt* und tragen Sie in das Feld daneben den Text Umsatz-Diagramm ein.

15. Übernehmen Sie mit der Schaltfläche *Fertig stellen* die Angaben in Ihr Diagrammblatt. Sie erhalten nebenstehendes Ergebnis.

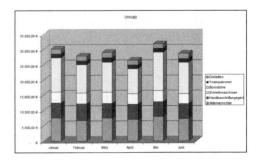

16. Bewegen Sie den Mauszeiger auf den Diagrammtitel *Umsatz* und betätigen Sie die rechte Maustaste. Es öffnet sich das Kontextmenü des Diagrammtitels.

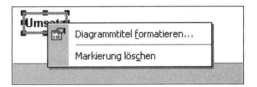

Wenn Ihnen das Diagramm in der fertigen Form nicht gefällt, können Sie nachträglich noch Änderungen durchführen. Um die Diagramm-Überschrift in einer größeren Schrift darzustellen, gehen Sie folgendermaßen vor:

17. Wählen Sie den Befehl *Diagrammtitel formatieren*, um in das gleichnamige Dialogfeld zu gelangen.
18. Rufen Sie die Registerkarte *Schrift* auf.
19. Wählen Sie den Schriftschnitt *Fett* und einen Schriftgrad von *18*.
20. Verlassen Sie das Dialogfeld über die Schaltfläche *OK*.

Das soeben erstellte Diagramm befindet sich im Register *Umsatz-Diagramm*. Um zwischen Ihrer Tabelle und dem Diagramm hin und her zu schalten, müssen Sie lediglich das gewünschte Register mit der linken Maustaste anklicken.

21. Vergessen Sie nicht, Ihre Arbeitsmappe zu speichern. Dazu reicht ein Klick auf das Disketten-Symbol.

Grundlagen PC & DV   151

11.10 Die Arbeit beenden

1. Schließen Sie Ihre Arbeitsmappe über den Befehl *Schließen* aus dem Menü *Datei*. Falls Sie die Arbeitsmappe nicht gespeichert haben, fragt Excel beim Schließen nach, ob die Arbeitsmappe gespeichert werden soll.
2. Um Excel zu beenden, wählen Sie den Befehl *Beenden* im Menü *Datei*.

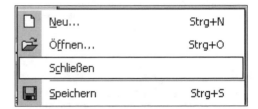

11.11 Rechnen mit Excel-Funktionen

Nachdem Sie bereits mit den Grundlagen von Excel vertraut sind und schon mit den ersten Formeln gearbeitet haben, lernen Sie in diesem Abschnitt *Funktionen* kennen. Dabei handelt es sich quasi um vordefinierte Rechenvorschriften und damit um einen wichtigen Bestandteil eines Tabellenkalkulationsprogramms. Mit den integrierten Excel-Funktionen können Sie auf einfache Art und Weise Standardberechnungen durchführen.

Den Funktions-Assistenten einsetzen

Eine Funktion haben Sie bereits im vergangenen Modul kennen gelernt, ohne dass wir gesondert darauf eingegangen sind. Dabei handelt es sich um die Funktion *SUMME*. Dabei haben Sie sicher schon gemerkt, wie die Arbeit mit Funktionen es Ihnen erleichtert, Berechnungen in Excel durchzuführen. Aufgrund der Vielzahl der Funktionen ist es allerdings nicht möglich, diese alle über eine Schaltfläche in der Symbolleiste aufzurufen, wie das bei der Funktion *SUMME* der Fall ist. Aus diesem Grunde arbeitet Excel mit einem Funktions-Assistenten, der die Funktionen quasi verwaltet.

Den Einsatz des Funktions-Assistenten wollen wir Ihnen wieder anhand eines Beispiels erklären. Dazu benötigen Sie wieder die zuvor angelegte Datei *Beispiel_Excel.xls*:

1. Öffnen Sie die Datei *Beispiel_Excel.xls*. Dazu klicken Sie in der Menüleiste auf den Befehl *Datei*.
2. Standardmäßig werden die zuletzt verwendeten Dateien im unteren Teil des Menüs aufgeführt. Klicken Sie dort auf *Beispiel_Excel.xls*. Excel öffnet die gewünschte Datei. Dort sollen verschiedene Berechnungen mit Unterstützung der Excel-Funktionen durchgeführt werden. Zunächst soll der Mittelwert des Umsatzes Aktenvernichter ermittelt werden.

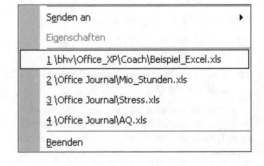

3. Klicken Sie in die Zelle A15 und tragen Sie dort den Begriff Mittelwert Aktenvernichter ein.

4. Drücken Sie die Tabulatortaste, um in die Zelle B15 zu gelangen. Dort soll der durchschnittliche Umsatz errechnet werden.

5. Wählen Sie im Menü *Einfügen* den Befehl *Funktion*. Excel ruft das Dialogfeld *Funktion einfügen* auf. Dort können Sie die gewünschte Funktion suchen. Allerdings führt Ihre Frage im Feld *Funktion suchen* nicht unbedingt immer zum Erfolg. Einfacher ist die Vorgehensweise, die wir nachfolgend vorstellen. Wir werden aus dem gesamten Pool der Funktionen die richtige heraussuchen.

6. Klicken Sie auf den Listenpfeil im Feld *Kategorie auswählen*.

7. Entscheiden Sie sich dort für den Eintrag *Alle*.

Unter *Funktion auswählen* werden alle in Excel zur Verfügung stehenden Funktionen aufgelistet. Anwender, die sich besser in Excel auskennen, würden dies vermutlich lästig finden. Wenn man weiß, welche Funktion man verwenden will, ist diese Vorgehensweise auch unpraktisch. Da Sie sich aber vermutlich noch nicht so gut in Excel auskennen, ist dies der beste Ansatzpunkt.

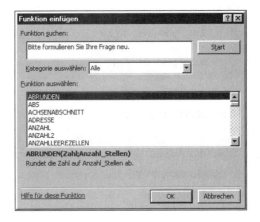

8. Bewegen Sie sich mit dem Listenpfeil des Feldes *Funktion auswählen* nach unten. Sie werden feststellen, dass sich der Text unterhalb des Feldes ändert, je nachdem, welche Funktion ausgewählt ist. Bei diesem Text handelt es sich um eine Erläuterung der ausgewählten Funktion.

9. Sie benötigen die Funktion *MITTELWERT*. Klicken Sie den entsprechenden Eintrag in der Liste an.

10. Klicken Sie danach auf *OK*. Sie gelangen in einen weiteren Dialog mit der Bezeichnung *Funktionsargumente*. Dort müssen Sie angeben, für welchen Bereich der Durchschnitt errechnet werden soll. Excel schlägt von sich aus einen Bereich vor. Der von Excel vorgeschlagene Bereich entspricht nicht den Daten, für die Sie den Durchschnitt ermitteln wollen.

11. Markieren Sie in der Tabelle den Zellbereich B4 bis G4. Dort sind nämlich die Umsätze des Aktenvernichters zu finden. Excel schreibt die Zelladressen in das erste Feld.

12. Im Dialog *Funktionsargumente* können Sie bereits das Resultat sehen. Im unteren Teil der Dialogbox finden Sie den Eintrag *Formelergebnis* mit dem errechneten Wert.

13. Klicken Sie auf *OK*. Das Ergebnis wird in die Tabelle übertragen.

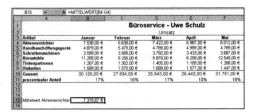

> **Hinweis:** Anstatt mit dem Funktions-Assistenten zu arbeiten, können Sie eine Funktion auch direkt mit allen Angaben in die Zelle eintragen. Wenn Sie noch nicht so vertraut im Umgang mit Excel sind, empfiehlt sich diese Vorgehensweise allerdings nicht.

Basiswissen zu Funktionen

Unbedingt zu beachten bei der Arbeit mit Funktionen ist, dass Sie sich genau an die Vorgaben hinsichtlich des Aufbaus und der Schreibweise einer Funktion halten.

Alle Funktionen enthalten die folgenden Komponenten:

- **Funktionsname** — Anhand der Bezeichnung erkennt Excel, welche Funktion verwendet werden soll. Funktionsnamen sind z. B. *Summe* oder *Mittelwert*.

- **Argumente** — Die Werte, mit denen eine Funktion Berechnungen durchführt. Argumente können Zahlen, Texte, Wahrheitswerte, Matrizen, Fehlerwerte oder Bezüge sein. Es können aber auch Konstanten oder Formeln verwendet werden. Mit Hilfe von Argumenten sagen Sie Excel, welche Werte das Programm berechnen soll. Im vorangegangenen Beispiel wurde als Argument der Zellbereich B4 bis G4 verwendet.

  Man unterscheidet Argumente, die zwingend erforderlich sind, und die nicht unbedingt notwendig sind. Für die Funktion *MITTELWERT* ist die Angabe eines Arguments erforderlich (*Zahl1*). Weitere Bereiche können hinzugenommen werden. Dies ist aber nicht unbedingt erforderlich.

- **Syntax** — Die Zeichenreihenfolge einer Funktion heißt Syntax. Die Syntax der Funktion *MITTELWERT* können Sie in der vorangegangenen Abbildung in der Bearbeitungszeile sehen. Unter Syntax versteht man also die genaue Schreibweise einschließlich der Argumente. Wenn Sie mit dem Funktions-Assistenten arbeiten, müssen Sie sich allerdings nicht um die Syntax kümmern.

- **Gleichheitszeichen** — Ein Gleichheitszeichen leitet eine Formel und eine Funktion ein. Wenn Sie mit dem Funktions-Assistenten arbeiten, müssen Sie sich um die Gleichheitszeichen nicht kümmern.

- **Klammern** — Die Klammern schließen die Argumente der Funktion ein. Vor und hinter einer Klammer sind keine Leerzeichen erlaubt. Der Funktions-Assistent setzt die Klammern für Sie.

- **Semikolon** — Semikola trennen die einzelnen Argumente. Sie werden nicht für alle Funktionen benötigt. Falls sie erforderlich sind, setzt der Assistent die Semikola für Sie.

- **Ergebnis** — Das Ergebnis ist der von der Funktion errechnete Wert.

Funktionskategorien

Damit Sie sich innerhalb der zahlreichen unterschiedlichen Funktionen zurechtfinden, werden diese in Excel in so genannte Funktionskategorien eingeteilt und dort zugeordnet. In Excel werden folgende Funktionskategorien unterschieden:

- Finanzmathematische Funktionen
- Datums- und Zeitfunktionen
- Mathematische & trigonometrische Funktionen
- Matrixfunktionen
- Statistische Funktionen
- Datenbankfunktionen
- Textfunktionen
- Logische Funktionen
- Informationsfunktionen
- Alle
- Zuletzt verwendete

Damit Sie einen Überblick darüber bekommen, welche Möglichkeiten man mit den Funktionen der verschiedenen Kategorien hat, haben wir diese nachfolgend kurz beschrieben. Allerdings würde es den Rahmen dieses Co@ches sprengen, zu jeder Kategorie ein Beispiel zu bringen oder detaillierter darauf einzugehen.

Die *finanzmathematischen Funktionen* behandeln in erster Linie Themen wie Abschreibungen, Zinsrechnung für Darlehn und Investition sowie Wertpapiere. Mit ihrer Hilfe können Sie zum Beispiel Barwerte, Renditen, Effektivverzinsung und vieles mehr ermitteln.

Datum und Uhrzeit können Daten miteinander verrechnet, zum Beispiel addiert oder subtrahiert werden. Auf diese Weise können Zeiträume in Tage umgerechnet werden. Entsprechendes gilt für Uhrzeiten. Auch das aktuelle Tagesdatum oder die aktuelle Uhrzeit können Sie sich mit Hilfe der entsprechenden Funktionen dieser Kategorie angeben lassen.

Mathematische Funktionen beschäftigen sich sowohl mit den Grundrechenarten wie Subtraktion, Addition, Multiplikation, Division als auch mit Potenzen, Logarithmen, Rundungen, Zufallszahlen oder Zählen.

Bei den *trigonometrischen Funktionen* geht es in erster Linie um das Rechnen mit Winkeln, welche in Excel im Bogenmaß angegeben werden. Für Anwender mit grundlegenden Trigonometriekenntnissen dürfte der Umgang nicht problematisch sein.

Mit Hilfe der *Matrixfunktionen* können Sie Matrizen sowie Zellbereiche berechnen.

Statistische Funktionen bieten eine Vielzahl von Auswertungen, sowohl für professionelle als auch für recht einfache Anwendungen, wie zum Beispiel die Ermittlung des Mittelwertes. Die Funktion *MITTELWERT* haben Sie ja bereits im vorangegangenen Abschnitt kennen gelernt.

Excel verfügt über spezielle *Datenbankfunktionen*, die man auf Datenbanken und listenförmige Tabellen anwenden kann. Mit ihrer Hilfe können Berechnungen, Analysen. und statistische Auswertungen durchgeführt werden.

Textfunktionen arbeiten mit Texten. Sie können unter anderem Textelemente suchen, ersetzen oder verknüpfen. Es besteht die Möglichkeit, Zeichenfolgen auf Identität zu prüfen oder sich die Anzahl der Zeichen eines Wortes angeben zu lassen und vieles mehr.

Logische Funktionen arbeiten mit Wahrheitswerten und vergleichen zwei Werte. Sie liefern von zwei möglichen Werten den Wahrheitswert – entweder wahr oder falsch – Verglichen werden können immer nur Werte gleichen Datentyps. So ist z.B. der Vergleich von zwei Zahlen oder zwei Texten möglich. Die wohl am häufigsten verwendete logische Funktion ist die *WENN*-Funktion. Damit besteht in Excel die Möglichkeit, sehr komplizierte Bedingungen zu formulieren.

Bei den *Informationsfunktionen* unterscheidet man zwei Gruppen. Die eine Gruppe bilden die so genannten *IST-Funktionen*, die mit *IST* beginnen und einen so genannten Wahrheitswert liefern. Wie bei der *WENN*-Funktion wird abhängig vom Prüfergebnis der Wert WAHR oder FALSCH zurückgegeben. *IST*-Funktionen eignen sich, um in Formeln oder Makros Berechnungsergebnisse zu prüfen. In Verbindung mit der *WENN*-Funktion bieten sie die Möglichkeit, Fehler in Formeln aufzuspüren. Die andere Gruppe liefert Informationen wie zum Beispiel zu bestimmten Formatierungen.

Alle umfasst alle Funktionen, die zur Verfügung stehen.

Unter *Zuletzt verwendet* finden Sie Funktionen, mit denen Sie zuletzt gearbeitet haben. Wenn man also häufig mit denselben Funktionen arbeitet, hat man eine Möglichkeit, hier die entsprechende Funktion zu finden und muss diese nicht aus dem Gesamtpool aller Funktionen heraussuchen.

Finanzmathematische Funktionen

Stellvertretend für die verschiedenen Funktionen wollen wir Ihnen nachfolgend zeigen, wie Sie mit Hilfe einer Excel-Funktion die Höhe eines Zinsbetrages ermitteln können.

Hierzu ein kleines Beispiel: Angenommen, Sie haben einen Kredit über 50.000,00 € aufgenommen. Die Laufzeit beträgt 5 Jahre. Das Darlehn wird Ihnen zu einem Zinssatz von 7 % überlassen.

Zinsbeträge können Sie mit Hilfe der Funktion *ZINSZ* ermitteln. Diese liefert die Zinszahlung beispielsweise eines Darlehns. Der Betrag wird immer für eine bestimmte von Ihnen anzugebende Periode ermittelt. Das heißt, Sie können damit beispielsweise die Zinsen für den ersten Monat, für den zehnten, den letzten Monat usw. abfragen. Voraussetzung für den Einsatz der Funktion ist, dass es sich um regelmäßige und konstante Zahlungen handelt und dass der Zinssatz immer gleich hoch ist. Berücksichtigen Sie bei den nachfolgenden Erläuterungen, dass die Funktion *ZINSZ* nur die Höhe der Zinszahlung berücksichtigt und nicht die mit dem Darlehn verbundene Tilgung.

1. Klicken Sie im Blattregister Ihres Excel-Fensters auf das Blatt *Tabelle 2*.
2. Setzen Sie den Cursor in die leere Zelle A1 dieses Arbeitsblattes und klicken Sie auf die Schaltfläche *Funktion einfügen* der *Standard*-Symbolleiste.

Der Weg über die Schaltfläche *Funktion einfügen* ist eine andere Möglichkeit, in das Dialogfeld *Funktion einfügen* zu gelangen.

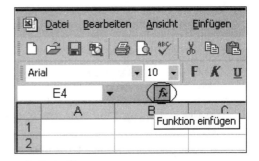

Excel ruft das Dialogfeld *Funktion einfügen* auf.

3. Innerhalb der Funktionskategorie markieren Sie *Finanzmathematik*.
4. Bei den Funktionen entscheiden Sie sich für *ZINSZ*. Wählen Sie *OK* oder führen Sie einen Doppelklick auf *ZINSZ* aus.

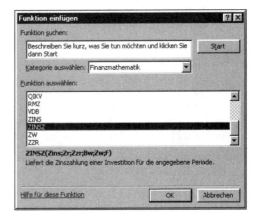

5. Jetzt öffnet sich das zweite Dialogfeld des Funktions-Assistenten mit der Bezeichnung *Funktionsargumente*.

Die Argumente der Funktion *ZINSZ* bedürfen einer kurzen Erklärung:

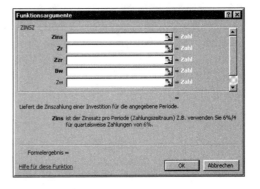

- *Zins* steht für den Zinssatz pro Periode. In dem vorliegenden Beispiel also 7 %. Tragen Sie 7 % ein. Dabei dürfen Sie das Prozentzeichen nicht vergessen. Wenn Sie eine monatliche Zinsermittlung durchführen, müssen Sie an dieser Stelle durch 12 dividieren.
- Unter *Zr* wird die Periode eingetragen, für die Sie den Zinsbetrag berechnen möchten. Wenn Sie also beispielsweise die Höhe der Zinsen für den ersten Monat ermitteln möchten, tragen Sie die Ziffer 1 ein.
- *Zzr* gibt an, über wie viele Perioden Zahlungen zu leisten sind oder, anders ausgedrückt, man kann hier die Laufzeit des Darlehns eintragen. Wenn Sie sich für eine monatliche Zinsermittlung entscheiden, lautet die Eingabe 60 (5 Jahre mit je 12 Monaten).
- Unter *Bw* trägt man den Barwert oder den aktuellen Gesamtwert einer Reihe zukünftiger Zahlungen ein. Wenn Sie heute einen Kredit von 50.000 € aufnehmen, entspricht dies dem Barwert.

- *Zw* ist der zukünftige Wert (Endwert) oder der Kassenbestand, den Sie nach der letzten Zahlung anstreben. Die Eingabe des Arguments *Zw* ist nicht zwingend erforderlich. Fehlt *Zw*, so unterstellt Excel den Wert 0. Bezogen auf unser Beispiel bedeutet dies, dass das Darlehn am Ende der Laufzeit abgezahlt ist. Davon wollen wir auch im aktuellen Beispiel ausgehen.

- *F* steht für Fälligkeit und kann den Wert 0 oder 1 annehmen. Hier wird angegeben, wann Zahlungen fällig sind. Auch die Eingabe dieses Arguments kann unterbleiben. Excel setzt dann wiederum den Wert 0 an. Der Wert 0 steht für die Fälligkeit der Zahlungen am Ende einer Periode. Die 1 ist einzusetzen, wenn die Zahlung am Anfang einer Periode zu leisten ist.

Wichtig bei dieser Funktion ist, dass Sie für *Zins* und *Zzr* unbedingt zueinander passende Zeiteinheiten verwenden müssen. Das heißt, wenn Sie die Zinshöhe für den ersten Monat ermitteln möchten, müssen Sie die Eintragung des Zinssatzes durch 12 dividieren und dementsprechend als Zeitraum *Zzr* 60 Monate bei einer fünfjährigen Laufzeit eingeben (5 Jahre multipliziert mit der Anzahl der Monate). Möchten Sie hingegen für den gleichen Kredit jährliche Zahlungen leisten und die Zinsbelastung für das erste Jahr errechnen, tragen Sie für Zinsen 0,07 und für den Zeitraum die Ziffer 5 ein.

6. Tragen Sie nun die Eingaben in die entsprechenden Felder des Dialogfeldes *ZINSZ* ein. Vergleichen Sie diese mit der nebenstehenden Abbildung. In die einzelnen Eingabefelder gelangen Sie wahlweise mit der Maus oder der Tabulatortaste.

7. Verlassen Sie das Dialogfeld, indem Sie die ⏎-Taste drücken oder auf *OK* klicken.

Das Ergebnis lautet –291,67 €.

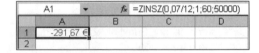

Hinweis: Wollen Sie das Ergebnis für den letzten Monat des letzten Jahres wissen, ersetzen Sie die Ziffer 1 im Feld *Zr* durch die Ziffer 60. Für den letzten Monat des letzten Jahres beträgt die Höhe der Zinsen nur noch 5,74 €. Auf entsprechende Weise können Sie die Zinsbelastung für jeden einzelnen Monat ermitteln.

In dem Beispiel wurde das Zahlenmaterial direkt in die Felder des Funktions-Assistenten eingetragen. Selbstverständlich können Sie die erforderlichen Daten auch in Ihr Arbeitsblatt eintragen und dann auf die entsprechenden Zellen zurückgreifen.

Die Funktion HEUTE

Abschließend zu den Ausführungen zu Excel und den Funktionen, stellen wir Ihnen nachfolgend eine Funktion vor, für die Sie kein Argument benötigen. Dabei handelt es sich um die Funktion *HEUTE*, die das aktuelle Tagesdatum liefert.

1. Platzieren Sie den Cursor in die Zelle A2 von Tabelle 2.
2. Rufen Sie den Funktions-Assistenten auf. Dazu drücken Sie die Tastenkombination ⇧ + F3. Dies ist eine weitere Möglichkeit, in das Dialogfeld *Funktion einfügen* zu gelangen.

3. Unter *Kategorie auswählen* entscheiden Sie sich für *Datum & Zeit*.
4. Wählen Sie innerhalb der *Datums- und Zeitfunktionen* aus der Liste unter *Funktion auswählen* den Eintrag *HEUTE*.
5. Klicken Sie auf *OK*. Es öffnet sich die zweite Dialogbox des Funktions-Assistenten.
6. Klicken Sie auf *OK* oder drücken Sie die ↵-Taste, da keine Eingaben erforderlich sind.

Als Ergebnis erhalten Sie das aktuelle Tagesdatum. Schneller geht es natürlich, wenn Sie direkt in die Zelle die Syntax der Funktion schreiben. Dazu geben Sie die Zeichenfolge `=Heute()` ein.

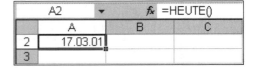

> **Hinweis:** Die Funktion *JETZT* liefert neben dem aktuellen Tagesdatum auch die aktuelle Uhrzeit.

11.12 Tastenkombinationen

Taste(n)	Aktion
Strg + N	Eine neue Arbeitsmappe anlegen
Strg + O	Eine vorhandene Arbeitsmappe öffnen
Strg + P	Ein aktuelles oder markiertes Objekt drucken

Taste(n)	Aktion
Strg + S	Eine Arbeitsmappe speichern
⇧ + F12	Eine Arbeitsmappe speichern
F12	Das Dialogfeld *Speichern unter* öffnen
Alt + F4	Excel beenden
←	Löschen des Zeichens links von der Einfügemarke oder Löschen einer Markierung
Entf	Löschen des Zeichens rechts von der Einfügemarke oder Löschen einer Markierung
Strg + +	Eine neue Zeile einfügen
Strg + linke Maustaste	Mehrfachmarkierung
F4	Wiederholen der letzten Aktion
Esc	Aktion abbrechen
Strg + ⇧ + F	Fett formatieren
⇧ + F3	Funktions-Assistenten aufrufen

Zusammenfassung

✓ Wenn es um die Arbeit mit Zahlen geht, werden Tabellenkalkulationsprogramme wie Microsoft Excel eingesetzt.

✓ Ein Tabellenblatt gleicht kariertem Papier und setzt sich aus Spalten und Zeilen zusammen, die sich in der Zelle schneiden. Die erste Zelle einer Tabelle ist durch die Koordinate A1 gekennzeichnet, die Zelle darunter mit A2.

✓ Daten können Sie nur in eine aktive Zelle eingeben. Eine aktive Zelle erkennen Sie an der schwarzen Umrandung. Aktivieren können Sie eine Zelle durch einen Klick mit der linken Maustaste.

✓ Um Zellen auszufüllen oder zu kopieren, bewegen Sie den Mauszeiger in die rechte untere Ecke, bis er die Form eines kleinen schwarzen Kreuzes annimmt. Drücken Sie die linke Maustaste und ziehen Sie die Markierung in die gewünschte Richtung.

✓ Um die Spaltenbreite optimal einzustellen, führen Sie einen Doppelklick auf der Spaltenbegrenzungslinie aus.

✓ Mit der Tastenkombination Strg + + fügen Sie eine neue Zeile in Ihr Tabellenarbeitsblatt ein.

✓ Durch einen Klick auf die Schaltfläche *AutoSumme* aus der *Standard*-Symbolleiste können Zahlen addiert werden. Excel prüft ab der aktiven Zelle den nächsten zusammenhängenden Bereich von Zahlen und schlägt diesen für die Addition vor.

Zusammenfassung

- Excel arbeitet standardmäßig mit relativen Zellbezügen. Das bedeutet, dass Formeln automatisch an die neue Position angepasst werden. Wenn Sie die Koordinaten einer Zelle mit dem Dollarzeichen absolut setzen, spricht man von absoluten Zellbezügen. Die Unterschiede zwischen absoluten und relativen Zellbezügen zeigen sich beim Kopieren und Verschieben von Formeln in eine andere Zelle.

- Formeln werden in Excel mit einem Gleichheitszeichen eingeleitet.

- Wie in Word können Sie auch in Excel Formatierungen über die entsprechenden Schaltflächen zuweisen.

- Mehrfachmarkierungen können Sie durchführen, indem Sie die Taste [Strg] gemeinsam mit der linken Maustaste drücken.

- Um Zellbereiche zu umranden, wählen Sie im *Format*-Menü den Eintrag *Zellen* und stellen auf der Registerkarte *Rahmen* die entsprechenden Formatierungen ein.

- Mit Hilfe der Funktionstaste [F4] wiederholen Sie die letzte durchgeführte Aktion.

- Die Gitternetzlinien können Sie auf der Registerkarte *Ansicht* unter *Extras / Optionen* ausblenden.

- Um eine Registerlasche umzubenennen, führen Sie einen Doppelklick auf dieser aus und überschreiben den ursprünglichen Namen.

- Um Ihre Datei zu speichern, klicken Sie auf das Disketten-Symbol. Geben Sie in die Dialogbox *Speichern unter* den Dateinamen ein und klicken Sie anschließend auf die Schaltfläche *Speichern*.

- Um eine Tabelle im Querformat zu drucken, rufen Sie im *Datei*-Menü den Eintrag *Seite einrichten* auf. In der folgenden Dialogbox klicken Sie die Option *Querformat* an.

- Die Seitenränder können Sie auf der Registerkarte *Seitenränder* und in der Seitenansicht einstellen.

- Im Dialogfeld *Drucken* können Sie unter anderem die Anzahl der zu druckenden Exemplare oder Seiten festlegen.

- Ein Diagramm können Sie mit Hilfe des Diagramm-Assistenten erstellen. Diesen erreichen Sie über die entsprechende Schaltfläche in der *Standard*-Symbolleiste. Von dort folgen Sie den Anweisungen des Assistenten. In einem Diagramm können Sie jederzeit nachträglich Änderungen durchführen.

- Eine Arbeitsmappe wird über den Befehl *Schließen* aus dem Menü *Datei* geschlossen. Um Excel zu beenden, wählen Sie den Befehl *Beenden* im Menü *Datei*.

- Eine Funktion ist vergleichbar mit einer vordefinierten Formel.

- Über den Befehl *Funktion* im Menü *Einfügen* gelangen Sie in den ersten Schritt des Funktions-Assistenten, der den Anwender beim Umgang mit Funktionen unterstützt.

Zusammenfassung

- Anstatt mit dem Funktions-Assistenten zu arbeiten, können Sie eine Funktion auch direkt mit allen Angaben in die Zelle eintragen.

- Beim Einsatz von Funktionen ist darauf zu achten, dass Sie sich genau an die Vorgaben hinsichtlich des Aufbaus und der Schreibweise einer Funktion halten.

- Damit Sie sich innerhalb der zahlreichen unterschiedlichen Funktionen zurechtfinden, werden diese in Excel in so genannte Funktionskategorien unterteilt.

- In Excel gibt es finanzmathematische Funktionen, Datums- und Zeitfunktionen, mathematische & trigonometrische Funktionen, Matrix-, statistische, Text-, Datenbank-, logische und Informationsfunktionen. Darüber hinaus gibt es die Kategorien *Alle* und *Zuletzt verwendet*.

- Zinsbeträge können Sie mit Hilfe der Funktion *ZINSZ* ermitteln. Diese liefert die Zinszahlung beispielsweise eines Darlehns. Der Betrag wird immer für eine bestimmte von Ihnen anzugebende Periode ermittelt.

- Zahlen und Argumente können Sie entweder direkt in die Felder des Funktions-Assistenten eintragen oder die Informationen aus den Zellen des Tabellenarbeitsblattes holen.

- Die Funktion *HEUTE()* gibt das aktuelle Tagesdatum wieder. Sie benötigt keine Argumente.

Übungen

1. Wie ist ein Tabellenarbeitsblatt eingeteilt?

2. Was ist der Unterschied zwischen relativen und absoluten Zellbezügen?

3. Auf welche Weise können Sie die Gitternetzlinien ausblenden?

Die Aufgaben 4 bis 11 bilden einen Aufgabenkomplex.

4. Starten Sie Excel. Legen Sie einen Ordner mit dem Namen *Excel-Übungen* an.

5. Geben Sie die Daten der folgenden Abbildung in ein leeres Tabellenarbeitsblatt ein.

	A	B	C	D	E	F
1	Urlaubsübersicht					
2	Name	Rest Vorjahr	Jahresurlaub	Gesamt	verbrauchte Tage	verbleibende Tage
3	Anger	3	28	31	12	19
4	Fronau	10	30	40	28	12
5	Hahn	0	28	28	14	14
6	Jakobs	1	28	29	13	16
7	Meyer	2	28	30	12	18
8	Pauls	0	28	28	11	17

Übungen

6. Speichern Sie die Eingaben im Ordner *Excelübungen* unter dem Namen *Excel_1.xls*.

7. Berechnen Sie den Gesamturlaub als Addition des Vorjahres- und Jahresurlaubs.

8. Ermitteln Sie die verbleibenden Urlaubstage aus der Differenz zwischen den gesamten und verbrauchten Urlaubstagen. Das Minuszeichen ist der Trennstrich auf Ihrer Tastatur. Alternativ können Sie auch das Minuszeichen des numerischen Blocks verwenden.

9. Formatieren Sie die Tabelle im *AutoFormat*. Verwenden Sie das Format *Standard 3*.

10. Speichern Sie die Veränderungen an der Tabelle.

11. Schließen Sie die Arbeitsmappe.

Die Aufgaben 12 bis 23 bilden einen Aufgabenkomplex.

12. Rufen Sie eine neue Arbeitsmappe auf und tragen Sie dort folgende Daten ein:

	A	B	C	D
1	Gewinnermittlung			
2				
3	Artikel	Umsatz	Kosten	Gewinn
4	A17-12	254369	201456	
5	B89-11	589654	412365	
6	C44-33	123456	89145	
7	D78-54	789258	714696	
8	Gesamt			

Ermitteln Sie den Gewinn als Differenz zwischen Umsatz und Kosten.

13. Addieren Sie die Werte der einzelnen Spalten in der Zeile *Gesamt*.

14. Formatieren Sie in einem Arbeitsgang die Bereiche A3 bis D3, A4 bis A8 und B8 bis D8 fett.

15. Die Zahlen sollen im Währungsformat formatiert werden.

16. Blenden Sie die Gitternetzlinien aus.

Übungen

17. Die Gewinnanteile der einzelnen Artikel sollen als Kreis-Diagramm (*Kreis explodiert, 3D*) dargestellt werden. Prüfen Sie, ob in Schritt 2 der Datenbereich von D4 bis D7 angezeigt wird. Korrigieren Sie gegebenenfalls die Werte. Das Diagramm soll den Diagrammtitel *Gewinnanteile* erhalten und auf einem neuen Arbeitsblatt mit dem Namen *Gewinnanteil* erscheinen. Vergleichen Sie hierzu die folgende Abbildung:

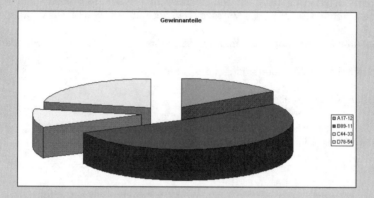

18. Formatieren Sie den Diagrammtitel in einer Schriftgröße von 16 und umranden Sie ihn.

19. Drucken Sie das Diagramm.

20. Nennen Sie das Arbeitsblatt *Tabelle1*, das die Zahlen enthält, *Gewinnermittlung*.

21. Speichern Sie die Arbeitsmappe unter dem Namen *Excel_2.xls* in Ihrem Ordner *Excelübungen*.

22. Schließen Sie die Arbeitsmappe und verlassen Sie Excel.

23. Geben Sie in ein leeres Tabellenarbeitsblatt die Werte unserer folgenden Abbildung ein und berechnen Sie in Zelle A10 den Mittelwert.

	A
1	50
2	12
3	60
4	70
5	8
6	9
7	123
8	8
9	2

Übungen

24. Tragen Sie in die Zelle A1 eines leeren Tabellenarbeitsblattes das aktuelle Tagesdatum mit Hilfe der Funktion *HEUTE* ein. Geben Sie in B1 das Datum 01.01.2001 ein. Ermitteln Sie in C1 die Differenz zwischen dem 01.01.2001 und dem aktuellen Tagesdatum.

25. Berechnen Sie die Zinsen für den letzten Monats eines Darlehns mit folgenden Konditionen:

- Kredithöhe: 30.000,00 €
- Laufzeit: 10 Jahre
- Zinssatz: 6,75 %.

26. Wie hoch sind die Zinsen für das Darlehn der vorangegangenen Aufgabe für die einzelnen Jahre?

27. Worauf müssen Sie im Zusammenhang mit dem Aufbau von Excel-Funktionen achten?

28. Welche Funktionskategorien unterscheidet Excel?

29. Welche Funktionen finden Sie in der Kategorie *Datum & Zeit*?

30. Für welche Art der Berechnungen werden Funktionen der Kategorie *Finanzmathematik* benötigt?

31. Versuchen Sie herauszufinden, zu welcher Funktionskategorie folgende Funktionen gehören:

- AUSZAHLUNG
- MINUTE
- ABRUNDEN
- ANZAHL
- ZÄHLENWENN
- SVERWEIS
- DBSUMME
- LÄNGE
- IDENTISCH
- UND
- WENN
- ISTLEER

Die Lösungen zu diesen Aufgaben finden Sie im Anhang des Co@ches.

Modul 12

Das Präsentationsprogramm Microsoft PowerPoint

Lernen Sie

- PowerPoint zu starten
- das Erstellen einer neuen Präsentation
- unterschiedliche Folienlayouts kennen
- eine vorbereitete Folie zu bearbeiten
- ClipArts in eine Folie einzufügen und zu bearbeiten
- die Foliensortieransicht kennen
- die Reihenfolge der Folien zu verändern
- eine Bildschirmshow ablaufen zu lassen
- Folien Übergangseffekte zuzuweisen
- eine Präsentation zu speichern und zu schließen
- PowerPoint zu verlassen

Mit einem Präsentationsprogramm wie *PowerPoint* können Sie mehrseitige Präsentationen erstellen, die Sie zum Beispiel begleitend zu einem Vortrag zeigen möchten. Kernaussagen und wichtige Informationen können Sie mit Hilfe von PowerPoint auf den Punkt bringen und übersichtlich, schnell und präzise darstellen. Dabei können Sie Informationen nicht nur strukturieren, sondern auch optisch anschaulich präsentieren. In diesem Modul lernen Sie den Umgang mit dem Programm PowerPoint kennen, das wie Word, Excel und Access zur Office-Familie gehört, indem Sie eine Bildschirmpräsentation anfertigen.

12.1 PowerPoint starten

1. Klicken Sie mit der linken Maustaste auf die *Start*-Schaltfläche von Windows. Dort zeigen Sie auf das Untermenü *Programme*. Automatisch öffnet sich ein Untermenü, in dem Sie *Microsoft PowerPoint* durch Anklicken mit der linken Maustaste auswählen.

Nach dem Start von PowerPoint erscheint das Programmfenster, das je nach Einstellung unter anderem von Ihrem Bildschirm abweichen kann.

Mit dem Präsentationsprogramm PowerPoint können Sie mehrseitige Präsentationen erstellen. Die einzelnen Seiten bilden dabei die Folien. Das Programmfenster von PowerPoint in unserer Abbildung zeigt die erste und bislang einzige Folie. Die Anzahl der vorhandenen Folien können Sie am linken Bildschirmrand erkennen.

Hinweis: Bevor Sie die Präsentation erstellen, sollten Sie sich darüber im Klaren sein, was das Objekt der Präsentation ist und warum Sie es präsentieren wollen. Überlegen Sie sich, wie die Präsentation erfolgen soll und an welche Zielgruppe Sie sich richten. Deshalb sollten Sie mit einem Präsentationskonzept arbeiten.

12.2 Eine neue Präsentation erstellen

Stellen Sie sich vor, dass Sie bereits ein Konzept für Ihre Präsentation ausgearbeitet haben. Sie wissen also, auf welcher Folie Sie was darstellen wollen. Nun soll es an die praktische Umsetzung gehen.

1. Klicken Sie in der *Format*-Symbolleiste auf die Schaltfläche *Foliendesign*.

Der PowerPoint-Bildschirm ändert sich wie in der nebenstehenden Abbildung ersichtlich.

Im rechten Teil des Bildschirmfensters erscheint eine Auswahlmöglichkeit an Entwurfsvorlagen. Dabei handelt es sich um vordefinierte Layouts für die Folien.

2. Entscheiden Sie sich unter *Zur Verwendung vorhanden* für *Beam.pot*. Dazu bewegen Sie sich mit Hilfe der Bildlaufleiste zu den weiter unten aufgeführten Auswahlvarianten und klicken diese an. Sobald Sie ein Design markiert haben, nimmt die aktuelle Folie das Design an. Falls *Beam.pot* bei Ihnen nicht installiert sein sollte, wählen Sie eine andere Vorlage.

3. Klicken Sie in das Feld *Titel durch Klicken hinzufügen* und tragen Sie dann den Titel der Präsentation Der Weg zum Wohneigentum ein.

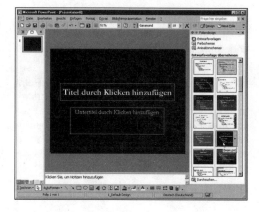

4. Anschließend klicken Sie in *Untertitel durch Klicken hinzufügen* und tragen dort Hausbau und Immobilienkauf ein. Wenn Sie anschließend außerhalb des Eingabebereichs klicken, erhalten Sie nebenstehende Folie.
Die erste Folie ist fertig. Sie können die nächste Folie in Angriff nehmen.

5. Wählen Sie im Menü *Einfügen* den Befehl *Neue Folie*. PowerPoint fügt eine weitere Folie ein. Im linken Bildschirmbereich wird angezeigt, dass zwei Folien vorhanden sind. PowerPoint nimmt dabei standardmäßig das zweite Layout in der zweiten Reihe aus dem Bereich *Textlayouts*. Es handelt sich dabei um den Typ *Text*. Das ist genau die Art von Folie, die Sie für die nächsten Schritte benötigen.

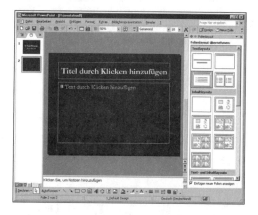

6. Geben Sie unter *Titel durch Klicken hinzufügen* den Text Die Kunst der Baufinanzierung ein.

7. Vervollständigen Sie die Folie wie in der nebenstehenden Abbildung. Mit Hilfe der ⏎-Taste gelangen Sie jeweils eine Zeile tiefer. Die Aufzählungszeichen setzt PowerPoint automatisch für Sie.

8. Rufen Sie über *Einfügen / Neue Folie* eine weitere Folie auf. Auch dieser Folie wird automatisch der Typ *Text* zugewiesen.

9. Erfassen Sie den Text der nebenstehenden Abbildung auf der neu erstellten Folie.

10. Richten Sie auf die eben beschriebene Art und Weise noch eine weitere Folie ein. Vergleichen Sie auch hierzu den Ausschnitt in der nebenstehenden Abbildung.

12.3 Eine Folie mit ClipArt

Als Nächstes soll der Folie eine kleine Grafik hinzugefügt werden. Zu diesem Zweck benötigen Sie ein Layout mit einem Platzhalter für ClipArts. Die Vorgehensweise unterscheidet sich zunächst nicht von den bereits vorgestellten Arbeitsschritten.

1. Wählen Sie im Menü *Einfügen* den Befehl *Neue Folie*. Die Folie erhält wie zuvor den Typ *Text*. Sie müssen jetzt dafür sorgen, dass der Folie ein anderer Typ zugewiesen wird.

2. Schauen Sie sich mit Hilfe der Bildlaufleiste oder des Bewegungspfeils der Bildlaufleiste die Auswahl unter *Folienlayout übernehmen* einmal genauer an.
   Sie werden feststellen, dass der Bereich in unterschiedliche Kategorien aufgeteilt ist. Unter anderem stehen die Bereiche *Text- und Inhaltlayouts* sowie *Andere Layouts* zur Verfügung. Sobald Sie mit der Maus auf eines der kleinen Vorschaubilder zeigen, erhält dieses einen Listenpfeil.

3. Zeigen Sie mit der Maus auf die erste Layoutvariante unter *Andere Layouts*. PowerPoint blendet einen kleinen Listenpfeil ein.

4. Klicken Sie auf den Listenpfeil. Sie erhalten ein Auswahlmenü.
5. Dort klicken Sie auf *Für ausgewählte Folien übernehmen*.

   Das Layout der aktuellen Folie wird sofort angepasst. Die Bearbeitungsweise dieses Layouts unterscheidet sich im Prinzip nicht von den bereits vorgestellten Schritten.

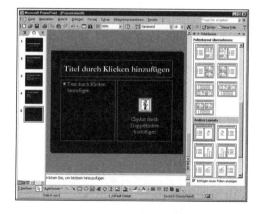

6. Geben Sie zunächst die Texte der nebenstehenden Abbildung ein.

   Damit Sie hinter dem Gedankenstrich nach *Der Fachmann mauert* einen Zeilenumbruch erhalten, drücken Sie die Tastenkombination ⇧ + ↵. Damit Sie den Text *Das Beweissicherungsverfahren* über zwei Zeilen verteilt schreiben können, verfahren Sie entsprechend.

7. Führen Sie einen Doppelklick auf der kleinen symbolischen Grafik über dem Text *ClipArt durch Doppelklicken hinzufügen* aus.

PowerPoint ruft das Dialogfeld *Bild auswählen* auf. Dort sehen Sie verschiedene ClipArts. Wenn Sie einen Bildlauf durchführen, können Sie die Auswahl erweitern und sich das gewünschte Bild aussuchen. Es besteht aber auch die Möglichkeit, mit einem Suchbegriff zu arbeiten und auf diese Weise unter Umständen ein passendes ClipArt zu finden. Diese Vorgehensweise wollen wir Ihnen nachfolgend vorstellen.

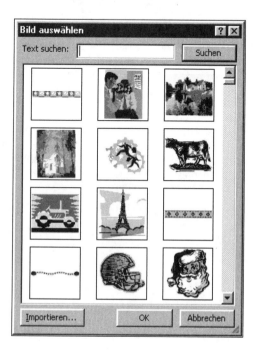

Grundlagen PC & DV

8. Tragen Sie in das Feld *Text suchen* den Begriff Mauer ein und klicken Sie auf die Schaltfläche *Suchen*. Das oder die entsprechenden ClipArts werden gezeigt. Im aktuellen Beispiel wird lediglich ein ClipArt angeboten.

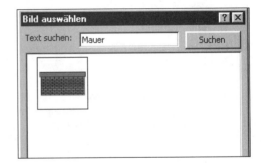

Hinweis: Falls bei Ihnen nicht alle ClipArts installiert sein sollten, verwenden Sie ein anderes Bild.

9. Klicken Sie auf *OK*. Die Mauer wird auf Ihrer Folie abgebildet.

10. Wenn Sie den Mauszeiger auf einen der Ziehpunkte bewegen, nimmt er die Form eines Doppelpfeils an. Wenn Sie den Mauszeiger mit gedrückter linker Maustaste ziehen, können Sie, je nachdem, welchen Punkt Sie anfassen, das eingefügte Bild vergrößern oder verkleinern. Vergrößern Sie in der Folie die Mauer.
Bei der Größenänderung von ClipArts kann es zu Verzerrungen beziehungsweise Stauchungen kommen.

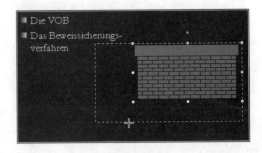

11. Sobald Sie außerhalb des Rahmens klicken, verschwinden die Markierungspunkte.

12.4 Unterschiedliche Ansichten

Für die Ansicht der Folien und eine Übersicht gibt es unterschiedliche Ansichten. In der nebenstehenden Abbildung sehen Sie die Normalansicht mit den verkleinerten Folien im linken Bildschirmbereich.

Diese Ansicht können Sie über die Register unterhalb der Symbolleisten ändern.

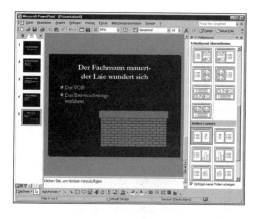

1. Durch einen Klick auf das Register *Gliederung*, schalten Sie in die nebenstehende Ansicht um.

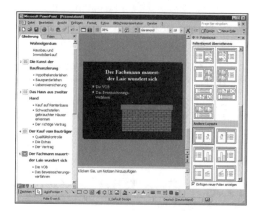

2. Wenn Sie nur die Folie sehen möchten, klicken Sie auf die Schaltfläche *Schließen*.

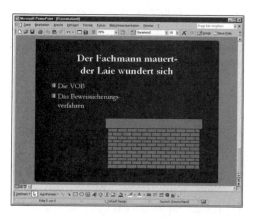

12.5 Die Ansicht Foliensortierung

Eine weitere Ansicht ist die Foliensortierungsansicht.

1. Wenn Sie alle Folien auf einen Blick sehen möchten, wählen Sie den Eintrag *Foliensortierung* im Menü *Ansicht* oder klicken in der Statusleiste am unteren Bildschirmrand das Symbol *Foliensortierung* an.

In der Foliensortierungsansicht werden alle Folien verkleinert angezeigt. Auf diese Weise erhalten Sie einen guten Überblick über alle erstellten Folien. Außerdem haben Sie hier die Möglichkeit, einzelne Folien auszublenden. Durch einen Doppelklick auf eine Folie wechseln Sie wieder zurück zur Folienansicht.

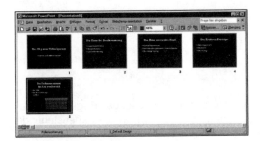

Wenn Sie die Reihenfolge der Folien ändern wollen, gehen Sie folgendermaßen vor:

2. Um die Folie mit dem Titel *Der Kauf vom Bauträger* umzuordnen, klicken Sie diese an. Der Mauszeiger nimmt die Form einer kleinen Folie an. Halten Sie den Mauszeiger gedrückt.

3. Ziehen Sie den Mauszeiger vor die Folie mit dem Titel *Das Haus aus zweiter Hand*. Dort erscheint ein senkrechter Strich. Lassen Sie die Maustaste los. Die verschobene Folie befindet sich an ihrer neuen Position.

12.6 Eine Bildschirmpräsentation

Eine Möglichkeit, eine Präsentation anzusehen, ist die Bildschirmpräsentation.

Eine Bildschirmpräsentation ist eine seitenweise strukturierte, anschauliche Darstellung von wichtigen Informationen. Bei der Bildschirmpräsentation sind alle Bildschirmelemente von PowerPoint ausgeblendet. Die Folien nehmen den gesamten Bildschirm ein.

1. Führen Sie in der Foliensortieransicht einen Doppelklick auf der ersten Folie aus. PowerPoint schaltet in die Folienansicht zurück und aktiviert automatisch die angeklickte Folie.

2. Wählen Sie im Menü *Bildschirmpräsentation* den Eintrag *Bildschirmpräsentation vorführen*. Es werden alle Leisten ausgeblendet. PowerPoint benutzt den kompletten Bildschirm zur Darstellung der Folie.

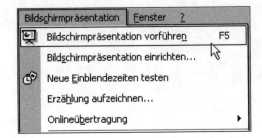

3. Klicken Sie mit der linken Maustaste. Die nächste Folie wird eingeblendet.

4. Fahren Sie fort, bis Sie einen Hinweis auf das Ende der Bildschirmpräsentation erhalten.

> Ende der Bildschirmpräsentation. Zum Beenden klicken.

Auch mit Hilfe der Tasten ⏎ und Bild↓ zeigen Sie die nächste Folie an. Mit der Taste Bild↑ blättern Sie eine Folie zurück. Mit Esc können Sie die Präsentation unterbrechen.

> **Hinweis:** Präsentationen können unter Einsatz unterschiedlicher Medien wie zum Beispiel Tischvorlagen, Trailer, Overhead-Folien oder Prospekte vorgeführt werden.

12.7 Folienübergang

Um eine Bildschirmpräsentation noch attraktiver zu machen, können Sie beim Übergang von einer Folie zur nächsten spezielle Übergangseffekte erzeugen.

1. Schalten Sie mit Hilfe der entsprechenden Schaltfläche aus der Statusleiste in die Foliensortieransicht um.
2. Klicken Sie die erste Folie an.

3. Wählen Sie den Eintrag *Folienübergang* im Menü *Bildschirmpräsentation* oder klicken Sie die Schaltfläche *Folienübergang* in der Symbolleiste an.

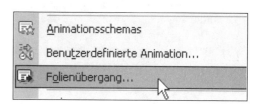

Im rechten Bildschirmbereich wird der Dialog *Folienübergang* aufgerufen. Er ist ähnlich strukturiert wie die Auswahlvarianten zur Serienbrieffunktion, die Sie im Zusammenhang mit Microsoft Word kennen gelernt haben.

4. Klicken Sie im Bereich *Für ausgewählte Folien übernehmen* auf den Eintrag *Vertikal blenden*. Dadurch erhalten Sie später in der fertigen Bildschirmpräsentation einen bestimmten Effekt beim Einblenden der Folie. Wie der Name besagt, wird diese vertikal eingeblendet. Der Effekt wird unmittelbar nach dem Anklicken an der markierten Folie vorgeführt.

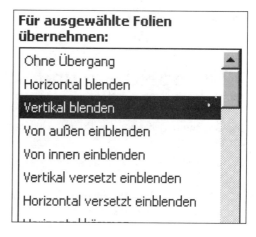

5. Öffnen Sie im Bereich *Geschwindigkeit* die Liste durch einen Klick auf den Pfeil neben *Schnell* und wählen Sie aus der Liste den Eintrag *Langsam*.

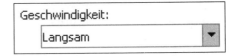

Eben mussten Sie die nächste Folie durch einen Mausklick oder eine Taste aufrufen. Es besteht die Möglichkeit, die folgende Folie automatisch nach einer bestimmten Zeit einzublenden. Deaktivieren Sie zu diesem Zweck das Kontrollkästchen *Bei Mausklick* im Bereich *Nächste Folie*, indem Sie es mit der linken Maustaste anklicken. Das Häkchen verschwindet.

6. Aktivieren Sie das Kontrollkästchen *Automatisch nach* und tragen Sie 00:08 in das Zeitfeld ein.

7. Deaktivieren Sie das Kontrollkästchen *Bei Mausklick*. Das heißt, entfernen Sie das Häkchen.

8. Klicken Sie jetzt auf die Schaltfläche *Für alle Folien übernehmen*.

   Auf diese Weise erreichen Sie, dass die getroffenen Einstellungen für alle Folien gelten. Die Folien werden in der Foliensortierungsansicht gekennzeichnet, so dass Sie auf einen Blick erkennen können, dass den Folien ein Übergang zugewiesen wurde.

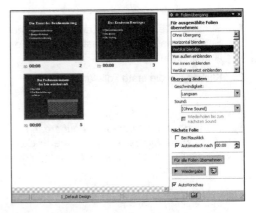

9. Klicken Sie *Bildschirmpräsentation vorführen* im Menü *Bildschirmpräsentation* an. Jetzt können Sie sich zurücklehnen und die Präsentation ablaufen lassen.

10. Wenn Sie die Show unterbrechen möchten, drücken Sie die [Esc]-Taste.

12.8 Speichern und Schließen

Das Speichern, Schließen und Beenden funktioniert in PowerPoint wie in den anderen Programmen der Office-Familie.

1. Um eine Präsentation zu speichern, klicken Sie das *Disketten*-Symbol in der *Standard*-Symbolleiste an.

2. Sie gelangen in die Dialogbox *Speichern unter*. Unter *Speichern in* wählen Sie den gewünschten Ordner aus. Verwenden Sie den Ordner *Coach*.

3. Tragen Sie in dem vorgesehenen Feld den Dateinamen ein. Verwenden Sie hier Beispiel_PowerPoint. Die Dateinamenendung wird wie gewohnt automatisch übernommen.

4. Klicken Sie die Schaltfläche *Speichern* an.

5. Sie schließen eine Präsentation über den Befehl *Datei / Schließen*.

6. Verlassen Sie PowerPoint über *Datei / Beenden*.

12.9 Tastenkombinationen

Taste(n)	Aktion
⏎	In der Bildschirmpräsentation die nächste Folie anzeigen
Bild↓	In der Bildschirmpräsentation die nächste Folie anzeigen
Bild↑	In der Bildschirmpräsentation eine Folie zurückblättern
Esc	Eine Bildschirmpräsentation unterbrechen
Strg + A	Alle Objekte in der Folienansicht, alle Folien in der Foliensortieransicht und den gesamten Text in der Gliederungsansicht markieren
F5	Bildschirmpräsentation vorführen
Strg + M	Neue Folie einfügen

Zusammenfassung

✓ Präsentationen sollen Kernaussagen und wichtige Informationen auf anschauliche Weise auf den Punkt bringen.

✓ Für neue Folien stehen verschiedene Layouts für unterschiedliche Zwecke zur Verfügung. Auf den Folien selber können Sie die Texte in den dafür vorgesehenen Bereichen eintragen.

✓ Wenn Sie Ihre Aussage grafisch untermauern wollen, wählen Sie eine Folie, die das Einbinden von ClipArts vorsieht.

✓ In PowerPoint stehen diverse Ansichten zur Verfügung. In der Foliensortieransicht werden alle Folien verkleinert angezeigt. Auf diese Weise erhalten Sie einen guten Überblick über alle erstellten Folien. Außerdem können Sie hier die Reihenfolge der Folien verändern.

Zusammenfassung

- Mit Hilfe der Bildschirmpräsentation können Sie alle Folien nacheinander vorführen. Alle Bildschirmelemente werden dabei ausgeblendet.

- Den Übergang von einer Folie zur nächsten können Sie mit interessanten Effekten gestalten. Außerdem können Sie das Wechseln der Folien automatisieren.

- Das Speichern, Schließen und Beenden funktioniert in PowerPoint wie in den anderen Programmen der Office-Familie.

Übungen

1. Für welche Zwecke wird ein Präsentationsprogramm wie PowerPoint eingesetzt?

2. Wie können Sie eine neue Folie in Ihre Präsentation einfügen?

3. Wie können Größenänderungen an einem ClipArt auf einer Folie durchgeführt werden?

Die Aufgaben 4 bis 17 bilden einen Aufgabenkomplex.

4. Starten Sie PowerPoint und erstellen Sie eine neue Präsentation

5. Fügen Sie auf der Titelfolie den Titel PowerPoint und den Untertitel Professionell präsentieren ein.

6. Richten Sie eine weitere Folie vom Typ *Text* ein.

7. Tragen Sie als Titel Kernaussagen definieren ein. Als Aufzählungspunkte nehmen Sie

    - schnell
    - präzise
    - übersichtlich.

8. Erstellen Sie eine weitere Folie Ihrer Wahl mit einem ClipArt.

9. Schalten Sie in die Foliensortierungsansicht um. Richten Sie dort den Übergangseffekt *Von innen einblenden* für Ihre Folien ein.

10. Stellen Sie ein, dass bei der Bildschirmpräsentation die Folien automatisch in einem Abstand von 9 Sekunden wechseln.

11. Lassen Sie die Bildschirmpräsentation ablaufen.

12. Speichern Sie die Präsentation unter dem Namen *PowerPoint_1*.

Übungen

13. Schließen Sie die Präsentation.

14. Rufen Sie die Präsentation *PowerPoint_1* erneut auf und ändern Sie den Übergangseffekt der Folien auf *Von rechts überdecken*.

15. Formatieren Sie anschließend alle Folien in kursiver Schrift.

16. Speichern Sie die Änderungen.

17. Schließen Sie die Präsentation und verlassen Sie PowerPoint.

Die Lösungen zu diesen Aufgaben finden Sie im Anhang des Co@ches.

Modul 13

Das Datenbanksystem Microsoft Access

Mit einem Datenbanksystem arbeiten Sie immer dann, wenn es um die Verwaltung von umfangreichen Datenbeständen, wie zum Beispiel von Kundeninformationen oder Lagerbeständen, geht. In diesem Modul erhalten Sie einen Einblick in das Datenbankprogramm *Microsoft Access*, das wie Word und Excel zur Office-Familie gehört. Mit Hilfe von Access können Sie große Mengen an Informationen verwalten. Anhand eines Adressensystems erfahren Sie, wie ein einfaches Datenmodell aufgebaut ist und wie Sie damit arbeiten.

Lernen Sie

- ein neues Datenbankfenster aufzurufen
- eine Tabelle in der Datenblattansicht zu erstellen
- eine Tabelle in der Entwurfsansicht zu bearbeiten
- eine Datenbank zu schließen
- eine Datenbank zu öffnen
- eine vorhandene Tabelle zu bearbeiten
- mit Hilfe des Assistenten ein Formular zu erstellen
- Daten in der Formularansicht zu bearbeiten
- Abfragen zu erstellen
- Abfragen anzuzeigen und zu speichern
- Access zu beenden

13.1 Das Datenbankfenster

1. Bevor Sie den Access-Arbeitsplatz erreichen, müssen Sie Access starten. Dazu klicken Sie auf die *Start*-Schaltfläche in der Taskleiste. Zeigen Sie auf den Eintrag *Programme*. Windows öffnet automatisch das zugehörige Untermenü. Klicken Sie auf *Microsoft Access*.

2. Sie erhalten den Eingangsbildschirm von Access. Im rechten Bildschirmbereich wird die so genannte *Aufgabenleiste* eingeblendet. Dort müssen Sie sich entscheiden, ob Sie eine neue Datenbank erstellen oder eine vorhandene Datenbank öffnen möchten.

3. Wählen Sie in der rechten Bildschirmhälfte den Eintrag *Leere Datenbank*.

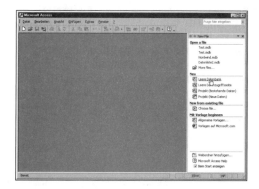

> **Hinweis:** Bei der Wahl der Option *Leere Datenbank* wird eine Datenbank bereitgestellt, in der keine Objekte vorhanden sind. Das heißt, Sie müssen alle Tabellen, Formulare usw. selber anlegen. Wenn Sie sich im Bereich *Mit Vorlage beginnen* für den Eintrag *Allgemeine Vorlagen* entscheiden, öffnet Access das Dialogfeld *Vorlagen*. Auf der Registerkarte *Datenbanken* stellt Access vordefinierte Datenbanken für unterschiedliche Zwecke zur Verfügung. Ein Assistent unterstützt Sie beim Aufruf dieser Vorlagen bei der Erstellung von Datenbanken.

4. Sie gelangen in das Dialogfeld *Neue Datenbankdatei*. Dort müssen Sie einen Namen für die neue Datei in dem vorgesehenen Feld *Dateiname* festlegen. Im Gegensatz zu den bislang behandelten Anwendungsprogrammen bestimmt Access an dieser Stelle den Zeitpunkt der Datensicherung.

5. Achten Sie darauf, dass Sie Ihre Datenbank im gewünschten Ordner, nämlich *Coach*, speichern. Überschreiben Sie den Vorschlag und tragen Sie `Beispiel_Access` ein.

6. Klicken Sie auf die Schaltfläche *Erstellen*. Sie gelangen in das Datenbankfenster. Wie in den übrigen Windows-Anwendungen finden Sie auch hier eine Titelleiste, eine Menüleiste und eine Symbolleiste.

7. Falls der Office-Assistent erscheint, können Sie ihn im Menü *?* ausblenden.

Eine Access-Datenbank kann aus mehreren zu einem Thema gehörenden Objekten bestehen. Das bedeutet, dass beispielsweise Daten, die in unterschiedlichen Tabellen aufgeführt werden sollen, zusammen abgespeichert werden können. Entsprechendes gilt für die verschiedenen Objekttypen.

Im Datenbankfenster können Sie in der linken Leiste zwischen unterschiedlichen Objekten wählen, in denen die einzelnen Datenbankkomponenten, je nach Objektart, abgelegt werden. Die Namen der Objekte lassen erkennen, um welche Art von Objekt es sich handelt.

Eine Access-Datenbank ist im Vergleich zu den Dateien, die Sie bislang kennen gelernt haben, ein größerer Komplex. Ein Datenbanksystem kann in Access aus vielen Tabellen, Abfragen, Formularen und Berichten bestehen. Jedes dieser so genannten Datenbankobjekte hat seine eigene spezielle Funktion. Die Tabelle zum Beispiel ist Ausgangspunkt für die Datenspeicherung.

13.2 Eine Datentabelle erstellen

Bevor Sie eine neue Datenbank anlegen, müssen Sie sich überlegen, welche Art von Daten Sie erfassen möchten und welche Voraussetzungen für die Eingabe dieser Daten geschaffen werden müssen. Hier soll nun eine kleine Tabelle mit dem Namen *Mitarbeiter* erstellt werden.

Wählen Sie, falls nötig, das Objekt *Tabellen* und klicken Sie im rechten Feld doppelt auf den Eintrag *Erstellt eine Tabelle in der Datenblattansicht*. Das ist der letzte der drei Einträge. Sie gelangen in die *Datenblattansicht*.

Die Datenblattansicht

Die Informationen werden in Access in Zeilen und Spalten organisiert. Die Zeilen der Tabelle entsprechen den so genannten Datensätzen, zum Beispiel den Adressen, die Spalten den Datenfeldern. Jede Spalte einer Tabelle hat eine Bezeichnung. Dabei handelt es sich um den Datenfeldnamen. Wenn in einer Adressendatenbank der Vorname erfasst wird, kann dieser Begriff als Datenfeldname fungieren. In der letzten Abbildung sehen Sie die Datenfeldnamen *Feld1*, *Feld2* und so weiter.

1. In das Datenblatt können Sie nun die ersten Daten eingeben. Positionieren Sie den Cursor in die Zelle unterhalb der Spaltenüberschrift *Feld1* und tragen Sie den Namen Möller ein.

2. Drücken Sie die ⇥ - oder ↵-Taste, um zum nebenstehenden Feld zu gelangen. Übernehmen Sie die weiteren Informationen aus der nebenstehenden Abbildung. Zwischen den Feldern können Sie sich aber auch mit Hilfe der Cursor-Tasten bewegen.

Feld1	Feld2	Feld3	Feld4	Feld5	Feld6
Möller	Inge	Augsburgerstr. 98	80000	München	089/124589
Kemper	Rolf	Gartenweg 12	50000	Köln	0221/754569
Stein	Günther	Meisenweg 20	40600	Düsseldorf	0211/85623
Buschmann	Sabine	Blumenkamp 7	80000	München	089/4569891

3. Um einen neuen Datensatz anzulegen, können Sie mit der linken Maustaste in die entsprechende Zelle klicken.

Zum Anlegen einer Tabelle muss mindestens ein Datensatz eingegeben werden.

Über den einzelnen Adressendaten finden Sie die Spaltenüberschriften *Feld1*, *Feld2* usw. Dabei handelt es sich um die von Access vorgeschlagenen Feldnamen. Da diese Bezeichnungen nicht sehr aussagekräftig sind, sollen diese nun geändert werden.

4. Führen Sie einen Doppelklick auf dem Feldnamen *Feld1* aus.

5. Überschreiben Sie den Eintrag mit Name. Drücken Sie die ↵-Taste.

   Wenn Sie sich verschreiben sollten, können Sie die Fehler mit Hilfe der Tasten ← und Entf beheben.

6. Entsprechend verfahren Sie mit der Bezeichnung *Feld2*. Geben Sie hier den Begriff Vorname ein.

7. Übernehmen Sie die übrigen Feldnamen aus der nebenstehenden Abbildung.

8. Speichern Sie die Tabelle durch einen Klick auf das *Disketten*-Symbol in der Symbolleiste.

9. Sie erhalten automatisch das Dialogfeld *Speichern unter*. Tragen Sie als Tabellennamen Mitarbeiter ein und bestätigen Sie Ihre Eingabe mit der ⏎-Taste oder klicken Sie auf die Schaltfläche *OK*.

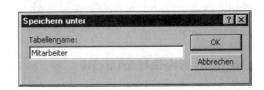

Sie erhalten einen Hinweis auf die Erstellung eines *Primärschlüssels*. Mit Primärschlüssel ist ein Feld gemeint, mit dessen Inhalt ein Datensatz eindeutig identifiziert werden kann.

Wenn Sie die Frage nach dem Primärschlüssel mit *Ja* beantworten, erstellt Access automatisch eine neue Spalte in Ihrer Tabellenstruktur.

10. Beantworten Sie diesen Hinweis mit einem Klick auf die Schaltfläche *Ja*.

Die Entwurfsansicht

Gerade haben Sie gelernt, wie Sie Daten in eine Tabelle eingeben und erfassen. Zu jeder Tabelle existiert zusätzlich zur Datenblattansicht eine Entwurfsansicht. Dort können Sie Felder hinzufügen, ändern und Feldeigenschaften festlegen.

In der Entwurfsansicht können Sie in der Tabelle nachträglich weitere Datenfelder hinzufügen oder die Feldformate ändern. Außerdem können Sie in dieser Ansicht die Eigenschaften zu den Datenfeldern in einer Tabelle festlegen.

1. Um zur Entwurfsansicht zu wechseln, wählen Sie den Eintrag *Entwurfsansicht* im Menü *Ansicht*. Neben den Feldnamen, die Sie selber festgelegt haben, finden Sie hier noch den Eintrag *ID*. Dies ist die Überschrift der neuen Spalte, die Access durch die Erstellung des Primärschlüssels eingerichtet hat. Dass es sich um ein Primärschlüsselfeld handelt, erkennen Sie an dem Schlüsselsymbol vor dem Feldnamen.

   Die zuvor eingegebenen Datensätze werden hier nicht mehr angezeigt, sondern die Feldnamen mit dem zugehörigen Felddatentyp. Der Felddatentyp legt die Beschaffenheit der Daten fest. Die bedeutendsten Felddatentypen sind *Text* und *Zahl*.

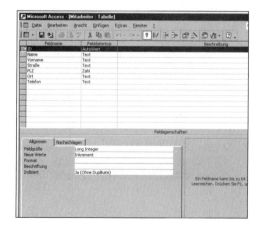

> **Hinweis**
>
> In ein Textfeld können Buchstaben, Ziffern und Sonderzeichen eingegeben werden. Zahlenfelder akzeptieren ausschließlich Zahlen.

2. Klicken Sie mit der linken Maustaste in das Feld *Felddatentyp* von *Telefon*. Sie erhalten einen kleinen Pfeil. Ein Klick auf diesen Pfeil öffnet eine Liste. Dort können Sie den gewünschten Eintrag auswählen.

3. Entscheiden Sie sich für *Zahl*, indem Sie diesen Eintrag markieren und die ⏎-Taste drücken. Die Wahl des Felddatentyps hängt davon ab, welche Informationen ein Feld aufnehmen soll. In dem nebenstehenden Feld *Beschreibung* besteht die Möglichkeit, erläuternde Angaben zum Feldnamen einzutragen.

   Im unteren Bereich des Tabellenfensters können Sie noch detailliertere Feldeigenschaften festlegen.

4. Legen Sie die maximale Eingabelänge für die Telefon-Nummer fest. Klicken Sie das Feld *Telefon* an. Den Felddatentyp *Text* sollten Sie jetzt wieder einstellen, damit neben den Ziffern auch Trennungsstriche verwendet werden können. Welches Feld ausgewählt ist, erkennen Sie an einem kleinen Pfeil, der sich vor dem Feld befindet.

Grundlagen PC & DV

5. Markieren Sie im Bereich *Feldeigenschaften* die Zahl 50 in dem Feld für die Feldgröße. Überschreiben Sie den Wert in der Zeile *Feldgröße* mit 25. Damit erreichen Sie, dass Sie später Telefonnummern mit einer maximalen Länge von 25 Zeichen eingeben können. Die Einstellungsmöglichkeiten bei der *Feldgröße* sind nicht für alle Felddatentypen gleich.

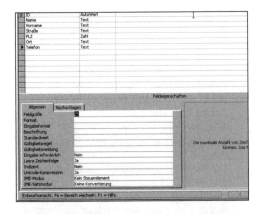

6. Nachdem Sie die Tabellenstruktur bearbeitet haben, können Sie diese durch einen Klick auf das *Disketten*-Symbol speichern.

7. Sie erhalten von Access den Hinweis, dass einige Felder auf einen kleineren Wert eingestellt wurden. Klicken Sie auf *Ja*, um die Einstellung dennoch zu übernehmen.

8. Verlassen Sie die Entwurfsansicht, indem Sie *Datei / Schließen* wählen. Falls Sie vergessen sollten, die Änderungen zu speichern, erhalten Sie in Access einen entsprechenden Hinweis. Beantworten Sie diesen gegebenenfalls durch einen Klick auf die entsprechende Schaltfläche.

13.3 Datenbank schließen und öffnen

1. Schließen Sie die Datenbank über die Befehlsfolge *Datei / Schließen*.

2. Um die Datenbank zu öffnen, wählen Sie *Datei / Öffnen*. Selbstverständlich befinden sich standardmäßig auch in Access im *Datei*-Menü die letzten vier geöffneten Dateien.

3. Sie gelangen in die Dialogbox *Öffnen*, die Sie bereits in Word und Excel kennen gelernt haben. Führen Sie dort einen Doppelklick auf der gewünschten Datei, in diesem Fall auf *Beispiel_Access* im Ordner *Coach*, aus, um das Datenbankfenster zu erreichen. Unter *Tabellen* finden Sie jetzt die zuvor angelegte Tabelle *Mitarbeiter*.

13.4 Die Tabelle bearbeiten

1. Markieren Sie die Tabelle *Mitarbeiter* und klicken Sie auf die Schaltfläche *Öffnen*. Sie gelangen in die Datenblattansicht.
2. Dort wählen Sie *Datensätze / Daten* eingeben.
3. Sie erhalten eine Zeile, in der Sie die gewünschten Informationen eintragen können. Übernehmen Sie die Daten aus der nebenstehenden Abbildung. Gehen Sie mit dem Cursor in das Feld *Name*. Der Primärschlüssel wird automatisch auf *5* gesetzt.

4. Über einen Klick auf die Schaltfläche *Schließen* können Sie die Eingabezeile verlassen.
5. Wenn Sie die Tabelle erneut markieren und aufrufen, werden Sie feststellen, dass der Datensatz an die Tabelle angehängt wurde.

ID	Name	Vorname
1	Möller	Inge
2	Kemper	Rolf
3	Stein	Günther
4	Buschmann	Sabine
5	Pichler	Herbert

6. Wenn Sie einen Datensatz nicht mehr benötigen, können Sie diesen selbstverständlich auch löschen. Ganz links, vor der Spalte mit dem Feldnamen ID, befindet sich eine Spalte mit kleinen grauen Kästchen. Das sind die so genannten Datensatzmarkierungsfelder. Markieren Sie den Datensatz 3 mit dem Namen Stein, indem Sie in das entsprechende Datensatzmarkierungsfeld klicken.
7. Drücken Sie die Taste [Entf].
8. Sie erhalten eine Sicherheitsabfrage, denn in Access muss das Löschen von Datensätzen bestätigt werden. Klicken Sie auf *Nein*, um in diesem Fall den Datensatz nicht zu entfernen.
9. Schließen Sie die Datenblattansicht durch einen Klick auf die entsprechende Schaltfläche.
10. Die Abfrage nach der Änderung beantworten Sie ebenfalls mit *Nein*.

> **Hinweis:** Wenn Sie die Tabelle drucken wollen, können Sie dies, wie von Word und Excel bekannt, durch einen Klick auf die Schaltfläche *Drucken* erledigen. Wie in den Ihnen bereits bekannten Anwendungsprogrammen haben Sie auch hier die Möglichkeit, den Druck vorher in der Seitenansicht zu kontrollieren.

13.5 Formulare erstellen

Eben haben Sie gelernt, wie Sie nachträglich Daten in der Datenblattansicht erfassen können. Eine weitaus komfortablere Dateneingabe und -bearbeitung ist durch den Einsatz von Formularen möglich. Ein *Formular* ist eine Art Eingabemaske. Deshalb spricht man im Zusammenhang mit Formularen häufig auch von *Masken*. Datenmasken zeigen in der Regel immer nur einen Datensatz auf dem Bildschirm an.

1. Um ein Formular zu erstellen, wechseln Sie, falls nötig, in die Datenbankansicht Ihrer Datei *Beispiel_Access* und klicken dort auf *Formulare*.

2. Klicken Sie im rechten Feld doppelt auf den Eintrag *Erstellt ein Formular unter Verwendung des Assistenten*.

3. Sie gelangen in die Dialogbox *Formular-Assistent*. Der Formular-Assistent unterstützt Sie bei der Erstellung des Formulars. In dieser Dialogbox müssen unter *Verfügbare Felder* all die Feldnamen Ihrer Tabelle angeklickt werden, die Sie in das Formular einsetzen möchten. Für dieses Beispiel sollen alle Felder übernommen werden.

4. Klicken Sie zu diesem Zweck auf die Schaltfläche mit den zwei Doppelpfeilen, die nach rechts zeigen.

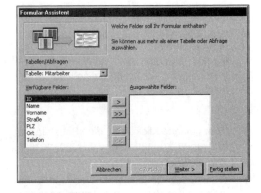

5. Die Einträge aus dem Bereich *Verfügbare Felder* werden in den Bereich *Ausgewählte Felder* übernommen. Klicken Sie auf die Schaltfläche *Weiter*, um in den nächsten Schritt des Formular-Assistenten zu gelangen.

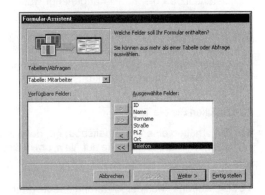

6. In dieser Dialogbox müssen Sie eine Entscheidung über das Layout des Formulars treffen. Übernehmen Sie die Standardeinstellung *Einspaltig*. Wechseln Sie mit einem Klick auf die Schaltfläche *Weiter* zum nächsten Dialogfeld des Formular-Assistenten.

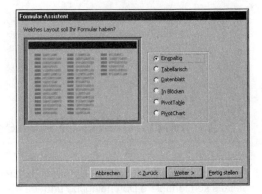

7. Im vorletzten Schritt des Assistenten legen Sie den Stil Ihres Formulars fest. Eine kleine Vorschau über die ausgewählte Stilrichtung erhalten Sie im linken Bereich des Dialogfeldes. Klicken Sie nacheinander auf *Standard* und *Weiter*.

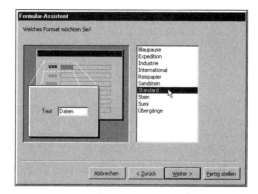

8. Als Nächstes werden Sie nach dem Titel des Formulars gefragt. Übernehmen Sie den Vorschlag *Mitarbeiter*, indem Sie auf die Schaltfläche *Fertig stellen* klicken.

Sie erhalten eine Datenmaske, ähnlich wie in der nebenstehenden Abbildung.

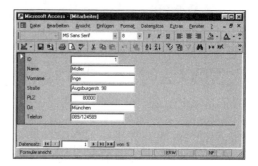

13.6 Arbeiten in der Formularansicht

Um einen neuen Datensatz in der Formularansicht einzugeben, gehen Sie folgendermaßen vor:

1. Wählen Sie *Datensätze / Daten eingeben*. Sie erhalten einen leere Eingabemaske. Klicken Sie in das Feld *Name*. Geben Sie dort Dräger ein.

2. Drücken Sie die [⇥]-Taste, um in das Feld *Vorname* zu gelangen. Übernehmen Sie die Beispieldaten der nebenstehenden Abbildung. Die Nummerierung im Feld *ID* wird automatisch weitergeführt. Hier müssen Sie keine Eingaben vornehmen.

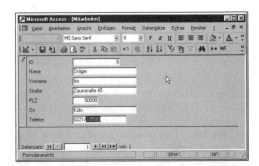

3. Wenn Sie die Formularansicht über die Schaltfläche *Schließen* verlassen und die Datenblattansicht der Tabelle aufrufen, werden Sie feststellen, dass der neue Datensatz in der Tabelle geführt wird. Gegebenenfalls müssen Sie das Fenster vergrößern, um die gesamte Tabelle einsehen zu können.

4. Wechseln Sie erneut in die Formularansicht. Rufen Sie falls nötig den ersten Datensatz auf. Dazu klicken Sie auf die nebenstehende Schaltfläche im unteren Bereich der Datenmaske.

5. Frau Möller ist innerhalb der Stadt München von der Augsburgerstr. 98 in die Stichstraße 17 gezogen. Markieren Sie den Eintrag im Feld *Straße* und überschreiben Sie ihn mit der neuen Adresse.

6. Wechseln Sie zum letzten Datensatz in Ihrer Datenbank, indem Sie auf die nebenstehende Schaltfläche klicken.

7. Wählen Sie den Befehl *Datensatz löschen* im Menü *Bearbeiten*.

8. Sie erhalten wie beim Löschen eines Datensatzes in der Datenbankansicht eine Sicherheitsabfrage. Damit auch dieser Datensatz weiter zur Verfügung steht, klicken Sie auf *Nein*.

9. Schließen Sie die Formularansicht durch einen Klick auf die Schaltfläche *Schließen*.

13.7 Eine Abfrage erstellen

Über *Abfragen* besteht die Möglichkeit, gezielt diejenigen Daten einer Tabelle anzuzeigen, die bestimmte Bedingungen erfüllen. Bezogen auf die Tabelle *Mitarbeiter* können das zum Beispiel alle Personen sein, die ihren Wohnsitz in Köln haben.

1. Um eine Abfrage zu erstellen, wechseln Sie in das Datenbankfenster Ihrer Datei *Beispiel_Access*.

2. Klicken Sie auf *Abfragen* und führen Sie anschließend einen Doppelklick auf den Eintrag *Erstellt eine neue Abfrage in der Entwurfsansicht* aus.

3. Access ruft die Dialogbox *Tabelle anzeigen* auf. Dort müssen Sie eine Tabelle auswählen. In der Beispielanwendung steht nur die Tabelle *Mitarbeiter* zur Disposition. Aus diesem Grunde ist die Tabelle automatisch markiert. Klicken Sie auf die Schaltfläche *Hinzufügen* und anschließend auf die Schaltfläche *Schließen*.

Sie gelangen in das Entwurfsfenster für Abfragen. Dort steht auch eine Feldliste mit den Feldern aus der Tabelle *Mitarbeiter* zur Verfügung.

4. Als Nächstes müssen Sie die Felder auswählen, die Sie im Abfrageergebnis anzeigen möchten. Um alle Felder zu sehen, führen Sie auf dem Tabellennamen *Mitarbeiter* einen Doppelklick aus. Auf diese Weise werden alle Listenfelder markiert.

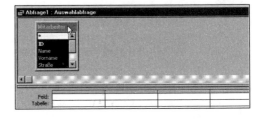

5. Ziehen Sie die Markierung mit gedrückter linker Maustaste in den unteren Fensterbereich, der *Kriterienbereich* genannt wird. Der Mauszeiger ändert seine Darstellung. Lassen Sie die Maustaste los, wenn sich der Mauszeiger in etwa neben *Feld* befindet. Sie erhalten nebenstehendes Ergebnis.

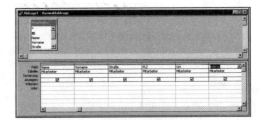

> **Hinweis**
>
> Wenn Sie Felder, die Sie in den Kriterienbereich gezogen haben, nicht mehr benötigen, können Sie diese löschen. Klicken Sie mit der linken Maustaste in den grauen Balken über dem Feldnamen und drücken Sie die Taste `Entf`.

6. Im Kriterienbereich werden Sie die Auswahlkriterien festlegen. Es sollen alle Adressen mit den Postleitzahlen *50000* angezeigt werden. Positionieren Sie den Cursor unterhalb des Feldes *PLZ* in der Zeile *Kriterien*. Tragen Sie dort =50000 ein.

7. Damit die den Kriterien entsprechenden Adressen nach dem Namen sortiert werden, setzen Sie den Cursor unter das Feld *Name* in der Zeile *Sortierung*.

8. Klicken Sie den Pfeil an und wählen Sie in dem folgenden Listenfeld den Eintrag *Aufsteigend*.

13.8 Eine Abfrage anzeigen

Nachdem Sie alle Kriterien eingegeben haben, sollen die Ergebnisse der Abfrage angezeigt werden.

1. Wählen Sie im Menü *Ansicht* den Eintrag *Datenblattansicht*. Sie erhalten eine Auswahlabfrage. Vergleichen Sie dazu den nebenstehenden Ausschnitt. Wenn Sie Daten in einer Abfrage ändern, greift diese Änderung in der Regel auch in der zugehörigen Tabelle.

2. Klicken Sie auf die Schaltfläche *Ansicht* in der Symbolleiste oder wählen Sie *Ansicht / Entwurfsansicht* im Abfragefenster.

3. Wählen Sie *Datei / Schließen*. Beantworten Sie die Frage nach dem Speichern mit *Ja*.

4. Sie gelangen in das Dialogfeld *Speichern unter*. Tragen Sie als Namen für die Abfrage `Postleitzahl` ein. Verlassen Sie die Dialogbox über die Schaltfläche *OK*.

5. Sie kehren zurück in das Datenbankfenster. Um das Programm Access zu schließen, wählen Sie *Datei / Beenden*.

13.9 Tastenkombinationen

Taste(n)	Aktion
Strg + N	Eine neue Datenbank anlegen
Strg + O	Eine vorhandene Datenbank öffnen
Strg + P	Ein aktuelles oder markiertes Objekt drucken
Strg + S	Ein Datenbankobjekt speichern
F12	Das Dialogfeld *Speichern unter* öffnen
Strg + F6	Wechseln zwischen geöffneten Fenstern
Strg + ↵	Öffnen der markierten Tabelle, Abfrage, des Formulars, Berichts, Makros oder Moduls in der Entwurfsansicht

Zusammenfassung

✓ Um Access zu starten, öffnen Sie das *Start*-Menü und wählen Sie im Untermenü des Eintrags *Programme* den Menüpunkt *Microsoft Access*.

✓ Nach dem Aufruf von Access wird ein Dialogfeld eingeblendet, in dem Sie entscheiden, ob Sie eine neue Datenbank erstellen oder eine bereits vorhandene Datenbank öffnen möchten.

Zusammenfassung

✓ Im Datenbankfenster befinden sich die verschiedenen Objekte der Datenbank wie zum Beispiel Tabellen, Abfragen oder Formulare.

✓ Um eine neue Tabelle in der Datenblattansicht anzulegen, aktivieren Sie im Datenbankfenster das Objekt *Tabellen* und klicken Sie anschließend doppelt auf den Eintrag *Erstellt eine Tabelle in der Datenblattansicht*.

✓ Mit Hilfe der Option *Datenblattansicht* können Sie eine neue Tabelle erstellen, indem Sie dort einen Datensatz oder mehrere Datensätze eintragen.

✓ Mit Primärschlüssel ist ein Feld gemeint, mit dessen Inhalt ein Datensatz eindeutig identifiziert werden kann. Access fragt Sie automatisch, ob ein Primärschlüssel erstellt werden soll.

✓ In der Entwurfsansicht besteht die Möglichkeit, der Tabelle weitere Felder hinzuzufügen, deren Felddatentyp zu ändern und die Eigenschaften von Feldern zu beeinflussen.

✓ Der Felddatentyp legt die Beschaffenheit der Daten fest. In ein Textfeld können Sie Buchstaben, Ziffern und Sonderzeichen eingeben. Zahlenfelder akzeptieren ausschließlich Zahlen. Die Wahl des Felddatentyps hängt davon ab, welche Informationen ein Feld aufnehmen soll.

✓ Mit der Befehlsfolge *Datei / Schließen* kann man eine Datenbank verlassen.

✓ Um die Datenbank zu öffnen, wählen Sie *Datei / Datenbank öffnen*.

✓ Sie können eine Tabelle bearbeiten, indem Sie die gewünschte Tabelle im Datenbankfenster markieren und anschließend auf die Schaltfläche *Öffnen* klicken. Sie gelangen in die Datenblattansicht. Dort wählen Sie *Datensätze / Daten eingeben*. Sie erhalten eine Zeile, in der Sie die gewünschten Informationen eintragen können.

✓ Wenn Sie einen Datensatz nicht mehr benötigen, können Sie diesen in der Datenblattansicht löschen. Markieren Sie den gewünschten Datensatz durch einen Klick im entsprechenden Datensatzmarkierungsfeld. Drücken Sie die Taste [Entf]. Sie erhalten eine Sicherheitsabfrage, denn in Access muss das Löschen von Datensätzen bestätigt werden.

✓ Um ein Formular mit dem Formular-Assistenten zu erstellen, wählen Sie im Datenbankansichtsfenster das Objekt *Formulare*. Führen Sie einen Doppelklick auf dem Eintrag *Erstellt ein Formular unter Verwendung des Assistenten* aus. Im Assistenten müssen unter *Verfügbare Felder* alle Feldnamen Ihrer Tabelle angeklickt werden, die Sie in das Formular einsetzen möchten.

✓ Um einen neuen Datensatz in der Formularansicht einzugeben, wählen Sie *Datensätze / Daten eingeben*. Sie erhalten eine leere Eingabemaske, in die Sie die Eingaben eintragen.

✓ Um einen Datensatz in der Formularansicht zu löschen, rufen Sie den Befehl *Datensatz löschen* im Menü *Bearbeiten* auf. Sie erhalten wie beim Löschen eines Datensatzes in der Datenbankansicht eine Sicherheitsabfrage.

Zusammenfassung

- Über Abfragen besteht die Möglichkeit, gezielt diejenigen Daten einer Tabelle anzuzeigen, die bestimmte Bedingungen erfüllen. Um eine Abfrage zu erstellen, wechseln Sie in das Datenblattfenster Ihrer Datei und wählen das Objekt *Abfragen*.

- Um eine Abfrage in der Entwurfsansicht zu erstellen, wählen Sie im Datenbankfenster das Objekt *Abfragen* und führen anschließend einen Doppelklick auf dem Eintrag *Erstellt eine neue Abfrage in der Entwurfsansicht* aus. In der Dialogbox *Tabelle anzeigen* wählen Sie die gewünschte Tabelle aus und klicken nacheinander auf *Hinzufügen* und *Schließen*.

- Im Entwurfsfenster für Abfragen steht eine Feldliste mit den Feldern aus der gewählten Tabelle zur Verfügung. Suchen Sie die Felder aus, die Sie im Abfrageergebnis anzeigen möchten.

- Im Kriterienbereich werden die Auswahlkriterien festgelegt.

- In der Zeile *Sortierung* können Sie bestimmen, in welcher Reihenfolge die ausgewählten Datensätze angezeigt werden sollen.

- Über *Ansicht / Datenblattansicht* können Sie Auswahlabfragen anzeigen.

- Um das Programm Access zu schließen, wählen Sie *Datei / Beenden*.

Übungen

1. Wann werden Datenbanksysteme eingesetzt?
2. Was versteht man unter einem Primärschlüssel?
3. In der linken Leiste werden verschiedene Objekte aufgeführt. Nennen Sie mindestens fünf.
4. Wie werden die Informationen in Access organisiert?

Die Aufgaben 5 bis 17 bilden einen Aufgabenkomplex.

5. Starten Sie Access und erstellen Sie eine Tabelle in der Datenblattansicht. Nennen Sie die Datenbank *Access_1.mdb*.
6. Tragen Sie die Daten der folgenden Tabelle ein. Als Feldnamen verwenden Sie die Überschriften dieser Tabelle. Die Datenbank soll auch ein Primärschlüsselfeld enthalten.

Produkt-Nummer	Bezeichnung	Lieferant	Einkaufspreis	Bestand
2578	Stuhl	Hansen GmbH	175,90	15
3898	Tisch	Hansen GmbH	157,60	11
4587	Schrank	Klein OHG	987,00	3

Übungen

5897	Sessel	Schlüter GmbH	879,00	4
6589	Couchtisch	Klein OHG	587,80	7
4588	Schrank	Klein OHG	925,00	3
5997	Sessel	Schlüter GmbH	979,00	4
6559	Couchtisch	Klein OHG	787,80	4
2578	Stuhl	Hansen GmbH	175,90	15

7. Wechseln Sie in die Entwurfsansicht und weisen Sie dem Einkaufspreis den Datenfeldtyp *Währung* zu.

8. Für den Bestand legen Sie den Datenfeldtyp *Text* fest.

9. Beschränken Sie die Eingabe der *Bezeichnung* auf maximal 30 Zeichen.

10. Speichern Sie das Datenblatt unter dem Namen *Produkte*.

11. Schließen Sie Access.

12. Rufen Sie die Datei *Access_1* erneut auf.

13. Löschen Sie den folgenden Datensatz in der Datenblattansicht

| 2578 | Stuhl | Hansen GmbH | 175,90 | 15 |

Fügen Sie folgenden Datensatz in der Datenblattansicht ein:

| 2577 | Stuhl | Heimann GmbH | 173,90 | 16 |

Schließen Sie die Tabelle.

14. Erstellen Sie ein Formular für die Übungsdatei mit Hilfe des Formular-Assistenten mit Layout und Stilrichtung Ihrer Wahl und schließen Sie es danach.

15. Richten Sie außerdem eine Abfrage ein, in der alle Produkte gezeigt werden, die einen Bestand von mehr als 10 haben.

16. Speichern Sie die Abfrage unter dem Namen *Bestand* und schließen Sie diese anschließend wieder.

17. Verlassen Sie Access und speichern Sie die Änderungen.

Die Aufgaben 18 bis 26 bilden einen Aufgabenkomplex.

18. Rufen Sie Access auf und richten Sie die Datenbank *Access_2* ein. Tragen Sie die Daten der folgenden Tabelle in der Datenblattansicht ein. Als Feldnamen verwenden Sie die Überschriften dieser Tabelle. Die Datenbank soll auch ein Primärschlüsselfeld enthalten.

Übungen

Vorname	Name	Straße	Ort	Geburtsdatum
Friedrich	Heiermann	Rotstr. 11	München	10.12.61
Maria	Westerfeld	Am Wald 4	Köln	28.02.56
Hanna	Schlüter	Grundweg 14	München	16.06.60
Uwe	Hentzel	Oderstr. 99	Köln	05.11.64
Udo	Maiwald	Isarweg 12	München	23.01.40

19. Wechseln Sie in die Entwurfsansicht.

20. Beschränken Sie die Eingabe des Namens auf maximal 35 Zeichen.

21. Beschränken Sie die Eingabe der Straße auf maximal 25 Zeichen.

22. Speichern Sie das Datenblatt unter dem Namen *Kunden*.

23. Erstellen Sie ein Formular für die Tabelle *Kunden* mit Hilfe des Formular-Assistenten. Layout und Stilrichtung richten Sie nach Ihrem Geschmack ein. Schließen Sie es anschließend wieder.

24. Zeigen Sie in der Datenblattansicht alle Kunden an, die in München wohnen. Die Namen sollen dabei aufsteigend in alphabetischer Reihenfolge sortiert werden. Sehen Sie sich das Ergebnis anschließend in der Datenblattansicht an.

25. Speichern Sie die Abfrage unter dem Namen *München*.

26. Verlassen Sie Access.

Die Lösungen zu diesen Aufgaben finden Sie im Anhang des Co@ches.

Modul 14

Der Informations- manager Microsoft Outlook

Lernen Sie

- Outlook zu starten
- eine Adresse in Outlook zu erfassen
- wie Sie nachträgliche Informationen zu einer Adresse eintragen
- mit dem Kalender zu arbeiten
- unterschiedliche Kalenderansichten kennen
- Termine im Kalender zu suchen
- einen Termin im Kalender zu erfassen
- Outlook zu beenden

Outlook ist ein Managementprogramm, das Ihnen bei den unterschiedlichen Arbeiten im Office-Bereich hilfreich zur Seite steht. Von der Termin- und Aufgabenplanung über den elektronischen Nachrichtenaustausch bis hin zur Besprechungsplanung können Sie mit Outlook Ihre Tätigkeiten organisieren. Dieses Modul verschafft Ihnen einen Einblick in das Programm Outlook. Um das Programm näher kennen zu lernen, ist allerdings ein spezielles Buch erforderlich.

Hinweis: Wie Sie E-Mails versenden und empfangen, erfahren Sie in Modul 16.

14.1 Outlook starten

1. Starten Sie Outlook über *Start / Alle Programme / Microsoft Outlook* an. Das Programm wird geladen. Falls Sie Outlook zum ersten Mal starten, müssen Sie zunächst eine Konfiguration von Outlook durchführen. Hierbei werden Sie von einem Assistenten unterstützt. Nachdem Outlook gestartet wurde, erhalten Sie den Outlook-Bildschirm, der bei Ihnen geringfügig abweichen kann. Schließen Sie, falls nötig, den Office-Assistenten.

Die meisten Bestandteile des Fensters kennen Sie bereits. Am linken Fensterrand sehen Sie die so genannte Outlook-Leiste. Diese Leiste ist ein wichtiges Hilfsmittel für die Navigation zwischen den verschiedenen Aufgaben, die Sie mit diesem Programm erledigen werden. Mit den Schaltflächen dieser Leiste können Sie die verschiedenen Outlook-Elemente aufrufen. Zu den Outlook-Elementen gehören:

- Outlook Heute
- Kalender
- Kontakte
- Aufgabe
- Notizen
- Gelöschte Objekte

> **Hinweis:** Sollte die Outlook-Leiste bei Ihnen fehlen, können Sie diese über *Ansicht / Outlook-Leiste* einblenden.

Zunächst aber sollen Sie die grundlegende Arbeitsweise mit Outlook kennen lernen.

14.2 Einen neuen Kontakt anlegen

Als Nächstes erfahren Sie, wie Sie eine neue Adresse in Outlook anlegen. Dazu müssen Sie zunächst das Kontaktfenster öffnen. Gehen Sie hierzu folgendermaßen vor:

1. Klicken Sie in der Outlook-Leiste auf die Schaltfläche *Kontakte*. Die Kontaktansicht wird angezeigt.

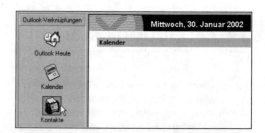

2. Wählen Sie den Befehl *Neuer Kontakt* im Menü *Aktionen*, um eine neue Adresse zu erfassen.

   Das Dialogfenster *Kontakt* wird geöffnet. Der Cursor befindet sich im Feld *Name*.

Die Angaben zum Namen

1. Die weitere Vorgehensweise ist ganz einfach. Tragen Sie einfach den ersten Namen Andreas Schmitz in das Feld *Name* ein.

2. Durch einen Klick auf die Schaltfläche *Name* öffnen Sie das Dialogfeld *Namen überprüfen*. Dort können Sie weitere Daten wie beispielsweise die Anrede eingeben.

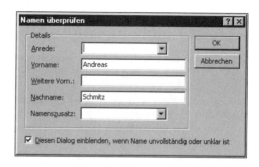

3. Die Anrede können Sie wahlweise eintippen oder mit dem Listenpfeil auswählen. Klicken Sie auf den Listenpfeil des Feldes *Anrede* und anschließend auf den Eintrag *Professor*. Das Listenfeld wird geschlossen und die Auswahl wird übernommen.

4. Klicken Sie auf die Schaltfläche *OK*, um die Dialogbox zu schließen und die Eintragungen zu übernehmen.

5. Klicken Sie in das Feld *Position*, um die Funktion der Person im Unternehmen beziehungsweise in der Institution einzutragen. Geben Sie Forschungsleiter ein.

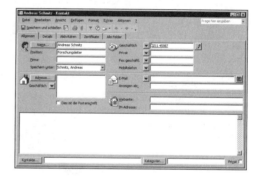

6. Mit Hilfe der ⇥-Taste oder der Maus können Sie sich zwischen den einzelnen Feldern bewegen. Klicken Sie in das Feld *Firma*. Dort können Sie den Namen des Unternehmens oder der Institution eintragen, für die die Person tätig ist. Tragen Sie den Namen Forschungs-GmbH ein.

Die Adresse

1. Zur Eingabe von Adressen können Sie dieses eigenständige Dialogfeld anfordern. Durch einen Klick auf die Schaltfläche *Adresse* öffnen Sie das Dialogfeld *Adresse überprüfen*. Füllen Sie die Dialogbox mit den Beispieldaten der nebenstehenden Abbildung aus.

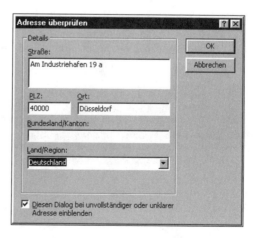

2. Das Feld *Bundesland/Kanton* bleibt leer. Den Eintrag im Feld *Land/Region* können Sie wahlweise eintippen oder der Liste entnehmen.

3. Klicken Sie auf die Schaltfläche *OK*, um die Adressinformationen zu übernehmen.

> **Hinweis:** Es besteht auch die Möglichkeit, die Adresse direkt in das Adressfeld einzugeben. Sinnvoller ist allerdings die gezeigte Variante über die Dialogbox. Wenn Sie die Daten in das Dialogfeld *Adresse überprüfen* eintragen, ist nämlich gewährleistet, dass die einzelnen Datensätze in der kompletten Liste aller Daten gleichmäßig strukturiert werden.

Weitere Kommunikationsdaten

Outlook ermöglicht die Eingabe von verschiedenen Telefonnummern pro Kontakt.

1. Setzen Sie den Cursor in das Feld rechts neben *Geschäftlich* im Bereich *Telefon*. Tragen Sie die Nummer 0211 456987 ein. Weitere Nummern können Sie auf entsprechende Weise eingeben. Falls nur eine Nummer existiert oder bekannt ist, können Sie die übrigen Felder frei lassen.

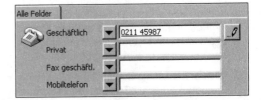

2. Outlook stellt Platz für drei E-Mail-Adressen zur Verfügung. Zusätzlich kann noch eine Homepage-Adresse für jeden Kontakt eingetragen werden.

3. Tragen Sie die E-Mail-Adresse form@forschung.de ein. Das Zeichen @ finden Sie auf der Tastaturtaste mit dem Q. Um es zu erzeugen, drücken Sie die Tasten [AltGr] und [Q] gleichzeitig.

> **Hinweis:** Unterhalb der E-Mail-Angaben finden Sie ein Textfeld, in dem Sie Platz für beliebige Notizen zu einem Kontakt haben. In diesem Eingabefeld besteht die Möglichkeit, die Informationen zu formatieren, wie Sie dies von Ihrem Textverarbeitungsprogramm Word her kennen.

Dies soll als erster Einblick in die Adressenerfassung reichen. Als Nächstes soll die Adresse gespeichert werden. Im Zusammenhang mit dem Feld *Speichern unter* im Kontaktfenster kommt es häufig zu Missverständnissen. Viele Anwender glauben, dass es sich hier um die eigentliche Speicherung handelt. Dies ist aber nicht der Fall! In diesem Feld wird nur festgelegt, wie der Datensatz, den Sie gerade anlegen, in der kompletten Liste aller Daten eingeordnet werden soll.

4. Klicken Sie auf die Schaltfläche *Speichern und schließen*. Die Dialogbox wird geschlossen.

5. Die Frage, ob Sie den Kontakt als *Small Business Kunden-Manager Kontakt* festlegen möchten, können Sie verneinen. Anschließend wird die Adresse in der Adresskartenansicht gezeigt.

> **Hinweis:** Wenn die Adresskarte nicht komplett angezeigt wird, zeigen Sie mit dem Mauszeiger auf den Trennstrich, der dann die Form eines Doppelpfeils annimmt. Ziehen Sie den Anzeigebereich in die gewünschte Größe. Falls die Adresse nicht angezeigt wird, wählen Sie die Befehlsfolge *Ansicht / Aktuelle Ansicht / Adresskarten*.

Änderungen und Ergänzungen

1. Um Änderungen oder weitere Informationen zu einer Adresskarte zu erfassen, führen Sie im Kontaktfenster einen Doppelklick auf der gewünschten Adresse aus. Outlook öffnet wieder das Dialogfeld *Andreas Schmitz – Kontakt* mit der kompletten Ansicht der Adresse.

2. Klicken Sie auf die Registerkarte *Details*. Welche Angaben möglich sind, sehen Sie auf der nebenstehenden Abbildung. Zur Angabe des Geburtstags klicken Sie auf den Pfeil des zugehörigen Listenfeldes. Um den 10. September als Geburtsdatum einzutragen, wählen Sie zunächst den Monat *September* über die entsprechenden Pfeile in der Monatsleiste aus.

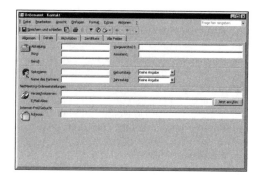

3. Klicken Sie anschließend die Ziffer *10* an.

4. Durch einen Klick auf die Schaltfläche *Speichern und schließen* übernehmen Sie die Daten. Outlook blendet wieder die Adresskartenansicht ein.

14.3 Der Kalender

Outlook können Sie auch zur Planung und Koordination Ihrer Termine einsetzen.

1. Klicken Sie auf die Schaltfläche *Kalender* in der Outlook-Leiste, um den elektronischen Terminkalender kennen zu lernen. Outlook zeigt den Kalender.

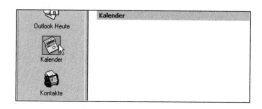

Für das Arbeitsfenster des Terminkalenders gibt es verschiedene Ansichten:

- Tagesansicht
- Arbeitswoche
- Woche
- Monatsansicht

Die nebenstehende Abbildung zeigt die Wochenansicht und damit alle Tage der aktuellen Woche auf einen Blick.

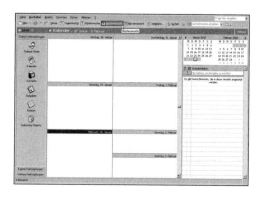

2. Wählen Sie im Menü *Ansicht* den Eintrag *Tagesansicht* oder klicken Sie auf die Schaltfläche *Tagesansicht* in der *Standard*-Symbolleiste. Der Kalender verändert sich.

Der Kalender der Tagesansicht hat drei Bestandteile. Den größten Teil nimmt der aktuelle Tag ein. Mit der Bildlaufleiste am rechten Rand können Sie sich auf der Tagesübersicht bewegen. Im rechten Teil sehen Sie zwei Monatskalender mit dem aktuellen und dem Folgemonat. Der aktuelle Tag wird in weißer Schrift mit grauem Hintergrund dargestellt. Den dritten Teil bildet der Aufgabenblock, auf dem Sie Ihre Aufgaben erfassen können.

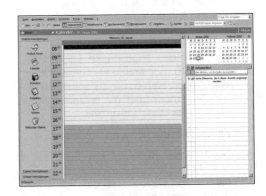

3. Rufen Sie die *Monatsansicht* über die entsprechende Schaltfläche auf. Outlook blendet die gewünschte Ansicht ein, die Ihnen alle Tage des aktuellen Monats zeigt.

4. Zur Verwaltung von Terminen ist allerdings die Tagesansicht prädestiniert. Schalten Sie über den Menübefehl *Ansicht / Tagesansicht* wieder zu dieser Variante um. Wenn Sie sich ein anderes als das aktuelle Tagesdatum anzeigen lassen möchten, ist dies selbstverständlich auch möglich.

5. Um einen Termin zehn Tage später als das aktuelle Tagesdatum anzuzeigen, klicken Sie einfach im Monatskalender auf das gewünschte Datum. Der ausgewählte Tag wird dann anschließend hinterlegt. Das aktuelle Datum erkennen Sie an dem Rahmen.

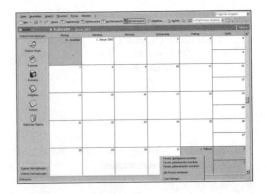

Termine erfassen

Als Nächstes erfahren Sie, wie Sie einen Termin in den Kalender eintragen können. Bei dieser Gelegenheit lernen Sie gleichzeitig eine weitere Möglichkeit kennen, einen bestimmten Termin aufzurufen.

1. Zeigen Sie im Menü *Ansicht* auf den Eintrag *Gehe zu* und wählen Sie dann *Wechseln zu Datum*. Outlook ruft das gleichnamige Dialogfeld auf.

2. Tragen Sie als Datum den 31.05.02 ein und bestätigen Sie es mit *OK*. Der gewünschte Tag wird aufgerufen.

3. Wählen Sie im Menü *Aktionen* den Befehl *Neuer Termin*.

   Sie gelangen in die Dialogbox *Termin*.

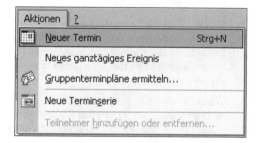

4. Der Cursor befindet sich automatisch im Feld *Betreff*. Tragen Sie dort den Begriff Verkaufsbesprechung ein. Diesen Eintrag finden Sie später in der Titelleiste.

5. Klicken Sie in das Feld *Ort* und geben Sie dort Besprechungsraum 3 ein.

6. Der Besprechungstag wird bereits im Feld *Beginn* angezeigt. Klicken auf den Listenpfeil neben der Uhrzeit und wählen Sie *11:00* aus.

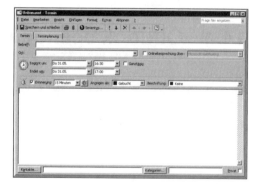

7. Stellen Sie auf entsprechende Weise das voraussichtliche Besprechungsende *13:00* ein.

8. Wenn Sie mit allen erforderlichen Angaben fertig sind, verlassen Sie das Dialogfeld über die Schaltfläche *Speichern und schließen*.

   Outlook übernimmt die voraussichtliche Zeitspanne für den Termin in den Kalender.

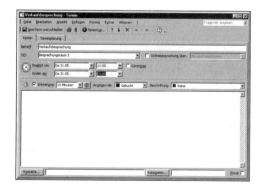

Termine verschieben und löschen

Wenn Sie einen Termin verschieben möchten, können Sie das am schnellsten mit Hilfe der Maus erledigen.

Um die Verkaufsbesprechung um eine Stunde nach vorn zu schieben, gehen Sie folgendermaßen vor:

1. Bewegen Sie den Mauszeiger auf den linken, blauen Balken des Termins in der Tagesansicht. Der Mauszeiger nimmt die Form eines Vierfachpfeils an.

2. Drücken Sie die linke Maustaste und ziehen Sie den Termin nach oben auf *10:00*. Sobald Sie die neue Anfangszeit erreicht haben, lassen Sie die Maustaste wieder los.

3. Wenn Sie einen Termin wieder aus dem Kalender entfernen möchten, klicken Sie diesen mit der rechten Maustaste an, um das Kontextmenü zu öffnen. Klicken Sie dort auf den Befehl *Löschen*. Sollten Sie einen Termin versehentlich gelöscht haben, wählen Sie den Befehl *Rückgängig* im Menü *Bearbeiten*, den Sie bereits in den anderen Office-Anwendungen kennen gelernt haben.

14.4 Outlook beenden

Als Nächstes sollen Sie die Arbeit mit Microsoft Outlook beenden.

1. Klicken Sie den Befehl *Beenden* im Menü *Datei* an, um Outlook zu schließen.

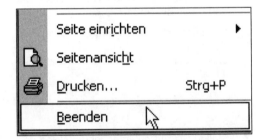

14.5 Tastenkombinationen

Taste(n)	Aktion
Strg + ⇧ + C	Dialogfeld *Kontakt* aufrufen
Strg + G	Dialogfeld *Wechseln zu* aufrufen
Strg + N	Neuen *Termin* bzw. *Kontakt* anfordern
Strg + S	Speichern

Taste(n)	Aktion
`Strg` + `D`	Löschen
`Strg` + `Z`	Befehl zurücknehmen
`Alt` + `F4`	Outlook beenden
`Strg` + `P`	Drucken

Zusammenfassung

- Outlook können Sie über das *Start*-Menü öffnen. Zeigen Sie auf *Programme* und klicken Sie danach auf den Eintrag *Microsoft Outlook*.

- Neben den üblichen Bestandteilen einer Office-Anwendung wie zum Beispiel Titel-, Menü- oder Symbolleiste verfügt Outlook über eine senkrechte Outlook-Leiste, die Sie über das Menü ausblenden können.

- Über die Outlook-Leiste können Sie zwischen den einzelnen Outlook-Elementen hin- und herschalten.

- Das Erfassen von Adressen in Outlook erfolgt über das Element *Kontakte*. Die Befehlsfolge *Aktionen / Neuer Kontakt* ruft ein Dialogfeld auf, in dem Sie die erforderlichen Eintragungen auf einfache Weise durchführen können. Zahlreiche Listenfelder unterstützen Sie bei Ihrer Arbeit.

- Um Änderungen oder weitere Informationen zu einer Adresskarte zu erfassen, führen Sie im Kontaktfenster einen Doppelklick auf der gewünschten Adresse aus. Nachdem Sie die Änderungen beziehungsweise Ergänzungen durchgeführt haben, übernehmen Sie die Änderungen durch einen Klick auf die Schaltfläche *Speichern und schließen*.

- Outlook können Sie auch zur Planung und Koordination Ihrer Termine einsetzen. Dazu benutzen Sie den Kalender. Im Arbeitsfenster des Terminkalenders unterscheidet man Tages-, Wochen- und Monatsansicht sowie Arbeitswoche.

Übungen

1. Welche Ansichten werden im Arbeitsfenster des Outlook-Kalenders unterschieden?
2. Welche Bestandteile hat der Outlook-Kalender in der Tagesansicht?

Übungen

Die Aufgaben 3 bis 14 bilden einen Aufgabenkomplex:

3. Rufen Sie Outlook auf.

4. Blenden Sie die Kontaktansicht ein.

5. Geben Sie noch folgenden Namen und die dazugehörige Adresse ein:

   Maria Suer, Bahnhofstr. 12a, 80000 München, Tel. 089/334455
   (geschäftlich)

6. Erfassen Sie auch den folgenden Kontakt:

   Rolf Falkenstein, Messingsstr. 45, 50000 Köln, Tel. 0172559988
   (Auto)

7. Geben Sie nachträglich als Geburtsdatum für Frau Suer den 27.12. und für Herrn Falkenstein den 28.11. ein.

8. Rufen Sie den Kalender auf.

9. Überprüfen Sie, ob die Geburtstage im Kalender eingetragen wurden.

10. Tragen Sie folgende Termine in Ihren Terminkalender ein und speichern Sie diese:

    11.11.02, 10.00 - 13.00 Personalbesprechung, Sitzungsraum 4
    16.11.02, 17.00 - 18.00 Vorstellungsgespräch, Büro

11. Verlassen Sie Outlook.

12. Öffnen Sie Outlook erneut und suchen Sie im Kalender den Termin mit dem Vorstellungsgespräch.

13. Löschen Sie den Vorstellungstermin vom 16.11.02.

14. Verschieben Sie den Personalbesprechungstermin um eine Stunde nach vorne und verlassen Sie Outlook.

Die Lösungen zu diesen Aufgaben finden Sie im Anhang des Co@ches.

Modul 15

Online

Sicherlich haben Sie auch schon einiges über die Faszination des Internets gehört. Durch zunehmend weltweite Vernetzung von Computern wird ein immer schnellerer Austausch von Informationen ermöglicht. Diese Art der Kommunikation ist längst nicht mehr größeren Unternehmen vorbehalten, sondern hat mittlerweile auch viele Privathaushalte erreicht. In diesem Modul erhalten Sie einen Einblick in die Möglichkeiten, wie Sie Ihren Computer als Kommunikationsmittel nach außen einsetzen können und sich Informationen aus dem Internet holen.

> **Lernen Sie**
>
> - wichtige Begriffe rund um das Thema Online kennen
> - was Sie für einen Internet-Anschluss benötigen
> - welche Web-Browser es gibt
> - den Internet Explorer kennen
> - eine Tour durch das Internet zu starten
> - die Suchhilfe zu benutzen
> - Informationen aus dem Web zu speichern
> - ein html-Dokument zu öffnen

Eines sei gleich vorweg gesagt: Zahlreiche Abbildungen, die Sie in diesem Buch finden, werden auf Ihrem Bildschirm anders aussehen, weil sich die Informationen im Internet ständig ändern. Für diesen Co@ch wurde mit dem Browser Internet Explorer und dem Provider T-Online gearbeitet. Was das im Einzelnen ist, erfahren Sie im Verlaufe dieses Moduls.

15.1 Begriffsdefinitionen

Das *Internet* ist ein weltumspannendes Netzwerk von Computern. Kein anderes Netzwerk der Welt birgt einen vergleichbaren Schatz an Informationen. Es besteht aus Millionen von Computern, die weltweit miteinander kommunizieren können, einer Reihe großer internationaler und nationaler Subnetze sowie regionaler und lokaler Netze. Über das Internet können Sie mit Menschen auf der andern Seite des Globus kommunizieren, elektronisch einkaufen, Bücher bestellen, Hotels buchen, auf Arbeitssuche gehen und vieles mehr.

Das World Wide Web (abgekürzt *WWW* oder *Web*) ist eine Sammlung von diversen Informationen, die im Internet dargestellt werden können. Sie sind als elektronische Dokumente auf den Computern im Web gespeichert, auf die weltweit Anwender zugreifen. Das WWW ist vergleichbar mit einer Zeitschrift, in der Sie blättern und funktioniert entsprechend. Die Vielzahl der Informationen hält das WWW in Form einzelner Seiten bereit. Auf diesen Seiten befinden sich Texte, Grafiken, Klänge, aber auch Videos und komplette Softwarepakete, die Sie auf Ihre Festplatte übertragen können.

Bei Webseiten handelt es sich um so genannte *Hypertext*-Dokumente, die mit Hilfe der so genannten Hyperlinks auf andere Seiten im Web verweisen. Erst durch diese Technik wird das World Wide Web letztendlich zum Netzwerk.

Die Dokumente im WWW sind übrigens in der Sprache *HTML* geschrieben. HTML ist die Abkürzung für *Hypertext Markup Language* (Beschreibungssprache der Bildschirmseite im WWW). HTML macht es möglich, dass Webseiten von den verschiedenen Teilnehmern im Web mit Hilfe eines

Browsers angezeigt werden. Die HTML-Dateien haben die Dateiendung *.htm*. Seit der Version Office 97 besteht die Möglichkeit, Dateien in diesem Format abzuspeichern. Damit können Sie Ihre Dateien ins World Wide Web bringen.

Die Verweise in einem Hypertext auf andere Textstellen, Medien oder Dokumente werden als Hyperlinks oder kurz Links (Verbindungen) bezeichnet.

15.2 Der Internet-Anschluss

Für einen Internet-Zugang benötigen Sie Folgendes:

- ein Modem oder eine ISDN-Karte für den PC
- einen Telefonanschluss
- einen Provider

Ein *Provider* ist ein Dienstanbieter für Online-Dienste, der Ihnen den Zugang zum Internet ermöglicht. Die bekanntesten Provider sind:

- AOL
- T-Online

15.3 Web-Browser

Ein *Web-Browser* ist eine spezielle Internet-Software, die den Zugriff und die Darstellung des World Wide Web ermöglicht. Die bekanntesten Web-Browser sind:

- Microsoft Internet Explorer
- Netscape Navigator

Der Begriff *Browser* kommt aus dem Englischen „to browse" und heißt übersetzt „blättern". Das heißt, mit Hilfe des Browsers blättern Sie im Web wie in einer Zeitschrift.

Egal, welchen Web-Browser Sie nutzen, ihre Oberfläche ist denen anderer Windows-Anwendungen im Großen und Ganzen sehr ähnlich. Sie finden eine Titelleiste, Menüleiste, Symbolleiste, Dokumentenfenster, Statuszeile und Rollbalken. Zwischen Symbolleiste und Dokumentenfenster befindet sich die Adressenzeile. Dort wird die Adresse gezeigt, wo die gewünschte Seite gespeichert ist.

15.4 Der Internet Explorer

In diesem Buch wird mit dem Internet Explorer der Firma Microsoft gearbeitet. Bei diesem Browser handelt es sich um ein Programm, das den speziellen Anforderungen von Windows angepasst wurde. Mit seiner Hilfe können Sie sich das WWW in einfacher Weise nutzbar machen.

> **Hinweis:** Der Internet Explorer ist der kostenlos erhältliche Web-Browser der Firma Microsoft. Als Anwender von Windows XP verfügen Sie bereits über den Internet Explorer. Dieser ist nämlich in Windows enthalten.

15.5 Eine Internet-Tour

Anhand einer kleinen Internet-Tour sollen Sie mit dem Internet vertraut werden. Sie sollen Microsoft einen kleinen Besuch abstatten. An dieser Stelle sei noch einmal erwähnt, dass je nachdem, welchen Provider und welchen Browser Sie nutzen, die Vorgehensweise von der hier beschriebenen Art und Weise abweichen kann.

1. Starten Sie den Internet Explorer zum Beispiel durch einen Doppelklick auf das Symbol *Internet Explorer* auf Ihrem Desktop.

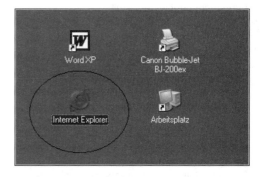

2. Sie gelangen je nach Provider in die Dialogbox *Netzwerkverbindungen*. Dort klicken Sie, falls nötig, auf die Schaltfläche *Verbinden*. In vielen Fällen ist die Schaltfläche *Verbinden* abgeblendet. Das heißt, die Schaltfläche kann nicht angeklickt werden. Dann wird die Verbindung automatisch erstellt.

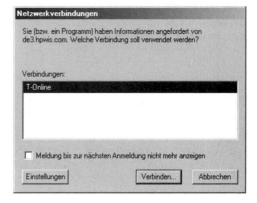

Die Dialogbox *Verbindung mit „T-Online" herstellen* erhalten Sie, wenn Sie einen PPP-Zugang (Point-to-Point) zu T-Online installiert haben. Dort klicken Sie auf die Schaltfläche *Wählen*.

Während des Wahlvorgangs verändert sich die Dialogbox. Sie erkennen, dass eine Verbindung aufgebaut werden soll.

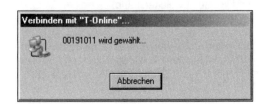

Nachdem die Verbindung erfolgreich aufgebaut wurde, gelangen Sie in das Fenster des Internet Explorers, das Sie in der folgenden Abbildung in Verbindung mit der T-Online Homepage sehen. Unter Homepage versteht man die Eingangsseite von Internetseiten, mit der der Besucher einer Webseite als Erstes konfrontiert wird. Da sich die Informationen im Internet ständig ändern, wird Ihr Eingangsbildschirm in jedem Fall anders aussehen.

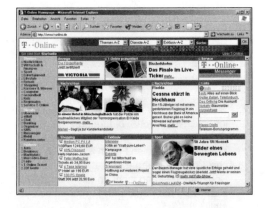

> **Hinweis:** Sie können durch die Einstellung im Internet Explorer selbst bestimmen, welche Seite als Erstes bei Ihnen angezeigt werden soll (Startseite). Dazu klicken Sie im Menü *Extras* den Menüpunkt *Internetoptionen* an. Auf der Registerkarte *Allgemein* können Sie die Adresse der gewünschten Startseite eingeben.

3. Anders als bei Zeitschriften gibt es für die Seiten des WWW kein Inhaltsverzeichnis. Damit der Explorer weiß, woher er Ihnen eine Seite holen soll, müssen Sie ihm mitteilen, wo diese im Internet zu finden ist. Die entsprechende Zeile heißt *URL* und befindet sich unterhalb der Symbolleiste. Geben Sie als Adresse http://www.microsoft.de ein.

URL ist die Abkürzung *Uniform Resource Locator*. Im Grunde steht hinter dem Begriff URL nichts anderes als die Adresse eines Dokumentes. Er enthält den Quellenhinweis auf das gewünschte Dokument, welches Sie sehen möchten.

Der URL ist eine Art Wegbeschreibung (Locator) zu den gewünschten Dateien (der Resource), und zwar in der Form, dass diese überall auf der Welt das gleiche Aussehen hat (Uniform).

Vielleicht werden Sie sich auch fragen, woher Sie eine solche Adresse erhalten. Dafür gibt es unter anderem einen entsprechenden Suchdienst, den Sie im Verlaufe dieses Moduls noch kennen lernen werden.

Hinweis: *http://* bedeutet, dass die Daten nach dem so genannten *Hypertext Transfer Protocol* übertragen werden sollen. Das wiederum ist das Standardverfahren, mit dem Seiten aus dem WWW geholt werden. Eine andere Zugriffsmöglichkeit ist *ftp://* (*File Transfer Protocol*). Mit *news:* gelangen Sie in die Newsgroups. Darunter versteht man eine Reihe öffentlicher Diskussionsforen. *File://* zeigt eine Datei auf Ihrem lokalen System an.

4. Schließen Sie die Eingabe mit Hilfe der ⏎-Taste ab.
5. Sie gelangen zu der so genannten Homepage der Firma Microsoft. Bis die Seite vollständig auf Ihrem Bildschirm erscheint, vergeht in der Regel etwas Zeit. Die Adresse wandelt sich automatisch in *http://www.eu.microsoft.com.germany/*.

Der Internet Explorer lässt beim Einladen einer Seite aus dem WWW die darin eingebundenen Grafiken zunächst einmal außen vor. Diese sind für den eigentlichen Informationsgehalt der entsprechenden Seite in der Regel nicht dringend erforderlich. Grafiken benötigen allerdings den größten Teil der Übertragungszeit. Wenn alle Textinformationen vorhanden und lesbar sind, werden die Seiten durch die Bilder ergänzt.

Da sich die Seiten einiger Firmen ständig ändern, wird die Homepage der Firma Microsoft, die Sie in der folgenden Abbildung sehen, auf Ihrem Bildschirm anders aussehen. Das ist aber nicht weiter schlimm, da es hier lediglich um die grundsätzliche Vorgehensweise geht.

6. Die Microsoft Homepage ist in der Regel sehr umfangreich. Um die weiteren Inhalte einzusehen, bewegen Sie den Mauszeiger auf den Kasten in der Bildlaufleiste und verschieben Sie den Fensterausschnitt durch Auf- und Abbewegen mit gedrückter linker Maustaste, wie Sie das unter Windows gelernt haben.

Auf den meisten Webseiten finden Sie Verweise zu weiteren Informationsquellen. Wenn Sie diesen Verweisen folgen, nennt man das im Web *surfen*. In der Regel handelt es sich bei den Verweisen um unterstrichene, blau hervorgehobene Wörter. Oft werden auch Grafiken zum Anklicken verwendet. Von der Homepage der Firma Microsoft aus können Sie zu bestimmten Themen der Firma Microsoft gelangen.

7. Durch einen Klick auf die unterstrichenen Texte erreichen Sie das entsprechende Thema. Probieren Sie dies aus. Bewegen Sie sich wieder an den Anfang der Webseite. Klicken Sie unter *Portale* auf den Eintrag *Office Familie*.

Die gewünschte Webseite mit den entsprechenden Informationen wird aufgerufen. In der Regel finden Sie hier wiederum Verweise zu weiterführenden Informationen.

Hinweis: Verweise werden in der Fachsprache auch *Links* genannt. Dabei handelt es sich nicht um eine Richtungsanweisung, sondern es bedeutet Verknüpfung. Der Begriff kommt aus dem Englischen (to link = verknüpfen).

8. Um zu der vorangegangenen Web-Seite zurückzukehren, klicken Sie auf die Schaltfläche *Zurück*.

Mit Hilfe der Schaltfläche *Vorwärts* gehen Sie wieder eine Seite nach vorne.

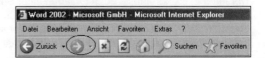

Wenn Sie die Schaltflächen *Zurück* oder *Vorwärts* anklicken, muss der Explorer die zuletzt betrachteten Seiten nicht erneut einladen, sondern hält diese sofort bereit. Das funktioniert, weil er diese Seiten auf dem Speicher Ihres eigenen Rechners kurzzeitig ablegt. Das Praktische an dieser Sache ist, dass die Seiten mit den Verweisen dabei voll funktionsfähig bleiben.

15.6 Die Suchhilfe

Beim Surfen durch das World Wide Web unterstützt Sie der Internet Explorer bei der Suche nach bestimmten Informationen. Entsprechendes gilt auch für andere Browser. Grundsätzlich benötigen Sie den URL, um zu einer bestimmten Seite zu gelangen. Nur ist diese nicht immer bekannt. Sollte dies der Fall sein, greifen Sie auf die speziellen WWW-Dienste zu, die das gesamte Netz gezielt nach Stichwörtern durchsucht.

Um bestimmte Adressen im Internet zu suchen, können Sie sich so genannter Suchmaschinen bedienen. Bekannte Suchmaschinen sind:

- Yahoo
- AltaVista
- Excite
- Fireball
- Infoseek
- Lycos
- Magellan
- MSN Web Search
- Web.de

Suchen im Internet

1. Rufen Sie die Suchseite durch einen Klick auf die Schaltfläche *Suchen* auf.

Sie werden mit der Seite *Suchen* im Internet verbunden. Es werden unterschiedliche so genannte Suchmaschinen zur Verfügung gestellt. Da sich Internet-Seiten, wie bereits erwähnt, ständig ändern, kann die Seite, die Sie erhalten, von der folgenden Abbildung abweichen. Möglicherweise müssen Sie auch den Bildausschnitt mit Hilfe des Rollbalkens verschieben.

2. Klicken Sie in das Eingabefeld und tragen Sie als Suchwort zum Beispiel Börse ein.

Die Suchmaschine beginnt mit dem Aufspüren der gewünschten Seiten. Je nach Suchwort kann eine solche Fundliste im WWW Tausende von Adressen enthalten. Sie erstreckt sich dann über mehrere Einzelseiten. In der Regel werden Sie darüber informiert, wie viele Adressen gefunden wurden.

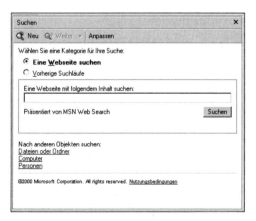

In dem Beispielfall wurde das nebenstehende Suchergebnis erzielt. Da sich die Seiten ständig ändern, kann diese bereits ein anderes Outfit haben.

3. Über das Abfrageergebnis erhalten Sie die gewünschte Seite durch einen Klick auf den unterstrichenen Texteintrag. Selbstverständlich können Sie auch nacheinander verschiedene Einträge anklicken.

Einen Dienst direkt aufrufen

Sie können auch direkt Ihren Lieblingssuchdienst aufrufen. Das funktioniert folgendermaßen:

1. Für den Suchdienst Yahoo zum Beispiel geben Sie dazu die Adresse http://www.Yahoo.de oder http://www.Yahoo.com der Adressenzeile ein. Mit der Endung .de (für Deutschland) grenzen Sie die Suche auf den deutschsprachigen Raum ein.

2. Drücken Sie die ⏎-Taste.

Sie haben hier die Möglichkeit, über die Themengruppen zu suchen oder einfach einen beliebigen Begriff einzugeben und auf die Schaltfläche Suche starten zu klicken, um das Aufspüren nach dem gesuchten Dokument in Gang zu setzen.

15.7 Dokumente speichern

Nachdem Sie eine Seite aus dem WWW geholt haben, möchten Sie diese vielleicht auf Ihrer Festplatte zwischenspeichern, um sie später noch einmal lesen zu können. Der Explorer ist in der Lage, eine Webseite im HTML-Format auf Ihrer Festplatte zu speichern. Dazu gehen Sie folgendermaßen vor:

1. Laden Sie eine beliebige Seite aus dem WWW.

2. Wählen Sie *Datei / Speichern unter.* Sie gelangen in das Dialogfeld *Speichern unter.* Als Dateityp wird automatisch *.htm* beziehungsweise *.html* genommen.

3. Legen Sie den Ordner fest, in dem Sie die Datei speichern möchten. Gehen Sie dabei vor, wie Sie das unter Windows gelernt haben.

4. Außerdem geben Sie in der Dialogbox *Speichern unter* einen Namen für die zu speichernde Datei an. Unter Umständen wird ein Name vorgeschlagen. Überschreiben Sie gegebenenfalls den Vorschlag und tragen Sie in das Feld *Dateiname* den Namen *Test* ein. Stellen Sie sicher, dass Sie entweder die Dateinamenendung *.htm* oder *.html* abspeichern. Auf diese Weise werden die Seiten im HTML-Format gespeichert. Nur dadurch ist gewährleistet, dass sie mit dem Explorer verknüpft bleibt.

5. Klicken Sie zur Bestätigung auf die Schaltfläche *Speichern*. Der Explorer speichert das aktuelle Dokument.

Wenn Sie eine gespeicherte Datei später wieder laden möchten, gehen Sie folgendermaßen vor:

6. Wählen Sie im Explorer-Fenster *Datei / Öffnen*.

7. Sie gelangen in die Dialogbox *Öffnen*. Klicken Sie auf die Schaltfläche *Durchsuchen*.

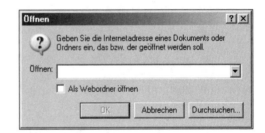

8. Sie gelangen in das Dialogfeld *Microsoft Internet Explorer*. Dieser Dialog ist ähnlich aufgebaut wie das *Öffnen*-Dialogfeld, das Ihnen aus den Windows-Anwendungen bekannt sein dürfte. Wechseln Sie in den Ordner *Coach*, in dem das HTML-Dokument *Test* gespeichert ist.

9. Wählen Sie das gewünschte Dokument *Test.htm* aus und klicken Sie auf die Schaltfläche *Öffnen*.

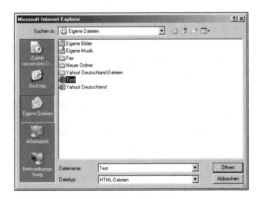

Anschließend erscheint das Dokument in Ihrem Explorer-Fenster. Je nachdem, welches Dokument Sie gewählt haben, werden Sie vielleicht feststellen, dass auf der WWW-Seite keine Bilder, sondern nur Platzhalter zu sehen sind.

15.8 Verbindung zum Internet abbrechen

Eine Verbindung zum Internet ist mit Gebühren bzw. Telefonkosten verbunden. Aus diesem Grunde sollten Sie die Verbindung zum Internet abbrechen, wenn diese nicht mehr notwendig ist.

1. Klicken Sie auf die Schaltfläche *Schließen* im Internet Explorer.
2. In der Regel wird die Dialogbox *Automatische Trennung* aufgerufen. Klicken Sie dort auf *Verbindung trennen*.

Zusammenfassung

- Das Internet ist ein weltumspannendes Netzwerk von Computern. Es besteht aus Millionen von Computern, die weltweit miteinander kommunizieren können.

- Das World Wide Web ist eine Sammlung von diversen Informationen, die im Internet dargestellt werden können. Sie sind als elektronische Dokumente auf den Computern im Web gespeichert, auf die weltweit Anwender zugreifen.

- Bei Webseiten handelt es sich um so genannte Hypertext-Dokumente, die mit Hilfe der so genannten Hyperlinks auf andere Seiten im Web verweisen.

- Die Dokumente im WWW sind in der Skriptsprache HTML geschrieben.

- Für einen Internet-Zugang benötigen Sie ein Modem, einen Telefonanschluss und einen Provider.

- Ein Web-Browser ist eine spezielle Internet-Software, die den Zugriff und die Darstellung des World Wide Web ermöglicht.

- Der Begriff *Browser* kommt aus dem englischen „to browse" und heißt übersetzt „blättern".

- Für die Seiten des WWW gibt es kein Inhaltsverzeichnis. Damit der Explorer weiß, woher er Ihnen eine Seite holen soll, müssen Sie die gewünschte Adresse in der Adressenzeile eintragen.

- Der Begriff *URL* steht für die Adresse eines Dokumentes.

- Auf den meisten Webseiten finden Sie Verweise zu weiteren Informationsquellen. Wenn Sie diesen Verweisen folgen, surfen Sie im Web.

Zusammenfassung

✓ Um bestimmte Adressen im Internet zu suchen, können Sie sich so genannter Suchmaschinen bedienen.

✓ Webseiten können Sie auch auf Ihrer Festplatte speichern. Dazu verwenden Sie den Befehl *Datei / Speichern unter*. Entsprechend können Sie diese Datei im Explorer-Fenster über *Datei / Öffnen* wieder öffnen.

Übungen

1. Erläutern Sie die Möglichkeiten, die das Internet bietet.
2. Was ist das World Wide Web?
3. Welche Sprache wird im World Wide Web verwendet?
4. Was versteht man unter einem Web-Browser?
5. Welche Web-Browser kennen Sie?
6. Erklären Sie den Begriff *URL*.
7. Welches sind die bekanntesten Provider?
8. Welche Internet-Suchdienste stehen zur Verfügung?
9. Schauen Sie weitere interessante Web-Adressen nach:

    - *http://www.stern.de*
    - *http://www.cdnow.com*
    - *http://www.city.net*
    - *http://www.apple.de*
    - *http://www.tecchannel.de*
    - *http://www.vmi-buch.de*

10. Durchstöbern Sie das Internet nach Personen und Themen, die Sie interessieren, denn auf diese Weise erlernen Sie das Surfen am schnellsten.
11. Speichern Sie eine Webseite Ihrer Wahl und öffnen Sie diese anschließend.

Die Lösungen zu diesen Aufgaben finden Sie im Anhang des Co@ches.

Modul 16

Die elektronische Post

Der wohl wichtigste und am häufigsten genutzte Dienst im weltweiten Datennetz ist die elektronische Post (englisch: electronic mail), kurz *E-Mail* genannt. Per E-Mail können Sie einen elektronischen Brief an seinen Empfänger schicken, auch wenn dieser am anderen Ende der Welt wohnt. Voraussetzung für den E-Mail-Versand beziehungsweise -Empfang sind ein Internet-Zugang und ein Modem. Für den Service zahlen Sie die Telefonkosten zu Ihrem Internet-Einwahlpunkt.

Lernen Sie

- eine E-Mail zu verschicken
- eine E-Mail abzuholen
- eine E-Mail mit Anhang kennen

Hinweis: Dieses Modul erläutert am Beispiel von T-Online, wie Sie E-Mails verschicken und empfangen können. Die Einrichtung einer E-Mail-Adresse wird nicht erklärt.

16.1 Der Versand einer E-Mail

Der Versand einer E-Mail funktioniert folgendermaßen:

1. Sie verfassen Ihre Nachricht, zum Beispiel als Word-Dokument.
2. Sie notieren die Adresse des Empfängers.
3. Sie geben die Nachricht beim elektronischen Postdienst ab.
4. Der Postdienst sendet Ihre E-Mail an den Empfänger.

Um mit Hilfe von T-Online eine Nachricht zu versenden, gehen Sie wie folgt vor:

5. Klicken Sie auf dem Desktop doppelt auf das *T-Online*-Symbol.

    Sie gelangen in das T-Online-Fenster.

6. Klicken Sie auf die Schaltfläche *eMail aufrufen*.

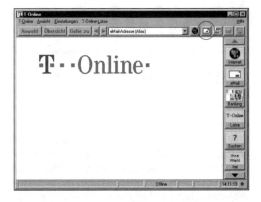

7. Sie gelangen in das Dialogfeld *T-Online eMail*. Überprüfen Sie Ihre Zugangsdaten und klicken Sie auf *OK*.

8. Im folgenden Dialogfeld klicken Sie auf die Schaltfläche *Schreiben*.

9. Das Dialogfeld *eMail schreiben* wird aufgerufen. Tragen Sie in das Feld *Empfänger* die Empfängeradresse ein. Falls Sie eine Kopie Ihres Schreibens an weitere Personen schicken möchten, tragen Sie deren Adressen in das Feld *Kopieempfänger* ein. Für das Beispiel soll kein Durchschlag versendet werden, Sie können das Feld also ignorieren.

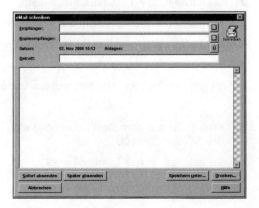

> **Hinweis:** Hinsichtlich der Adressschreibweise sollten Sie beachten, dass keine Leerzeichen erlaubt sind. Stattdessen verwendet man Punkte. Zu Beginn steht der Name des Empfängers, gefolgt von einem so genannten *Klammeraffen* (@). Dieser zeigt an, dass die eigentliche Adresse beginnt.

10. Als Nächstes sollen Sie einen *Betreff* in das dafür vorgesehene Feld eintragen.
11. In das große Feld können Sie den eigentlichen Text eintragen. Klicken Sie mit der linken Maustaste in das Feld und tragen Sie den gewünschten Text ein. Vergleichen Sie dazu auch folgende Abbildung.
12. Wenn Sie eine Datei an Ihr Schreiben anhängen möchten, klicken Sie auf *Anlage*. Sie gelangen in das Dialogfeld *Email – Anlagen einfügen*.

13. Klicken Sie auf die Schaltfläche *Datei anfügen...*.

    Sie erreichen einen weiteren Dialog, nämlich *Anlage auswählen*. Als Anlage können Sie im Prinzip jede Art der Datei, angefangen von Textdokument über Excel-Dateien bis hin zum Bilddokument, nehmen.

14. Stellen Sie den gewünschten Ordner ein und klicken Sie anschließend auf die Datei, die Sie an Ihre E-Mail hängen möchten.
15. Verlassen Sie das Dialogfeld über *OK*.
16. Sie kehren zurück in das Dialogfeld *eMail – Anlagen anfügen*.

17. Klicken Sie dort auf *OK*.
    Die E-Mail wird an die Datei angehängt. Sie kehren zurück in das Fenster *eMail schreiben*.
18. Klicken Sie auf *Sofort versenden*, um die E-Mail abzuschicken.

19. Sie erhalten unter Umständen eine Nachricht, dass alle zum Versenden markierten E-Mails des Ausgangskorbes versandt werden. Klicken Sie auch hier auf *OK*.

20. Die Verbindung zum Server wird hergestellt. Nachdem die E-Mail übertragen wurde, werden Sie gefragt, ob Sie mit der T-Online-Software offline gehen wollen. Beantworten Sie die Frage durch einen Klick auf *Ja*.

21. Anschließend wird eine Bestätigung gezeigt, dass die E-Mails übertragen wurden. Verlassen Sie das T-Online-Fenster über die Schaltfläche *Schließen*.

> **Hinweis:** Wenn Sie eine Datei grösseren Umfangs an eine E-Mail anhängen möchten, sollten Sie diese vor dem Versand mit einem Kompressionsprogramm packen. Auf diese Weise lässt sich die Grösse nämlich beträchtlich reduzieren und somit die Übertragungsrate verkürzen. Das spart sowohl bei Ihnen selbst als auch beim Empfänger Geld.

16.2 Eine E-Mail abholen

Wenn Sie in T-Online eine E-Mail, die Ihnen jemand geschickt hat, lesen wollen, müssen Sie diese zunächst abholen.

1. Um in das T-Online-Fenster zu gelangen, klicken Sie auf dem Desktop doppelt auf das *T-Online*-Symbol.
2. Klicken Sie auf die Schaltfläche *eMail aufrufen*. Sie erreichen das Ihnen bereits bekannte Dialogfeld *T-Online eMail*.
3. Überprüfen Sie Ihre Zugangsdaten und klicken Sie auf *OK*.

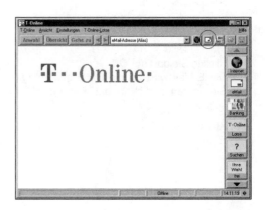

4. Im folgenden Dialogfeld klicken Sie auf die Schaltfläche *Abholen*.

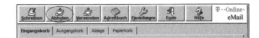

T-Online wählt sich beim Server ein. Sie erhalten einen entsprechenden Dialog.

Die Liste der E-Mails wird geladen. Während dieses Vorgangs müssen Sie nichts machen.

Wenn keine E-Mail auf dem Server liegt, erhalten Sie eine entsprechende Meldung.

Falls E-Mails angekommen sind, wird automatisch das Dialogfeld *eMail vom Server abholen* eingeblendet.

5. Sollten bei Ihnen E-Mails angekommen sein, klicken Sie auf *Ausführen*.

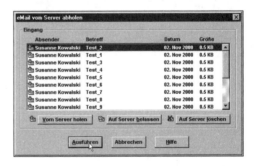

Die E-Mails werden abgeholt. Falls mehrere E-Mails angekommen sind, müssen Sie diese nicht einzeln vom Server abholen oder markieren. Durch einen Klick auf die Schaltfläche *Ausführen* werden automatisch alle E-Mails abgeholt. T-Online informiert Sie über den Fortschritt der Übertragung.

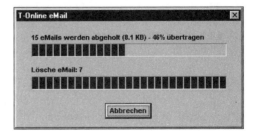

Nachdem alle E-Mails übertragen wurden, erhalten Sie eine Abfrage, ob Sie offline gehen wollen.

6. Klicken Sie auf *OK*.

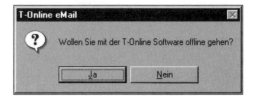

Die Liste mit den eingegangenen Mails wird angezeigt.

7. Markieren Sie die E-Mails, die Sie lesen möchten und klicken Sie auf die Schaltfläche *Lesen*.

8. Verlassen Sie das T-Online-Fenster über die Schaltfläche *Schließen*.

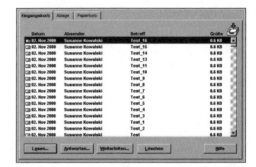

> **Hinweis:** Wenn Sie Outlook zum Senden und Empfangen von E-Mails nutzen wollen, müssen Sie dort ein E-Mail-Konto eingerichtet haben. Die einzelnen Arbeitsschritte sind den oben beschriebenen sehr ähnlich. Zum Abrufen und Versenden Ihrer E-Mail klicken Sie auf die Schaltfläche *Senden / Empfangen*. Anlagen können Sie über die Menüfolge *Einfügen / Datei* anfügen.

Zusammenfassung

✓ Per E-Mail können elektronische Briefe an einen Empfänger geschickt werden. Um eine E-Mail zu erstellen, müssen Sie das T-Online-Fenster öffnen.

✓ Eine E-Mail können Sie gleichzeitig an mehrere Empfänger schicken.

✓ Zusammen mit einer E-Mail können auch komplette Dateien verschickt werden.

✓ Wenn Sie selbst eine E-Mail erhalten, müssen Sie diese vom Server abholen.

Übungen

1. Beschreiben Sie die Schrittfolge zum Erstellen einer E-Mail.
2. Welche Art von Datei können Sie an eine E-Mail anhängen?
3. Wie gehen Sie vor, um eine E-Mail abzuholen?
4. Durch welches Zeichen werden Leerstellen in einer E-Mail-Adresse ersetzt?

Die Lösungen zu diesen Aufgaben finden Sie im Anhang des Co@ches.

Glossar

Abfrage
Mit Hilfe einer Abfrage können Sie Daten selektieren.

Absatz
In der Textverarbeitung bezeichnet man den Text zwischen zwei Absatzmarken als Absatz.

Absatzformatierung
Unter Absatzformatierung versteht man Gestaltungsmerkmale in einem Textverarbeitungsprogramm, die auf einen Absatz angewendet werden, wie zum Beispiel die Ausrichtungen *links*, *rechts*, *zentriert* und Blocksatz.

Absatzmarke
In der Textverarbeitung finden Sie am Ende eines Absatzes die so genannte Absatzmarke. Einen neuen Absatz erhält man, indem man die ⏎-Taste drückt. Man spricht dann auch von einem Absatzumbruch, im Gegensatz zum Zeilenumbruch, bei dem nur die Zeile, nicht aber der Absatz beendet wird.

ALU
Abkürzung für *Arithmetical and Logical Unit* (= arithmetische und logische Einheit), Teil eines Prozessors.

Arbeitsblatt
Der Arbeitsbereich eines Tabellenkalkulationsbereichs. Er ist in Zeilen und Spalten aufgeteilt. Der Schnittpunkt zwischen Zeile und Spalte heißt Zelle.

Arbeitsmappe
Die einzelnen Arbeitsblätter einer Tabellenkalkulation werden in Arbeitsmappen verwaltet.

Arbeitsspeicher
Der Arbeitsspeicher ist der schnelle Speicher eines Computers, auf den lesend und schreibend zugegriffen werden kann (vergleiche RAM).

Assistent
Assistenten unterstützen die Anwender bei der Durchführung bestimmter Aufgaben.

AutoFormat
Ein Befehl, um automatische Formatierungen durchzuführen.

Automatischer Zeilenumbruch
Das Textverarbeitungsprogramm Word achtet darauf, ob ein Wort nicht mehr in eine Zeile passt und schreibt es automatisch in die nächste Zeile. Für Sie bedeutet dies, dass Sie am Ende der Zeile nichts machen müssen. Ein „Wagenvorschub" wie bei der Schreibmaschine ist somit nicht notwendig.

AutoText
Unter AutoTexten versteht man Textpassagen, die man zusammen mit einem Namen abspeichert. Später kann man den Namen in Kombination mit der Taste F3 aufrufen und der Text wird zusammen mit den ihm zugewiesenen Formatierungen in ein Dokument eingefügt.

Betriebssystem
Das Betriebssystem steuert und überwacht den Betrieb innerhalb eines Computers.

BIOS
Abkürzung für *Basic Input/Output System*. Das grundlegende Ein- und Ausgabesystem, das die Schnittstelle zwischen Hard- und Software bildet.

Bit
Abkürzung für *Binary Digit*. Die kleinste Informations- und Speichereinheit in einem Rechner.

Blattregister
Die Registerlaschen oberhalb der Statusleiste in der Tabellenkalkulation.

Browser
Ein Browser ist eine spezielle Internet-Software, die den Zugriff und die Darstellung des World Wide Web ermöglicht.

Byte
Ein Byte wird durch eine Gruppe von acht Bit gebildet.

Cache
Zwischenspeicher (Puffer) zwischen Prozessor und Arbeitsspeicher.

CD-ROM
Abkürzung für *Compact Disc Read Only Memory*, ein optischer Massenspeicher.

Cursor
Eine andere Bezeichnung für Einfügemarke.

Dateinamenerweiterung
Die drei Zeichen, die in der Regel vom Programm automatisch an den Dateinamen angefügt und durch einen Punkt von diesem getrennt werden.

Datenbank
Eine Datenbank enthält alle Informationen in einer Datei, die zu einem Datenbankprojekt gehören. Sie besteht aus einer zweidimensionalen Tabelle, aufgeteilt in Feldnamen und Datensätze.

Datenmaske
Ein Eingabeformular zur Erfassung von Datensätzen.

Datenschutz
Der Datenschutz betrifft Maßnahmen, die den Missbrauch personenbezogener Daten verhindern sollen. Das Datenschutzgesetz (BDSG) garantiert jedem Bürger seine Rechte in Bezug auf personenbezogene Daten.

Desktop
Die Arbeitsfläche unter Windows, die die Funktion eines elektronischen Schreibtisches erfüllt.

Diskette
Speichermedium für geringe bis mittlere Datenbestände.

Dokument
Die Datei einer Textverarbeitung wird häufig als Dokument bezeichnet.

DV
Abkürzung für *Datenverarbeitung*.

EDV
Abkürzung für *elektronische Datenverarbeitung*.

Einfügemarke
Eine andere Bezeichnung für Cursor.

Einzug
Unter einem Einzug versteht man in einem Textverarbeitungsprogramm den Abstand des Absatzes zum Seitenrand. Einzüge können Sie dort über *Format / Absatz* zuweisen.

E-Mail
Die Umsetzung des Briefversands und Empfangs in das elektronische Medium.

EVA-Prinzip
Die Datenverarbeitung baut auf das EVA-Prinzip auf. EVA steht für Eingabe – Verarbeitung – Ausgabe.

Explorer
Ein zentrales Werkzeug unter Windows. Mit Hilfe des Explorers haben Sie Zugriff auf Datenträger und Ordner, Programme und Dokumente.

Felddatentyp
Für die Verwaltung von Daten in Access können Sie für die einzelnen Felder einer Tabelle einen Datentyp festlegen. Man unterscheidet unter anderem die Felddatentypen *Text, Zahl, Datum/Uhrzeit*.

Feldname
In einer Datenbank werden die Tabellenspalten über Feldnamen angesprochen.

Fenster
Unter Windows werden alle Programme und Dokumente in so genannten Fenstern dargestellt. Diese enthalten immer eine Titelleiste mit dem Fensternamen. Die übrigen Fensterelemente variieren.

Festplatte
Speichermedium, das fest im Computer eingebaut ist.

Formel
Bei einer Formel handelt es sich um eine Rechenanweisung.

Formular
In Access spricht man im Zusammenhang von Formularen auch von Datenmasken.

Grammatikprüfung
Word überprüft Ihre Eingaben auf eine korrekte Grammatik. Sie können die Grammatikprüfung unter anderem über die Schaltfläche *Rechtschreibung und Grammatik* aktivieren.

Hardware
Die Hardware umfasst alle physikalischen Komponenten eines Computersystems.

HTML
Mit Hilfe der Skriptsprache HTML werden Hypertext-Dokumente erzeugt.

Hyperlink
Die Verweise einer Webseite auf andere Textstellen, Medien oder Dokumente werden als *Hyperlinks* oder kurz *Links* (Verbindungen) bezeichnet.

Hypertext
Bei Webseiten handelt es sich um so genannte *Hypertext*-Dokumente, die mit Hilfe der so genannten Hyperlinks auf andere Seiten im Web verweisen.

IBM
Abkürzung für *International Business Machines Corporation*. Die IBM ist ein weltweites Unternehmen, das Produkte für den Computermarkt herstellt.

Icon
Unter Windows werden Dokumente und Objekte als grafische Symbole dargestellt, die man *Icons* nennt.

Internet
Ein weltweiter Zusammenschluss von einer Vielzahl von Computernetzwerken.

Lineal
Das Textverarbeitungsprogramm Word verfügt über ein Lineal, das sich im oberen Teil des Bildschirms befindet. Mit Hilfe des Lineals können Sie beispielsweise Randeinstellungen oder Einzüge festlegen.

Markieren
Bevor Sie eine Textstelle oder ein Objekt bearbeiten, muss es mit Hilfe der Maus oder der Tastatur markiert werden.

Maus
Zeigegerät zur Kommunikation mit dem Computer.

Microsoft
Abkürzung für *Microsoft Corporation*, ein führendes Unternehmen für Standardsoftware.

Modem
Wenn Sie mit Ihrem PC Kontakt zu anderen PCs aufnehmen möchten, benötigen Sie ein Modem oder eine ISDN-Karte für den PC sowie einen Telefonanschluss.

Office-Assistent
Der Office-Assistent ist eine Hilfe für die Anwendungen der Office-Familie. In schwierigen Arbeitssituationen meldet er sich teilweise unaufgefordert zu Wort.

Präsentationsprogramm
Mit dem Präsentationsprogramm können Sie mehrseitige Präsentationen erstellen, die Sie zum Beispiel begleitend zu einem Vortrag zeigen möchten.

Primärschlüssel
Ein Primärschlüssel beschreibt einen Wert, der einen Datensatz eindeutig identifiziert.

Programm
Ein Computerprogramm, häufig nur Programm genannt, ist eine Folge von Anweisungen und Definitionen in Maschinensprache oder einer höheren Programmiersprache, die der Computer befolgen soll.

Provider
Organisationen, die Einwählpunkte ins Internet unterhalten und den Zugriff auf das Internet ermöglichen.

Prozessor
Der Prozessor, häufig auch als CPU bezeichnet, ist das Gehirn des Computers. Seine Funktion besteht in der Steuerung und Berechnung von Daten.

RAM
Abkürzung für *Random Access Memory*. Ein Schreib-Lese-Speicher. Er kann frei beschrieben, gelesen und gelöscht werden.

Rechenwerk
Das Rechenwerk ist ein Teil des Prozessors. Es realisiert die grundlegenden Rechenoperationen.

Rechtschreibprüfung
Mit Hilfe eines Wörterbuches werden Ihre Eingaben auf korrekte Rechtschreibung hin überprüft. Die Rechtschreibprüfung können Sie unter anderem über die Schaltfläche *Rechtschreibung und Grammatik* aktivieren.

ROM
Abkürzung für *Read Only Memory*. Ein Nur-Lese-Speicher, auf dem keine neuen Daten abgespeichert werden können.

Scanner
Ein Gerät, um Vorlagen wie Bilder oder Texte abzutasten.

Schaltung
Für die Ausführung verschiedener Operationen – wie Berechnungen – in der Zentraleinheit einer Datenverarbeitungsanlage spielen logische Schaltungen eine große Rolle.

Schriftgrad
Die Größe der Schrift wird in Punkt, einem Maß aus der Druck- und Satztechnik, gemessen.

Seitenansicht
In dieser Ansicht sehen Sie Texte und Tabellen, wie sie auf dem Drucker ausgegeben werden.

Software
Die Software teilt dem Rechner in einer für ihn verständlichen Sprache mit, was zu tun ist.

Sonderzeichen
Zeichen, die sich nicht auf der Tastatur befinden. Mit Hilfe der Funktion *Einfügen / Sonderzeichen* können Sie in Microsoft Word Zeichen und Symbole in ein Dokument einfügen, die Sie auf der Tastatur nicht finden.

Soundkarte
Eine Soundkarte ist eine im PC installierte Steckkarte, die es möglich macht, digitale Soundsignale als Audiosignal auszugeben.

Spalte
Der vertikale Bereich einer Tabelle wird Spalte genannt.

Steuerwerk
Das Steuerwerk ist ein Teil des Prozessors und steuert den internen Datenfluss sowie die Abarbeitung von Befehlen.

String
Eine Folge von Zeichen und Ziffern, auch Zeichenkette genannt.

Tabellenkalkulation
Eine Software, die das Arbeiten mit Tabellen ermöglicht. Hier geht es in erster Linie um das Verrechnen, Vergleichen, Analysieren von Zahlen oder deren Präsentation mit Hilfe von Diagrammen.

Zeichenformatierung
Unter Zeichenformatierung versteht man Gestaltungsmerkmale, die auf markierte Textpassagen oder Zahlen angewendet werden, wie zum Beispiel das Ändern der Schriftgröße oder die Zuweisung von fetter Formatierung.

URL
Abkürzung für *Uniform Resource Locator*. Eine Adresssenangabe für eine bestimmte Internet-Ressource.

Virus
Computer-Viren sind Programme, die Daten und Systeme befallen und diese unter Umständen zerstören.

WWW
Abkürzung für *World Wide Web*. Das World Wide Web ist eine Sammlung von diversen Informationen, die im Internet dargestellt werden können.

Zeile
Der horizontale Bereich einer Tabelle wird als Zeile bezeichnet.

Zeilenumbruch
Ein Zeilenumbruch wird in Word mit der Tastenkombination ⇧ + ↵ erzeugt und bewirkt, dass die Eingabemarke in die nächste Zeile wechselt. Der Zeilenumbruch ist das Gegenstück zum Absatzumbruch.

Zelle
Der Schnittpunkt einer Zeile und Spalte heißt Zelle. Die Zelladresse ist eine Kombination von Spalten und Zeilenangabe.

Zentraleinheit
Als Zentraleinheit bezeichnet man den Computer mit allen integrierten Komponenten wie Motherboard, Arbeitsspeicher, Steckkarten, Laufwerk usw. Auch der zentrale Prozessor (CPU) wird als Zentraleinheit betitelt.

Lösungen

Modul 1

1. Zu den Einzelteilen eines Computers gehören Bildschirm, Tower, Tastatur und Maus. Vielfach sind ein Drucker und weitere Eingabegeräte angeschlossen.

2. Die Computer-Tastatur ist der Schreibmaschinentastatur zwar sehr ähnlich, sie enthält aber zusätzliche Funktionstasten. Ein wichtiger Unterschied zwischen Computer-Tastatur und Schreibmaschinentastatur ist, dass die Ein- und Ausgabe des Textes zeitlich getrennt erfolgen.

3. Neben der Kugel auf der Unterseite gehören zu der Maus eine linke und rechte Maustaste. Einige Mäuse haben zusätzlich noch eine mittlere Taste.

4. Schalten Sie den Computer ein. Der Schalter befindet sich am Tower beziehungsweise Ihrem Desktop-Gehäuse. Normalerweise sind der Computer und der Bildschirm so gekoppelt, dass automatisch der Bildschirm eingeschaltet wird. Bleibt der Monitor jedoch dunkel, müssen Sie ihn separat anschalten. Auch dieser Schalter hat von Gerät zu Gerät unterschiedliche Formen und kann sich an verschiedenen Stellen befinden. Sollten Sie den Schalter nicht finden, hilft ein Blick in die Beschreibung des Gerätes. Wählen Sie im Eingangsdialog von Windows den gewünschten Benutzer aus.

5. Bewegen Sie die Maus auf einer Unterlage, um die Bewegungen an den Bildschirm weiterzugeben.

6. Zeigen Sie mit der Maus auf die Schaltfläche mit der Bezeichnung *Start,* die sich in der Regel in der linken unteren Bildschirmecke befindet. Klicken Sie einmal mit der linken Maustaste. Sie erhalten ein Fenster mit unterschiedlichen Einträgen. Das Fenster wird vermutlich von dem, das Sie auf Ihrem Bildschirm sehen, abweichen. Das liegt daran, dass sich dessen Inhalt an den jeweiligen Benutzer individuell anpasst. Zeigen Sie mit der Maus auf die Schaltfläche *Ausschalten* und klicken Sie mit der linken Maustaste. Sie erhalten ein rechteckiges Feld, das Dialogfeld, Dialog, Dialogbox oder Fenster genannt wird. Standardmäßig finden Sie in dort die Schaltfläche *Ausschalten*. Klicken Sie mit der linken Maustaste auf die Schaltfläche *Ausschalten*. Sie erhalten eine Meldung, dass Windows heruntergefahren wird.

Modul 2

1. Texte schreiben, gestalten, korrigieren / Bilder und Grafiken erstellen / Photos bearbeiten / Häuser konstruieren / Tabellen erstellen und komplexe Rechnungen durchführen lassen / Diagramme erstellen / Datenbestände verwalten / Videos schneiden und vertonen / Spiele machen / Finanzbuchhaltung abwickeln / Briefe verschicken und empfangen

2. Die Datenverarbeitung baut auf dem EVA-Prinzip auf. EVA steht für *Eingabe – Verarbeitung – Ausgabe.*

3. Ein Computerprogramm, häufig nur Programm genannt, ist eine Folge von Anweisungen und Definitionen in Maschinensprache oder einer höheren Programmiersprache, die es dem Computer ermöglicht, bestimmte Aufgaben im Bereich der Datenverarbeitung auszuführen.

4. Elektronische Datenverarbeitung.

Modul 3

1. Laut Deutscher Industrie-Norm gehören der Prozessor, der Zentralspeicher (Hauptspeicher) und die Eingabe-/Ausgabeschnittstellen zur Zentraleinheit.

2. Der Prozessor ist quasi das Gehirn des Computers. Seine Funktion besteht in der Steuerung und Berechnung von Daten.

3. Das Bit-Wort und die Taktfrequenz bestimmen maßgeblich die Geschwindigkeit, mit der Daten verarbeitet werden können. Für die Leistungsfähigkeit des Prozessors ist außerdem entscheidend, wie viele Bits der Prozessor gleichzeitig an seine angeschlossene Peripherie schicken kann.

4. Ein Speicher ist nichts anderes als ein Aufbewahrungsort für Daten. Das heißt, ein Speicher nimmt Daten auf, verwahrt diese und gibt sie bei Bedarf wieder ab.

5. Permanente Speicher erhalten die Daten. Flüchtige Speicher dienen als Arbeitsspeicher eines Computers. Die Programmdateien, die ausgeführt werden sollen, werden von einem permanenten Datenträger in den flüchtigen Arbeitsspeicher geladen. Dort werden dann die Anweisungen des Prozessors abgearbeitet.

6. Zur Peripherie des Computers gehören im Wesentlichen externe Speicher sowie Ein- und Ausgabegeräte.

7. Festplatte (Harddisk), CD-ROM, Diskette (Floppy Disk).

8. Die Vorteile der Festplatte sind hohes Fassungsvermögen, schnelle Zugriffszeit und hohe Übertragungsraten für Daten und Programme.

9. Die Schnelligkeit der Festplatte ist abhängig von Zugriffszeit und Datendurchsatz.

10. Die Speicherkapazität von Disketten hängt von der Schreibdichte und Speicherorganisation ab.

11. Beim Umgang mit Disketten sollten Sie beachten, dass die Oberfläche der Magnetseite nicht mit den Fingern berührt wird, die Diskette nicht in die Nähe magnetischer Felder kommt, dass zu elektrischen Geräten ein Abstand von mindestens 30 cm besteht, die Diskette nicht verbogen und nicht extremen Temperaturen ausgesetzt wird. Am besten sind Disketten in einer Schutzhülle aufzubewahren.

12. Die CD-ROM ist durch den Anwender nicht beschreibbar. Sie kann nicht mehr gelöscht werden. Sie eignet sich zur kostengünstigen Aufbewahrung von großen Datenmengen. Die Speicherkapazität einer CD-ROM liegt bei einseitiger Aufzeichnung zwischen 650 bis 700 MByte.

13. Ein schlechter Bildschirm kann rote, tränende Augen und Kopfschmerzen zur Folge haben.

14. Die Bildschirmfrequenz wird in Hertz ausgedrückt. Diese Maßeinheit beschreibt, wie oft pro Sekunde ein Bild neu aufgebaut wird.

15. Zu den Impact-Printern gehören Nadel- und Typenraddrucker. Tintenstrahl- und Laserdrucker gehören zu den Non-Impact-Druckern.

16. Nadeldrucker sind kostengünstig in Anschaffung und Unterhaltung und ermöglichen Durchschläge. Nachteilig sind die schlechte Qualität und ihre Lautstärke.

17. Tintenstrahldrucker sind in der Regel preiswert und bieten dennoch eine gute Schriftqualität. Bei großen Grafiken ist allerdings mit Qualitätseinbußen zu rechnen. Nachteilig ist auch ihre geringe Geschwindigkeit.

18. In der täglichen Arbeit kommt es oft zu einer Kombination von Maus- und Tastatureinsatz.

19. Eine Soundkarte wird im PC als Steckkarte installiert.

20. Eine Soundkarte ermöglicht, fertige Sounds auf verschiedene Arten und von diversen Quellen abzuspielen. Das heißt, Sie können zum Beispiel eine Audio-CD in Verbindung mit einem CD-ROM-Laufwerk über den PC abspielen, Musik wie mit einer elektronischen Orgel erzeugen, Geräusche und Sprache mit Hilfe eines Mikrofons aufnehmen, Musik beispielsweise von ei-

ner CD aufnehmen, Musik mit Sprache oder anderer Musik vermischen.

21. Ein Modem kann zum Verschicken und Empfangen von Faxen, E-Mails und Dateien ebenso genutzt werden wie als Zugang für das Internet oder zur Abwicklung der Bankgeschäfte.

22. Externe Modems sind separate Geräte, die universell einsetzbar und nicht auf die Anwendung mit PCs beschränkt sind. Der Einbau und die Inbetriebnahme sind bei externen Modems wesentlich unkomplizierter als bei internen Modems.

23. Die Geschwindigkeit von Modems wird in Baud (bps) gemessen.

24. Ein Scanner funktioniert ähnlich wie ein Fotokopierer. Anstatt die Kopien auf Papier auszugeben, werden diese in Daten umgesetzt. Dabei wird die Vorlage von einer Lichtquelle angestrahlt, die diese dann quasi abtastet. Ein Scanner liest die Vorlage dabei als Punkte, die in der Fachsprache *Pixel* genannt werden.

25. Im privaten Bereich werden in erster Linie Hand- und Flachbettscanner eingesetzt. Der Handscanner ist die preiswertere Alternative, die allerdings einige Übung und eine ruhige Hand erfordert. Oft steht nur eine geringe Abtastbreite zur Verfügung, so dass eine größere Vorlage in mehreren Durchgängen gescannt und anschließend wieder zusammengesetzt werden muss. Diese Vorgehensweise erfordert ein äußerst exaktes Arbeiten. Beim Flachbettscanner wird die Vorlage wie beim Kopiergerät flach aufgelegt, da hier das Bild durch den Scanner läuft. Dadurch wird im Allgemeinen eine wesentlich höhere Präzision und höhere Bildqualität erreicht als bei Handscannern.

26. Ein CD-Brenner (CD-Writer) ist ein Gerät, mit dessen Hilfe Daten auf speziellen CD-Rohlingen gesichert werden können. Es besteht die Möglichkeit, CD-Brenner auch als CD-ROM-Laufwerke einzusetzen, allerdings mit längeren Zugriffszeiten. Zum Beschreiben einer CD ist eine spezielle Software notwendig.

Modul 4

1. Damit ein Computer überhaupt arbeiten kann, ist ein Programm erforderlich, das ihm entsprechende Anweisungen gibt. Diese Aufgabe übernimmt das Betriebssystem. Es steuert die Hardware, dient als Schnittstelle zwischen Anwender und Maschine und managt quasi den Computer.

2. Das Betriebssystem kann man in Steuer- und Dienstprogramme unterteilen.

3. Steuerprogramme sorgen für einen reibungslosen Arbeitsablauf im Rechner. Sie müssen dem EVA-Prinzip in ihrer Funktionalität gerecht werden.

4. Finanzbuchhaltung, Textverarbeitung, Tabellenkalkulation, Grafik, Lohn- und Gehaltsabrechnung, Datenbankverwaltung, CAD, Präsentation.

5. Office-Pakete sind Zusammenstellungen von Programmen, die für typische Büroarbeiten verwendet werden wie Textverarbeitung, Tabellenkalkulation, Datenbankprogramm und Präsentationsprogramm. Dabei sind mehrere Anwendungsprogramme inhaltlich und formal aufeinander abgestimmt und zu einem Paket zusammengefasst. In der Regel sind solche Pakete preisgünstiger als die Summe der Einzelkomponenten. Vorteile sind einheitliche Bedienung und erleichterter Datenaustausch.

6. In Deutschland werden in erster Linie Microsoft Office, Corel Suite, Lotus Smart Suite und StarOffice vertrieben.

7. Eine Programmiersprache ist eine streng formalisierte Sprache zum Formulieren von Programmen. Sie besteht aus Buchstaben, Ziffern und Sonderzeichen und folgt einer streng vorgegebenen Syntax und Semantik.

8. Eine maschinenabhängige Programmiersprache kann nur auf einem ganz bestimm-

ten Computertyp ablaufen. Sie hat die gleiche oder ähnliche Struktur wie die Befehle eines Prozessortyps. Von maschinenunabhängigen Programmiersprachen oder auch höheren oder problemorientierten Programmiersprachen spricht man dagegen, wenn sich die Sprache nicht an der Maschine, sondern an dem jeweiligen Problem orientiert.

9. COBOL, RPG, PL1, ALGOL, BASIC, APL, PASCAL

10. Bei der Erstellung des Programms wird mit der Aufgabenstellung begonnen. Danach folgen Problemanalyse, grafische Darstellung des Datenflusses, grafische Darstellung des Programmablaufs und Codierung des Algorithmus in eine Programmiersprache. Danach wird das Programm zunächst getestet. Es folgen Pogrammdokumentation und schließlich der Programmeinsatz.

Modul 5

1. Computer kann man in die Klassen Supercomputer, Großrechner, Minicomputer, Workstations, Mikrocomputer / Personalcomputer und Homecomputer einteilen.

2. Die Bedeutung des Großrechners hat in den vergangenen Jahren abgenommen. Grund dafür ist zunehmendes *Downsizing*. Mehr und mehr Aufgaben, die von Rechenzentren verwaltet wurden, werden direkt an die Arbeitsplätze in der Fachabteilung verlagert.

3. Workstations sind leistungsstarke Computer, die für rechnerintensive Aufgaben eingesetzt werden.

4. In erster Linie werden PCs für Textverarbeitung, Tabellenkalkulation, Datenbanken, Grafik- und CAD-Anwendungen eingesetzt. Im Heimbereich wird der Personalcomputer auch häufig für Spiele verwendet.

5. Man unterscheidet die Logikgatter Negation, Konjunktion und Disjunktion. Die Negation wird als NOT-Verknüpfung bezeichnet. Diese Schaltungsanordnung invertiert eine Eingangsgröße, das heißt, sie verwandelt eine Eins in eine Null und umgekehrt. Die Konjunktion wird häufig auch als AND-Verknüpfung bezeichnet. Bei der Konjunktion gibt es zwei Eingänge, aber nur einen Ausgang. Der Ausgang nimmt immer nur dann den Wert eins an, wenn an beiden Eingängen ebenfalls eine eins vorliegt. Auch bei der Disjunktion (Oder-Schaltung) gibt es zwei Eingänge und einen Ausgang. Wenn mindestens einer der beiden Eingänge den Wert eins enthält, erhält auch der Ausgang diesen Wert.

6. ASCII-Code, ANSI-Code, EBCDIC-Code.

7. Der ASCII-Code und der ANSI-Code werden schwerpunktmäßig im PC-Bereich eingesetzt.

8. Der EBCDIC-Code wird überwiegend bei Großrechnern verwendet.

9. barcode

10. Die Dualzahl ermittelt sich wie folgt:

333	: 2 =	166	Rest 1
166	: 2 =	83	Rest 0
83	: 2 =	41	Rest 1
41	: 2 =	20	Rest 1
20	: 2 =	10	Rest 0
10	: 2 =	5	Rest 0
5	: 2 =	2	Rest 1
2	: 2 =	1	Rest 0
1	: 2 =	0	Rest 1

Von unten nach oben gelesen ergibt sich als Lösung die Dualzahl 101001101.

11. Die kleinste Informations- und Speichereinheit in einem Rechner ist ein Bit. Es kann die Werte 1 und 0 annehmen. Eine

Lösungen

Gruppe von 8 Bit nennt man Byte. Das Byte ist die kleinste Einheit zur Darstellung eines Zeichens, wie zum Beispiel einem Buchstaben, einer Ziffer oder einem Sonderzeichen. Mit einem Byte lassen sich 256 Zeichen verschlüsseln.

12. Der Zeichenvorrat, mit dem der Mensch arbeitet, besteht aus Ziffern, Buchstaben und Sonderzeichen. Der Computer hat jedoch eine andere Sprache. Zwischen Mensch und Maschine würde es zu einem Kommunikationsproblem kommen, wenn nicht die Zeichen des Menschen in die Zeichen der Maschine umgewandelt würden.

13. Umwandlung der Dualzahl 100110 in eine Dezimalzahl von 38:

1	0	0	1	1	0	dual
32	16	8	4	2	1	Stellenwert
1						32
	0					
		0				
			1			4
				1		2
					0	
						38

14. Der Begriff *Tetrade* stammt aus dem Griechischen und heißt vier.

Modul 6

1. Schalten Sie den Computer ein. Sie erhalten einen Eingangsbildschirm. Falls Sie Ihren Namen auf dem Bildschirm vorfinden, klicken Sie mit der linken Maustaste auf die zugehörige Schaltfläche. Haben Sie einen neuen PC gekauft, klicken Sie stattdessen auf einen der vordefinierten Einträge. Stellt Ihnen ein Dritter seinen PC zur Verfügung, erkundigen Sie sich, unter welchem Benutzernamen Sie sich anmelden sollen.

2. Zeigen Sie mit der Maus auf die Schaltfläche mit der Bezeichnung *Start*, die sich in der Regel in der linken unteren Bildschirmecke befindet.

3. Zeigen Sie auf den Eintrag *Ausschalten* und klicken Sie mit der linken Maustaste. Sie erhalten ein Dialogfeld. Klicken Sie mit der linken Maustaste auf die Schaltfläche *Ausschalten*. Sie erhalten eine Meldung, dass Windows heruntergefahren wird. Der PC schaltet sich in der Regel selbstständig aus.

4. Um ein Objekt zu markieren, zeigen Sie mit dem Mauszeiger auf das Objekt und klicken Sie es einmal kurz mit der linken Maustaste an. Zum Öffnen eines Objekts führt man einen Doppelklick auf dem Objekt aus.

5. Zum Start von Windows vergleichen Sie Übung 1. Führen Sie einen Doppelklick auf dem Symbol *Arbeitsplatz* aus. Wählen Sie *Ansicht / Symbolleiste* und anschließend *Ansicht / Statusleiste*. Zum Einblenden der beiden Leisten gehen Sie entsprechend vor.

6. Das Symbol ganz links ist das *Systemmenüfeld*. Ganz rechts finden Sie noch drei kleine Schaltflächen.

7. Ein Windows-Fenster besteht aus Rahmen, Titelleiste, Menüleiste, Statusleiste und Inhaltsbereich.

8. Windows arbeitet mit Dateien und Ordnern. Dateien enthalten Daten wie zum Beispiel Briefe, Tabellen oder Bilder. Die Ordner sind die Ablageorte für Dateien, aber auch für andere, untergeordnete Ordner.

9. Einen neuen Ordner kann man über den Eintrag *Datei* in der Menüleiste erstellen. In dem folgenden Untermenü zeigen Sie auf den Befehl *Neu* und klicken im Untermenü auf den Eintrag *Ordner*. Über die Tastatur wird der Name des Ordners angegeben. Mit Hilfe der ⏎-Taste wird der Name bestätigt.

10. Öffnen Sie den Arbeitsplatz durch einen Doppelklick auf das entsprechende Symbol. Wählen Sie *Datei / Neu*. Klicken Sie im Untermenü auf den Eintrag *Ordner*. Über die Tastatur wird der Name *Test* für den Ordner angegeben. Mit Hilfe der ⏎-Taste wird der Name bestätigt.

11. Klicken Sie den Ordner *Test* mit der rechten Maustaste an. Klicken Sie dann auf den Eintrag *Löschen*. Da ein unbeabsichtigtes Löschen von Dateien und Ordnern sehr unangenehme Folgen haben kann, vergewissert Windows sich mit Hilfe einer Sicherheitsabfrage noch einmal, ob wirklich gelöscht werden soll. Klicken Sie auf *Ja*.

12. Ein Kontextmenü ist ein objektabhängiges Menü, das durch einen Klick mit der rechten Maustaste geöffnet wird.

13. Mit Hilfe des Explorers können Sie Laufwerke und Ordner einsehen und verwalten.

14. Der eigentliche Fensterinhalt des Explorers ist in zwei Bereiche geteilt, den Struktur- und Inhaltsbereich. Im Explorer ist die Struktur Ihres Systems zu erkennen. Auf der höchsten Ebene befindet sich der Desktop.

15. Öffnen Sie den Windows-Explorer über die *Start*-Schaltfläche von Windows. Zeigen Sie auf *Alle Programme* und klicken Sie in der sich öffnenden Liste auf *Windows*-Explorer. Im Explorer-Fenster klicken Sie doppelt auf die Festplatte C: (oder die Festplatte, auf der sich der Windows-Ordner befindet) und anschließend auf den Ordner *Windows*.

Modul 7

1. Man kann einen kompletten Text markieren, indem man im Menü *Bearbeiten* den Befehl *Alles markieren* wählt.

2. Dialogfelder können Listenfelder, Schaltflächen, Textfelder, Kontrollkästchen, runde Optionsfelder und Registerkarten enthalten.

3. Paint gehört zum Windows-Zubehör und ist ein pixelorientiertes Mal- beziehungsweise Grafikprogramm.

4. Eine Datei können Sie auch mit Hilfe des Windows-Explorers öffnen. Klicken Sie auf die Windows-*Start*-Schaltfläche. Zeigen Sie auf *Alle Programme* und klicken Sie in dem folgenden Untermenü auf *Windows-Explorer*. Suchen Sie die gewünschte Datei und öffnen Sie diese durch einen Doppelklick.

5. HyperTerminal, Lautstärkeregelung, Defragmentierungsprogramm, ScanDisk, Rechner

6. Klicken Sie auf die *Start*-Schaltfläche. Zeigen Sie auf *Alle Programme*. In dem sich überlappenden Untermenü zeigen Sie auf *Zubehör*. Klicken Sie in der folgenden Liste auf den Eintrag *WordPad*.

7. Beachten Sie beim Eintragen des Textes, dass WordPad die Zeilenschaltung selbst übernimmt.

8. Setzen Sie den Cursor in die Überschrift und klicken Sie die Schaltfläche *Zentriert* an.

9. Klicken Sie zu diesem Zweck auf die Schaltfläche *Speichern* in der Symbolleiste. Schieben Sie eine formatierte Diskette in Ihr Dreieinhalb-Zoll-Diskettenlaufwerk. Klicken Sie auf den Pfeil im Listenfeld hinter Desktop. Anschließend wählen Sie *3,5-Diskette [A:]* durch einen Klick mit der linken Maustaste. Drücken Sie zweimal die ⇥-Taste und tragen Sie den Namen der Datei ein. Klicken Sie auf die Schaltfläche *Speichern*.

10. Schließen Sie WordPad durch einen Klick auf die Schaltfläche *Schließen* ganz rechts in der Titelleiste.

11. Klicken Sie mit der linken Maustaste auf die *Start*-Schaltfläche von Windows. Dort zeigen Sie, auf *Alle Programme*. Automatisch öffnet sich erneut ein Untermenü, in dem Sie auf *Zubehör* zeigen. Wählen Sie WordPad durch Anklicken mit der linken Maustaste. WordPad wird geöffnet. Klicken Sie in der Symbolleiste die Schaltfläche *Öffnen*. Klicken Sie in der Dialogbox *Öffnen* im Listenfeld *Suchen in* auf den Pfeil rechts von *Desktop*. Anschließend wählen Sie das Disketten-Laufwerk durch einen Klick mit der linken Maustaste, um in das Fenster dieses Laufwerks zu gelangen. Führen Sie einen Doppelklick auf dem gewünschten Dokument aus.

12. Wählen Sie *Datei / Beenden*.

13. Wählen Sie *Start / Alle Programme / Zubehör / Paint*.

14. Klicken Sie in der Werkzeugleiste auf die Ellipse. Damit Sie einen Kreis erhalten, müssen Sie die ⇧-Taste drücken. Drücken Sie zusätzlich die linke Maustaste und ziehen Sie ein Rechteck auf. Lassen Sie die Maustaste los, wenn das Rechteck die gewünschte Größe hat. Ziehen Sie jetzt drei weitere Kreise auf. Klicken Sie als Nächstes auf die Schaltfläche *Farbfüller*. Anschließend wählen Sie in der Farbpalette eine beliebige Farbe und danach auf einen der Kreise. Verfahren Sie für die übrigen Kreise entsprechend.

15. Klicken Sie auf den Pfeil im Listenfeld hinter Desktop. Anschließend wählen Sie *3,5-Diskette [A:]* durch einen Klick mit der linken Maustaste. Drücken Sie die ⇧-Taste und tragen Sie den Namen der Datei ein. Klicken Sie auf die Schaltfläche *Speichern*.

16. Wählen Sie *Datei / Beenden*.

Modul 8

1. Die Systemsteuerung unter Windows dient der Steuerung und Konfiguration des Betriebssystems. Zudem haben Sie Zugriff auf die Speicherverwaltung, die Konfiguration von Anschlussgeräten wie Maus, Drucker, Tastatur oder auch des Modems.

2. Es werden die klassische Ansicht und die Kategorieansicht unterschieden.

3. Das Betriebssystem sorgt dafür, dass ein Computer überhaupt arbeiten kann. Es dient als Schnittstelle zwischen Anwender und Maschine und managt quasi den Computer und setzt sich aus Steuer- und Dienstprogrammen zusammen.

4. Eine Registerkarte ist vergleichbar mit einer Karteikarte und vereint in einem Dialogfeld zusammengehörende Befehle. Kontrollkästchen wirken wie Ein-/Ausschalter. Wenn ein Kontrollkästchen ein Häkchen enthält, wird angezeigt, dass der jeweilige Befehl aktiviert wurde. Sie aktivieren beziehungsweise deaktivieren ein Kontrollkästchen durch Anklicken mit der linken Maustaste.

5. Markieren Sie im Startmenü den Eintrag *Systemsteuerung* und ziehen Sie diesen mit gedrückter linker Maustaste auf den Desktop. An einer freien Stelle auf dem Desktop lassen Sie die Maustaste los.

6. Klicken Sie auf die Windows-*Start*-Schaltfläche und im folgenden Fenster auf *Systemsteuerung*. Sie gelangen in die Windows-Systemsteuerung. Dort wechseln Sie zur klassischen Ansicht. Führen Sie einen Doppelklick auf dem Symbol *Software* aus. Sie gelangen in die gewünschte Dialogbox.

7. Klicken Sie auf die Schaltfläche *Schließen*.

8. Wählen Sie *Start / Systemsteuerung*. Aus der Systemsteuerung. wechseln Sie zur klassischen Ansicht. Führen Sie einen Doppelklick auf dem Symbol *Datum und Uhrzeit* aus.

9. Öffnen Sie das Dialogfeld *Eigenschaften von Maus*. Klicken Sie jetzt die Registerkarte *Tasten* an. Dort lässt sich die Doppelklickgeschwindigkeit der Maustaste verändern.

10. Das Vertauschen der linken und rechten Maustaste ist für Linkshänder sehr wichtig. Um die Tasten zu vertauschen, klicken Sie im Dialogfeld *Eigenschaften von Maus* auf der Registerkarte *Tasten* auf das Kästchen vor dem Text *Primäre und sekundäre Taste umschalten*.

Lösungen

Modul 9

1. Klicken Sie im *Start / Hilfe- und Supportcenter*.
2. Klicken Sie auf das den Text *Eingabehilfen*.
3. Lesen Sie den Text im Fenster, bis Sie das Thema *Übersicht über die Windows-Tastenkombination* gefunden haben.
4. Klicken Sie mit der linken Maustaste in der rechten Fensterhälfte auf ein Thema Ihrer Wahl.
5. Klicken Sie auf die Schaltfläche *Schließen*.
6. Über die Befehlsfolge *? / Hilfe- und Supportcenter*.
7. Öffnen Sie WordPad über *Start / Alle Programme. / Zubehör / WordPad*. Nachdem Sie den Arbeitsplatz von WordPad erreicht haben, klicken Sie dort auf das Fragezeichen in der Menüleiste. In der folgenden Liste klicken Sie auf *Hilfethemen*. Rufen Sie, falls nötig, die Registerkarte *Inhalt* auf und klicken Sie dort doppelt auf das Buch mit der Bezeichnung *WordPad*. Anschließend folgen Sie dem Eintrag *Formatieren von Text*.
8. Über die Taste `F1`.

Modul 10

1. Mit Hilfe eines Textverarbeitungsprogramms können Sie Texte erfassen, bearbeiten, speichern und drucken.
2. Die Oberfläche des Word-Bildschirms enthält unter anderem die Titelleiste, die Menüleiste, eine *Standard*-Symbolleiste, eine *Format*-Symbolleiste, ein Lineal, den Eingabebereich und die Statusleiste.
3. Einen Zeilenumbruch führt man mit Hilfe der Tastenkombination `⇧` + `↵` durch.
4. Um einen neuen Absatz zu erzeugen, drückt man die `↵`-Taste.
5. Wenn Sie sich verschreiben, können Sie falsche Zeichen mit Hilfe der `←`-Taste oder `Entf`-Taste löschen. Dadurch entfernen Sie die Zeichen links beziehungsweise rechts von der Schreibmarke. Außerdem hat man die Möglichkeit, mit der Rechtschreib- und Grammatikprüfung zu arbeiten.
6. Das Ändern der Zeilenabstände gehört zur Absatzformatierung.
7. Das Ändern der Schriftgröße gehört zur Zeichenformatierung.
8. Einmal erfasste und formatierte Texte müssen nicht wieder erneut erfasst werden, sondern können über den Namen auf schnelle Weise in ein Dokument eingefügt werden.
9. Man kann ein Dokument unter anderem über *Datei / Schließen* schließen und Word über *Datei / Beenden* verlassen.
10. Man kann ein Dokument durch einen Klick auf die Schaltfläche *Öffnen* in der *Standard*-Symbolleiste öffnen. Im Dialogfeld *Öffnen* stellt man unter *Suchen in:* den Ordner ein, in dem das Dokument abgespeichert wurde. Auf dem gewünschten Dokument führt man einen Doppelklick aus. Das Menü *Datei* bietet standardmäßig die letzten vier bearbeiteten Dateien an. Wenn man die gewünschte Datei dort anklickt, wird sie geöffnet.
11. Mit Hilfe der Tastenkombination `Strg` + `N` kann man ein neues Dokument anlegen.
12. Man wählt den Befehl *Symbol* im Menü *Einfügen*.
13. Klicken Sie auf die *Start*-Schaltfläche in der Taskleiste. Zeigen Sie auf *Programme* und klicken Sie in der folgenden Liste *Microsoft Word* an.

14. Rufen Sie mit Hilfe der Tastenkombination [Strg] + [N] ein neues Dokument auf. Die unterstrichene Linie erstellen Sie über *Format / Rahmen und Schattierung*. Sie benötigen die Registerkarte *Rahmen*. Klicken Sie im linken Bereich unter *Einstellungen* auf *Kontur* und wählen Sie die entsprechende Linienart aus. Um die nicht benötigten Ränder auszublenden, klicken Sie im rechten Teil der Dialogbox unter *Vorschau* nacheinander die entsprechenden Seitenränder an. Verlassen Sie die Dialogbox über *OK*.

15. Der übrige Text wurde mit Hilfe der Schaltfläche *Zentriert* aus der *Standard*-Symbolleiste zentriert. Über *Format / Absatz* wurde ein doppelter Zeilenabstand eingerichtet. Die Schriftgröße wurde über die Schaltfläche *Schriftart* verändert.

16. Setzen Sie den Cursor an den Anfang des Dokumentes (Tastenkombination [Strg] + [Pos1]) und klicken Sie auf die Schaltfläche *Rechtschreibung und Grammatik* in der *Standard*-Symbolleiste.

17. Klicken Sie auf die Schaltfläche *Seitenansicht* in der *Standard*-Symbolleiste. Die Seitenansicht können Sie über die Schaltfläche *Schließen* verlassen.

18. Durch einen Klick auf die Schaltfläche *Speichern* gelangen Sie in das Dialogfeld *Speichern unter*. Dort suchen Sie den gewünschten Ordner aus und geben im Feld *Dateiname* den Namen für das Dokument ein.

19. Wählen Sie den Befehl *Datei / Schließen*.

20. Wählen Sie den Befehl *Datei / Beenden*. Klicken Sie auf die *Start*-Schaltfläche in der Taskleiste. Zeigen Sie auf *Programme* und klicken Sie in der folgenden Liste *Microsoft Word* an. Klicken Sie auf die Schaltfläche *Öffnen* in der *Standard*-Symbolleiste. Im Dialogfeld *Öffnen* wählen Sie unter *Suchen in:* den Ordner, in dem das Dokument abgespeichert wurde. Führen Sie einen Doppelklick auf *Word_1.doc* aus.

21. Klicken Sie auf die Schaltfläche *Öffnen* in der *Standard*-Symbolleiste. Im Dialogfeld *Öffnen* wählen Sie unter *Suchen in:* den Ordner, in dem das Dokument abgespeichert wurde. Führen Sie einen Doppelklick auf *Word_1.doc* aus. Außerdem bietet das Menü *Datei* standardmäßig die letzten vier bearbeiteten Dateien an. Wenn man die gewünschte Datei dort anklickt, wird sie geöffnet.

22. Klicken Sie in der *Standard*-Symbolleiste auf die Schaltfläche *Neu*.

23. Zentrieren können Sie mit Hilfe der Schaltfläche *Zentriert* in der *Standard*-Symbolleiste.

24. Wählen Sie zunächst *Format / Rahmen und Schattierung*. Absatzeinzüge können Sie unter *Format / Absatz* im Bereich *Einzug* einrichten.

25. Positionieren Sie den Cursor vor dem ersten Buchstaben der Straße und drücken Sie die Tastenkombination [⇧] + [↵]. Markieren Sie den Namen und vergrößern Sie die Schrift mit Hilfe der Schaltfläche *Schriftgrad*.

26. Durch einen Klick auf die Schaltfläche *Speichern* gelangen Sie in das Dialogfeld *Speichern unter*. Dort suchen Sie den gewünschten Ordner aus und geben im Feld *Dateiname* den Namen für das Dokument ein.

27. Rufen Sie den Befehl *AutoText* im Menü *Einfügen* auf. Klicken Sie in dem sich öffnenden Untermenü auf *Neu*. Word öffnet das Dialogfeld *AutoText erstellen*. Überschreiben Sie den Namensvorschlag mit Ihrem Vornamen. Verlassen Sie das Dialogfeld über die Schaltfläche *OK*.

28. Schließen Sie das Dokument über *Datei / Schließen*.

29. Klicken Sie auf die Schaltfläche *Neu*. Am schnellsten rufen Sie einen AutoText-Eintrag auf, indem Sie dessen Namen eingeben und die Funktionstaste [F3] drücken.

30. Wenn Sie einen AutoText-Eintrag nicht mehr benötigen, markieren Sie diesen in der Dialogbox *AutoKorrektur*. Klicken Sie anschließend auf die Schaltfläche *Löschen*. Die Dialogbox *AutoKorrektur* erreichen Sie über *Einfügen / AutoText / AutoText*.

31. Die Überschrift wurde zentriert. Die Einrückungen wurden über *Format / Absatz* durchgeführt, indem in der Dialogbox *Absatz* ein Einzug von links eingerichtet wur-

de. Der übrige Text wurde im Blocksatz formatiert. Dazu verwenden Sie die entsprechende Schaltfläche in der Format-Symbolleiste. Sie können einen Text unterstreichen, indem Sie ihn markieren und dann auf die Schaltfläche *Unterstrichen* klicken.

32. Setzen Sie den Cursor an den Anfang des Dokumentes (Tastenkombination [Strg] + [Pos1]) und klicken Sie auf die Schaltfläche *Rechtschreibung und Grammatik* in der *Standard*-Symbolleiste.

33. Rufen Sie den Befehl *AutoText* im Menü *Einfügen* auf. Klicken Sie in dem sich öffnenden Untermenü auf *Neu*. Word öffnet das Dialogfeld *AutoText erstellen*. Überschreiben Sie den Namensvorschlag mit `Oberfläche`. Verlassen Sie das Dialogfeld über die Schaltfläche *OK*.

34. Wählen Sie den Befehl *Einfügen / Sonderzeichen*. Für die verschiedenen Sonderzeichen müssen Sie im Listenfeld zwischen verschiedenen Schriftarten wählen:

    - ✉ (Wingdings)
    - ✇ (Wingdings)
    - ♠ (Symbol)

    Klicken Sie auf das gewünschte Sonderzeichen und anschließend nacheinander auf *Einfügen* und *Schließen*.

35. Markieren Sie die Zeichen und drücken Sie die Taste [Entf].

36. Wählen Sie *Datei / Speichern unter*.

37. Wählen Sie *Datei / Schließen* und anschließend *Datei / Beenden*.

38. Tippen Sie den Einladungstext ein und gestalten Sie das Dokument nach Ihrem Geschmack.

39. Um einen Serienbrief zu erstellen, zeigen Sie im Menü *Extras* auf *Briefe und Sendungen*. Word öffnet ein Untermenü, in dem Sie sich für den Eintrag *Serienduck-Assistent* entscheiden. Word öffnet am rechten Rand den Serienbrief-Assistenten, der Sie bei der Erstellung des Serienbriefs unterstützt. Zunächst müssen Sie angeben, welche Art von Dokument Sie erstellen möchten. Klicken Sie auf *Briefe* und danach auf die Schaltfläche *Weiter*, um den nächsten Schritt des Assistenten zu erreichen. Als Nächstes müssen Sie angeben, welches Dokument Sie als Hauptdokument verwenden wollen. Klicken Sie auf *Aktuelles Dokument verwenden*. Damit erreichen Sie, dass das zur Zeit auf dem Bildschirm aktuelle Schreiben zum Serienbrief-Hauptdokument wird. Klicken Sie auf *Weiter: Empfänger wählen*.

40. Sie erreichen den dritten Schritt des Assistenten. Dort müssen Sie Word mitteilen, woher die Empfängerdaten stammen. Wenn, wie im aktuellen Beispiel, noch keine Empfängerliste vorliegt, benötigen Sie die Option *Neue Liste eingeben*. Klicken Sie anschließend unter *Neue Liste eingeben* auf *Erstellen*. Word ruft das Dialogfeld *Neue Adressliste* auf. Dabei handelt es sich um eine Datenmaske, in die Sie direkt die Empfängerdaten eingeben können. Tragen Sie die Datensätze ein.

41. Klicken Sie auf *Schließen*. Word schlägt vor, die Liste im Ordner *Meine Datenquellen* zu speichern. Sie können die Liste auch in Ihrem Ordner *Coach* sichern. Klicken Sie zweimal auf die Schaltfläche *Eine Ebene nach oben*, bis Sie zum Desktop gelangen. Klicken Sie auf *Arbeitsplatz*, dann auf *C:* und aktivieren Sie anschließend den Ordner *Coach*. Klicken Sie in das Feld *Dateiname* und tragen Sie dort den Begriff `Testquelle` ein. Anschließend klicken Sie auf die Schaltfläche *Speichern*, um die Datei zu sichern.

42. Klicken Sie im Feld *Seriendruckempfänger* auf *OK*. Sie kehren zurück in Ihr Hauptdokument. Dort fügen Sie die Seriendruckfelder mit Hilfe der Schaltfläche *Seriendruckfelder einfügen* ein.

43. Klicken Sie auf die Schaltfläche *Seriendruck an Drucker*. Sie gelangen in das Dialogfeld *Seriendruck an Drucker*. Über *OK* rufen Sie das Dialogfeld *Drucken* auf. Dort starten Sie über die Schaltfläche *OK* den Ausdruck der Serienbriefs.

44. Klicken Sie auf das Disketten-Symbol in der *Standard*-Symbolleiste. Stellen Sie den gewünschten Ordner ein und tragen Sie den Dateinamen `Test` ein. Klicken Sie auf *Speichern*, um die Datei zu sichern.

Modul 11

1. Ein Tabellenblatt gleicht kariertem Papier und setzt sich aus Spalten und Zeilen zusammen. Der Schnittpunkt zwischen Spalten und Zeilen heißt Zelle. Die erste Zelle einer Tabelle ist durch die Koordinate A1 gekennzeichnet, die Zelle darunter mit A2.

2. Excel arbeitet standardmäßig mit relativen Zellbezügen. Das bedeutet, dass Formeln automatisch an die neue Position angepasst werden. Wenn Sie die Koordinaten einer Zelle mit dem Dollarzeichen absolut setzen, spricht man von absoluten Zellbezügen. Die Unterschiede zwischen absoluten und relativen Zellbezügen zeigen sich beim Kopieren und Verschieben von Formeln in eine andere Zelle. Bei absoluten Zellbezügen wird die Formel so wiedergegeben, wie sie in der Ausgangsformel steht.

3. Gitternetzlinien können auf der Registerkarte *Ansicht* unter *Extras / Optionen* ausgeblendet werden.

4. Öffnen Sie im Arbeitsplatz oder Windows-Explorer den Ordner, in dem Sie einen neuen Ordner erstellen möchten. Klicken Sie im Menü *Datei* auf *Neu* und anschließend auf *Ordner*. Der neue Ordner erscheint mit einem temporären Namen. Geben Sie den gewünschten Namen für den neuen Ordner ein. Drücken Sie dann die ⏎-Taste.

5. Eingaben können nur in eine aktive Zelle eingetragen werden. In der Tabelle wurde für einige Spalten die optimale Spaltenbreite durch einen Doppelklick auf die Spaltenbegrenzungslinie eingestellt.

6. Durch einen Klick auf die Schaltfläche *Speichern* gelangen Sie in das Dialogfeld *Speichern unter*. Dort suchen Sie den gewünschten Ordner aus und geben im Feld *Dateiname* den Namen für die Datei ein.

7. Klicken Sie auf die *Summen*-Schaltfläche. Excel schlägt hier automatisch den korrekten Bereich vor. Drücken Sie die ⏎-Taste. Bewegen Sie den Mauszeiger in die rechte untere Ecke der Zelle D3, bis er die Form eines kleinen Kreuzchens annimmt. Ziehen Sie das kleine Kreuz mit gedrückter linker Maustaste in die darunter liegenden Zellen.

8. Geben Sie in die Zelle F3 ein Gleichheitszeichen ein. Klicken Sie die Zelle D3 an. Geben Sie ein Minuszeichen ein. Anschließend klicken Sie auf die Zelle E3. Drücken Sie die ⏎-Taste. Füllen Sie den Bereich von F4 bis F8 aus, wie in der vorangegangenen Aufgabe beschrieben.

9. Aktivieren Sie eine Zelle in der Tabelle. Wählen Sie *Format / AutoFormat*. Wählen Sie den Eintrag *Standard 3*. Klicken Sie auf *OK*.

10. Klicken Sie auf das Disketten-Symbol.

11. Schließen Sie die Arbeitsmappe über *Datei / Schließen*.

12. Klicken Sie auf die Schaltfläche *Neu* in der *Standard*-Symbolleiste. Die Daten geben Sie in die aktiven Zellen ein.

13. Geben Sie in die Zelle D4 ein Gleichheitszeichen ein. Klicken Sie auf B4, tippen Sie ein Minuszeichen ein und klicken Sie anschließend auf C4. Beenden Sie Ihre Eingabe mit der ⏎-Taste.

14. Aktivieren Sie die Zelle B8 und klicken Sie anschließend auf die Schaltfläche *AutoSumme*. Bestätigen Sie den von Excel vorgeschlagenen Additionsbereich mit der ⏎-Taste. Kopieren Sie die Formel in die Zellen C8 und D8. Für die Mehrfachmarkierung benutzen Sie die Strg-Taste. Klicken Sie auf die Schaltfläche *Fett* in der *Format*-Symbolleiste.

15. Markieren Sie den zu formatierenden Bereich und klicken Sie auf die Schaltfläche *Währung* in der *Format*-Symbolleiste.

16. Wählen Sie *Extras / Optionen*. Auf der Registerkarte *Ansicht* klicken Sie auf das Kontrollkästchen *Gitternetzlinien* und auf *OK*.

17. Rufen Sie den Diagramm-Assistenten über die Schaltfläche *Diagramm* auf. Als Diagrammtyp wählen Sie *Kreis*, Untertyp *Explodierter 3D-Kreis*. Folgen Sie dem Assistenten. Im dritten Schritt des Assistenten geben Sie den Diagrammtitel ein. Im vierten Schritt wählen Sie die Option *Als neues*

Blatt und tragen in dem nebenstehenden Feld den gewünschten Blattnamen ein. Klicken Sie auf *OK*.

18. Klicken Sie den Diagrammtitel mit der rechten Maustaste und in dem sich öffnenden Kontextmenü den Eintrag *Diagrammtitel formatieren* an. Auf der Registerkarte *Schrift* stellen Sie die Schriftgröße ein. Auf der Registerkarte *Muster* nehmen Sie im Bereich *Rahmen* die Option *Automatisch*.

19. Klicken Sie auf die Schaltfläche *Drucken* in der *Standard*-Symbolleiste.

20. Führen Sie einen Doppelklick auf der Registerlasche *Tabelle1* aus und überschreiben Sie die vorde mit dem Namen `Gewinnermittlung`.

21. Durch einen Klick auf die Schaltfläche *Speichern* gelangen Sie in das Dialogfeld *Speichern unter*. Dort suchen Sie den gewünschten Ordner aus und geben im Feld *Dateiname* den Namen für die Datei ein.

22. Wählen Sie *Datei / Schließen* und anschließend *Datei / Beenden*.

23. Tragen Sie die Ziffern ein und setzen Sie die Eingabemarkierung in die Zelle A10. Wählen Sie im Menü *Einfügen* den Befehl *Funktion*. Excel ruft das Dialogfeld *Funktion einfügen* auf. Wählen Sie die Kategorie *Statistik* aus. Sie benötigen die Funktion MITTELWERT. Klicken Sie den entsprechenden Eintrag in der Liste an und anschließend auf *OK*. Sie gelangen in einen weiteren Dialog mit der Bezeichnung *Funktionsargumente*. Dort müssen Sie angeben, für welchen Bereich der Durchschnitt errechnet werden soll. Excel schlägt von sich aus einen Bereich vor. Das ist der richtige Bereich. Klicken Sie auf OK. Sie erhalten das Ergebnis, 38.

24. Geben Sie in A1 die Zeichenfolge `=Heute()` ein. Tippen Sie `01.01.2001` in die nebenstehende Zelle. Geben Sie in C1 die Formel `=+A1-B1` ein. Formatieren Sie C1 im Zahlenformat, da durch diese Berechnung automatisch ein Datumsformat zugewiesen wird. Wählen Sie *Format / Zellen*. Auf der Registerkarte *Zahlen* klicken Sie unter *Kategorie* auf *Standard*.

25. Das Ergebnis beträgt 1,93. Die Funktion lautet =ZINSZ(0,0675/12;120;120;30000).

26. 1. Jahr: =ZINSZ(0,0675;1;10;30000, Zinsen 2.025,00 DM

    2. Jahr: =ZINSZ(0,0675;2;10;30000, Zinsen 1.876,70 DM

    3. Jahr: =ZINSZ(0,0675;3;10;30000, Zinsen 1.718,38 DM

    4. Jahr: =ZINSZ(0,0675;4;10;30000, Zinsen 1.549,38 DM

    5. Jahr: =ZINSZ(0,0675;5;10;30000, Zinsen 1.368,97 DM

    6. Jahr: =ZINSZ(0,0675;6;10;30000, Zinsen 1.176,39 DM

    7. Jahr: =ZINSZ(0,0675;7;10;30000, Zinsen 970,80 DM

    8. Jahr: =ZINSZ(0,0675;8;10;30000, Zinsen 751,34 DM

    9. Jahr: =ZINSZ(0,0675;9;10;30000, Zinsen 517,06 DM

    10. Jahr: =ZINSZ(0,0675;10;10;30000, Zinsen 266,97 DM

27. Unbedingt zu beachten bei der Arbeit mit Funktionen ist, dass Sie sich genau an die Vorgaben hinsichtlich des Aufbaus und der Schreibweise einer Funktion halten.

28. Folgende Kategorien werden unterschieden:

    - *Finanzmathematische Funktionen*
    - *Datums- und Zeitfunktionen*
    - *Mathematische & trigonometrische Funktionen*
    - *Matrixfunktionen*
    - *Statistische Funktionen*
    - *Datenbankfunktionen*
    - *Textfunktionen*
    - *Logische Funktionen*
    - *Informationsfunktionen*
    - *Alle*
    - *Zuletzt verwendet*

29. *Datum- und Uhrzeit* können Daten miteinander verrechnen, zum Beispiel addieren oder subtrahieren. Auf diese Weise können Zeiträume in Tage umgerechnet werden. Entsprechendes gilt für Uhrzeiten. Auch

das aktuelle Tagesdatum oder die aktuelle Uhrzeit können Sie sich mit Hilfe der entsprechenden Funktionen dieser Kategorie angeben lassen.

30. Die *finanzmathematischen Funktionen* behandeln in erster Linie Themen wie Abschreibungen, Zinsrechnung für Darlehn und Investition sowie Wertpapiere. Mit ihrer Hilfe können Sie zum Beispiel Barwerte, Renditen, Effektivverzinsung und vieles mehr ermitteln.

31. So gehören Funktionskategorien und Funktion zusammen:
    - AUSZAHLUNG – Finanzmathematik
    - MINUTE – Datum & Zeit
    - ABRUNDEN – Math. & Trigonom.
    - ANZAHL – Statistik
    - ZÄHLENWENN – Statistik
    - SVERWEIS – Matrix
    - DBSUMME – Datenbankfunktion
    - LÄNGE – Text
    - IDENTISCH – Text
    - UND – Logik
    - WENN – Logik
    - ISTLEER – Information

Modul 12

1. Mit dem Präsentationsprogramm PowerPoint können Sie mehrseitige Präsentationen erstellen, die Sie zum Beispiel begleitend zu einem Vortrag zeigen möchten. Kernaussagen und wichtige Informationen können Sie übersichtlich, schnell und präzise darstellen.

2. Über *Einfügen / Neue Folie*.

3. Indem Sie mit dem Mauszeiger auf die Markierungspunkte im Rahmen zeigen und diese mit gedrückter linker Maustaste verschieben.

4. Starten Sie PowerPoint. Wenn das Programm bereits aktiv ist, wählen Sie *Datei / Neu*.

5. Klicken Sie in das Feld *Titel durch Klicken hinzufügen* und tragen Sie dort den Titel ein. Für den Untertitel gehen Sie entsprechend vor.

6. Wählen Sie *Einfügen / Neue Folie*.

7. Erfassen Sie den Text auf der Folie.

8. Wählen Sie *Einfügen / Neue Folie*. Zeigen Sie mit der Maus auf die erste Layoutvariante unter *Andere Layouts*. PowerPoint blendet einen kleinen Listenpfeil ein. Klicken Sie auf den Listenpfeil und wählen Sie den Eintrag *Für ausgewählte Folien übernehmen*.

9. Wählen Sie *Ansicht / Foliensortierung* und in der Foliensortierungsansicht den Befehl *Bildschirmpräsentation / Folienübergang*. Klicken Sie im Bereich *Für ausgewählte Folien übernehmen* den gewünschten Effekt an.

10. Deaktivieren Sie das Kontrollkästchen *Bei Mausklick* und aktivieren Sie das Kontrollkästchen *Automatisch nach*. In das Feld neben *Sekunden* tragen Sie 00:09 ein.

11. Wählen Sie *Bildschirmpräsentation / Bildschirmpräsentation vorführen*.

12. Speichern Sie die Präsentation durch einen Klick auf das Disketten-Symbol. In der Dialogbox *Speichern* tragen Sie in das vorgesehene Feld den Namen `PowerPoint_1` ein und verlassen Sie das Dialogfeld mit der ⏎-Taste.

13. Wählen Sie *Datei / Schließen*.

14. Wählen Sie unter *Datei / Öffnen* die gewünschte Datei und anschließend *Ansicht / Foliensortierung*. In der Foliensortierungsansicht entscheiden Sie sich für den Befehl *Bildschirmpräsentation / Folienübergang*. Klicken Sie im Bereich *Für ausgewählte*

Modul 13

1. Mit einem Datenbanksystem wird gearbeitet, wenn es um die Verwaltung von umfangreichen Datenbeständen geht.

2. Mit Primärschlüssel ist ein Feld gemeint, mit dessen Inhalt ein Datensatz eindeutig identifiziert werden kann. Access fragt Sie automatisch, ob ein Primärschlüssel erstellt werden soll.

3. Tabellen, Abfragen, Formulare, Berichte, Makros, Module

4. Die Informationen werden in Access in Zeilen und Spalten organisiert. Die Zeilen der Tabelle entsprechen den so genannten Datensätzen, die Spalten den Datenfeldern. Jede Spalte einer Tabelle hat eine Bezeichnung, dabei handelt es sich um den Datenfeldnamen. Wenn in einer Adressendatenbank der Vorname erfasst wird, kann dieser Begriff als Datenfeldname verwendet werden.

5. Wählen Sie im Eingangsbildschirm von Access die Option *Leere Datenbank* und klicken Sie auf *OK*. Im Dialogfeld *Neue Datenbankdatei* geben Sie den Namen für die neue Datei ein. Klicken Sie auf die Schaltfläche *Erstellen*.

6. Im Datenbankfenster klicken Sie auf das Objekt *Tabellen* und anschließend doppelt auf den Eintrag *Erstellt eine Tabelle in der Datenblattansicht*. Entscheiden Sie sich in der folgenden Dialogbox für *Datenblattansicht*. In der Datenblattansicht tragen Sie die erforderlichen Daten ein. Geben Sie dort die Informationen ein und benennen Sie die Feldnamen.

7. Um zur Entwurfsansicht zu wechseln, wählen Sie den Eintrag *Entwurfsansicht* im Menü *Ansicht*. Der Felddatentyp legt die Beschaffenheit der Daten fest. Klicken Sie mit der linken Maustaste in das Feld *Felddatentyp* des Einkaufspreises. In der sich öffnenden Liste können Sie *Währung* auswählen.

8. Gehen Sie vor wie in der vorangegangenen Aufgabe und wählen Sie jetzt den Felddatentyp *Text*.

9. Im unteren Bereich des Tabellenfensters können Sie noch detailliertere Feldeigenschaften festlegen. Klicken Sie das Feld *Bezeichnung* an. Markieren Sie den Bereich *Feldeigenschaften* und überschreiben Sie den Wert in der Zeile *Feldgröße* mit 30.

10. Die Tabellenstruktur können Sie durch einen Klick auf das Disketten-Symbol speichern.

11. Verlassen Sie die Entwurfsansicht, indem Sie *Datei / Schließen* wählen. Schließen Sie die Datenbank ebenfalls über die Befehlsfolge *Datei / Schließen*. Um Access zu verlassen, wählen Sie *Datei / Beenden*.

12. Klicken Sie auf die *Start*-Schaltfläche in der Taskleiste. Zeigen Sie auf den Eintrag *Programme*. Windows öffnet automatisch das zugehörige Untermenü. Klicken Sie auf *Microsoft Access*. Um die Datenbank zu öffnen, wählen Sie *Datei / Datenbank öffnen*. In der Dialogbox *Öffnen* führen Sie einen Doppelklick auf der gewünschten Datei aus.

13. Rufen Sie die Datenblattansicht der Tabelle *Produkte* auf (Objekt *Tabellen* / Schaltfläche *Öffnen*). Markieren Sie den Datensatz und wählen Sie *Bearbeiten / Datensatz lö-

---

Folien übernehmen den gewünschten Effekt an.

15. Wechseln Sie in die Folienansicht, beispielsweise durch einen Doppelklick auf der ersten Folie. Markieren Sie dort den Text und klicken Sie die Schaltfläche *kursiv* an. Mit der Taste `Bild↓` gelangen Sie zur nächsten Folie. Gehen Sie ab jetzt entsprechend vor.

16. Klicken Sie auf die Schaltfläche *Speichern*.

17. Wählen Sie *Datei / Schließen* und anschließend *Datei / Beenden*.

schen. Wählen Sie *Datensätze / Daten eingeben* und tragen Sie die Informationen ein.

14. Verlassen Sie die Datenblattansicht und wählen Sie das Objekt *Formulare*. Nach einem Doppelklick auf *Erstellt ein Formular unter Verwendung des Assistenten* folgen Sie den Anweisungen des Assistenten. Schließen Sie die Formular-Ansicht.

15. Wählen Sie das Objekt *Abfragen*. Doppelklicken Sie auf *Erstellt eine neue Abfrage in der Entwurfsansicht*. Klicken Sie in der folgenden Dialogbox nacheinander auf die gewünschte Tabelle und *Hinzufügen* und *Schließen*. Führen Sie auf dem Tabellennamen einen Doppelklick aus, um alle Listenfelder zu markieren. Ziehen Sie die Markierung mit gedrückter linker Maustaste in den unteren Fensterbereich. Lassen Sie die Maustaste los, wenn sie sich in etwa neben *Feld* befindet. Im Kriterienbereich positionieren Sie den Cursor unterhalb des Feldes *Bestand* in der Zeile *Kriterien*. Tragen Sie dort >10 ein.

16. Klicken Sie auf das Disketten-Symbol und geben Sie im Dialogfeld *Speichern unter* den gewünschten Abfragenamen ein.

17. Klicken Sie auf die Schaltfläche *Speichern* in der Symbolleiste und tragen Sie in der folgenden Dialogbox den Namen *Bestand* im Feld *Abfragenamen* ein. Schließen Sie die Datenbank. Um Access zu verlassen, wählen Sie *Datei / Beenden*.

18. Klicken Sie auf die *Start*-Schaltfläche in der Taskleiste. Zeigen Sie auf den Eintrag *Programme*. Windows öffnet automatisch das zugehörige Untermenü. Klicken Sie auf *Microsoft Access*. Wählen Sie im Eingangsbildschirm von Access die Option *Leere Datenbank* und klicken Sie auf *OK*. Im Dialogfeld *Neue Datenbankdatei* geben Sie den Namen für die neue Datei ein. Klicken Sie auf die Schaltfläche *Erstellen*. Im Datenbankfenster klicken Sie auf das Objekt *Tabellen* und anschließend doppelt auf den Eintrag *Erstellt eine Tabelle in der Datenblattansicht*. Entscheiden Sie sich in der folgenden Dialogbox für *Datenblattansicht*. In der Datenblattansicht tragen Sie die erforderlichen Daten ein. Geben Sie dort die Informationen ein und benennen Sie die Feldnamen.

19. Um zur Entwurfsansicht zu wechseln, wählen Sie den Eintrag *Entwurfsansicht* im Menü *Ansicht*.

20. Klicken Sie das Feld *Name* an. Überschreiben Sie im Bereich *Feldeigenschaften* den Wert in der Zeile *Feldgröße* mit 35.

21. Klicken Sie das Feld *Straße* an. Überschreiben Sie im Bereich *Feldeigenschaften* den Wert in der Zeile *Feldgröße* mit 25.

22. Klicken Sie auf die Schaltfläche *Speichern* in der Symbolleiste und tragen Sie in der folgenden Dialogbox den Namen Kunden ein.

23. Wählen Sie das Objekt *Formulare*. Nach einem Doppelklick auf *Erstellt ein Formular unter Verwendung des Assistenten* folgen Sie den Anweisungen des Assistenten.

24. Schließen Sie die Formular-Ansicht. Wählen Sie das Objekt *Abfragen*. Doppelklicken Sie auf *Erstellt eine neue Abfrage in der Entwurfsansicht*. Klicken Sie in der folgenden Dialogbox nacheinander auf die gewünschte Tabelle und *Hinzufügen* und *Schließen*. Führen Sie in der Entwurfsansicht auf dem Tabellennamen einen Doppelklick aus, um alle Listenfelder zu markieren. Ziehen Sie die Markierung mit gedrückter linker Maustaste in den unteren Fensterbereich. Lassen Sie die Maustaste los, wenn sie sich in etwa neben *Feld* befindet. Im Kriterienbereich positionieren Sie den Cursor unterhalb des Feldes *Ort* in der Zeile *Kriterien*. Tragen Sie dort =München ein. Klicken Sie unter *Name* in das Feld *Sortierung* und klicken Sie anschließend den Pfeil an. Wählen Sie *Aufsteigend*, indem Sie die entsprechende Auswahl treffen. Rufen Sie den Eintrag *Datenblattansicht* im Menü *Ansicht* auf.

25. Schließen Sie die Datenblattansicht. Access fragt Sie, ob Sie die Abfrage speichern möchten. Klicken Sie auf *Ja* und tragen Sie in der folgenden Dialogbox den gewünschten Namen ein.

26. Wählen Sie *Datei / Schließen* und dann *Datei / Beenden*.

Modul 14

1. Tages-, Wochen- und Monatsansicht sowie Arbeitswoche.

2. Der Kalender der Tagesansicht hat drei Bestandteile. Den größten Teil nimmt der aktuelle Tag ein. Mit der Bildlaufleiste am rechten Rand können Sie sich auf der Tagesübersicht bewegen. Im rechten Teil sehen Sie zwei Monatskalender mit dem aktuellen und dem Folgemonat. Der aktuelle Tag wird in weißer Schrift mit grauem Hintergrund dargestellt. Den dritten Teil bildet der Aufgabenblock, auf dem Sie Ihre Aufgaben erfassen können.

3. Klicken Sie mit der linken Maustaste auf die *Start*-Schaltfläche von Windows. Dort zeigen Sie auf das Untermenü *Alle Programme* und klicken im Untermenü *Microsoft Outlook* an.

4. Klicken Sie mit der linken Maustaste auf die Schaltfläche *Kontakte*.

5. Wählen Sie den Befehl *Neuer Kontakt* im Menü *Aktionen* und tragen Sie die Angaben zur ersten Person ein. Verlassen Sie das Dialogfeld über die Schaltfläche *Speichern und schließen*.

6. Gehen Sie wie in der vorangegangenen Aufgabe vor.

7. Um Änderungen oder weitere Informationen zu einer Adresskarte einzutragen, führen Sie im Kontaktfenster einen Doppelklick auf der gewünschten Adresse aus. Outlook öffnet wieder das Dialogfeld *Fenster* mit der kompletten Ansicht der Adresse. Zur Eingabe des Geburtsdatums klicken Sie auf die Registerkarte *Details*. Erfassen Sie das gewünschte Datum und klicken Sie auf die Schaltfläche *Speichern und schließen*. Für den anderen Kontakt gehen Sie entsprechend vor.

8. Klicken Sie in der Outlook-Leiste auf *Kalender*.

9. Stellen Sie den Tageskalender über die entsprechende Schaltfläche der Symbolleiste ein. Wählen Sie im Menü *Ansicht / Gehe zu / Wechseln zu Datum*. Outlook ruft das gleichnamige Dialogfeld auf. Tragen Sie das gewünschte Datum ein. Der gewünschte Tag wird aufgerufen. Dort finden Sie das Geburtsdatum. Um den nächsten Geburtstag zu suchen, gehen Sie entsprechend vor.

10. Drücken Sie die Tastenkombination `Strg` + `G`. Outlook ruft das Dialogfeld *Wechseln zu Datum* auf. Tragen Sie das gewünschte Datum ein. Der gewünschte Tag wird aufgerufen. Wählen Sie im Menü *Aktionen* den Befehl *Neuer Termin*. In der Dialogbox *Termin* tragen Sie in das Feld *Betreff* den Begriff `Personalbesprechung` ein. Klicken Sie in das Feld *Ort* und geben Sie dort `Sitzungsraum 4` ein. Der Besprechungstag wird bereits im Feld *Beginn* angezeigt. Klicken Sie auf den Listenpfeil neben der Uhrzeit und wählen Sie *10:00* aus. Das Besprechungsende geben Sie entsprechend ein. Verlassen Sie das Dialogfeld über die Schaltfläche *Speichern und schließen*. Für den nächsten Termin gehen Sie genauso vor.

11. Klicken Sie den Befehl *Beenden* im Menü *Datei* an, um Outlook zu schließen.

12. Sie rufen Outlook über die *Start*-Schaltfläche / *Programme* / *Outlook* auf. Klicken Sie in der Outlook-Leiste auf *Kalender*. Stellen Sie den Tageskalender über die entsprechende Schaltfläche der Symbolleiste ein. Drücken Sie die Tastenkombination `Strg` + `G`. Outlook ruft das Dialogfeld *Wechseln zu Datum* auf. Tragen Sie das gewünschte Datum ein. Der gewünschte Tag wird aufgerufen.

13. Klicken Sie den Termin mit der rechten Maustaste an, um das Kontextmenü zu öffnen. Dort wählen Sie *Löschen*.

14. Bewegen Sie den Mauszeiger auf den linken, blauen Balken des Termins. Drücken Sie die linke Maustaste und ziehen Sie den Termin nach oben auf *10:00*. Sobald Sie die neue Anfangszeit erreicht haben, lassen Sie die Maustaste wieder los. Klicken Sie den Befehl *Beenden* im Menü *Datei* an, um Outlook zu schließen.

Modul 15

1. Das Internet birgt einen unvergleichbaren Schatz an Informationen. Über das Internet können Sie mit Menschen auf der anderen Seite des Globus kommunizieren, elektronisch einkaufen, Bücher bestellen, Hotels buchen, auf Arbeitssuche gehen und vieles mehr.

2. Das Word Wide Web ist eine Sammlung von diversen Informationen, die im Internet dargestellt werden können. Sie sind als elektronische Dokumente auf den Computern im Web gespeichert. Die Vielzahl der Informationen hält das WWW in Form einzelner Seiten bereit. Auf diesen Seiten befinden sich Texte, Grafiken, Klänge, aber auch Videos und komplette Softwarepakete, die Sie auf Ihre Festplatte übertragen können.

3. Die Dokumente im WWW sind übrigens in der Skriptsprache HTML geschrieben.

4. Ein Web-Browser ist eine spezielle Internet-Software, die den Zugriff und die Darstellung des World Wide Web ermöglicht.

5. Die bekanntesten Web-Browser sind Microsoft Internet Explorer und Netscape Navigator.

6. Als Zieladresse für den Browser fungiert der standardisierte URL (Uniform Resource Locator), der die einzelnen Dokumente und die zum Zugriff erforderlichen Protokolle benennt. Jede Aktivierung eines durch einen entsprechenden URL hinterlegten Hypertext-Link löst im Browser wiederum das Laden des verknüpften Dokumentes aus dem Netz aus.

7. Die bekanntesten Provider sind T-Online und AOL.

8. Die bekanntesten Suchmaschinen sind Altavista, Excite, Infoseek, Lycos, Magellan und Yahoo.

9. Öffnen Sie den Internet Explorer und geben Sie die Adressen nacheinander in die Adressenzeile ein. Schließen Sie die Eingabe mit Hilfe der ⏎-Taste ab.

10. Klicken Sie die Schaltfläche *Suchen* im Internet Explorer an. Geben Sie den Suchbegriff ein und klicken Sie auf die Schaltfläche *Los geht's*. Die Sicherheitsabfrage beantworten Sie mit einem Klick auf *Ja*.

11. Laden Sie eine beliebige Seite aus dem WWW. Wählen Sie *Datei / Speichern unter*. Legen Sie den Ordner fest, in dem Sie die Datei speichern möchten. Gehen Sie dabei vor, wie Sie das unter Windows gelernt haben. Außerdem geben Sie in der Dialogbox *Speichern unter* einen Namen für die zu speichernde Datei an. Klicken Sie zur Bestätigung auf die Schaltfläche *Speichern*. Wenn Sie eine gespeicherte Datei später wieder laden möchten, wählen Sie im Explorer-Fenster *Datei / Öffnen*. In der Dialogbox *Öffnen* klicken Sie auf die Schaltfläche *Durchsuchen*. Im Dialogfeld *Datei öffnen* wechseln Sie in den Ordner, in dem das HTML-Dokument gespeichert ist. Wählen Sie das gewünschte Dokument aus und klicken Sie auf die Schaltfläche *Öffnen*.

Modul 16

1. Klicken Sie auf dem Desktop doppelt auf das T-Online-Symbol. Sie gelangen in das T-Online-Fenster. Klicken Sie auf die Schaltfläche *eMail aufrufen*. Sie erreichen das Dialogfeld *T-Online eMail*. Überprüfen Sie Ihre Zugangsdaten und klicken Sie auf *OK*. Im folgenden Dialogfeld klicken Sie auf die Schaltfläche *Schreiben*. Das Dialogfeld *eMail schreiben* wird aufgerufen. Tragen Sie in das Feld *Empfänger* die Empfängeradresse ein. Als Nächstes sollen Sie einen Betreff in das dafür vorgese-

hene Feld eintragen. In das große Feld können Sie den eigentlichen E-Mail-Text eintragen. Klicken Sie mit der linken Maustaste in das Feld und tragen Sie den gewünschten Text ein. Vergleichen Sie dazu auch folgende Abbildung. Klicken Sie auf *Sofort versenden*, um die E-Mail abzuschicken. Sie erhalten unter Umständen eine Nachricht, dass alle zum Versenden markierten E-Mails des Ausgangskorbes versandt werden. Klicken Sie auch hier auf *OK*.

2. Im Prinzip kann man jede Art von Datei anhängen.

3. Klicken Sie im T-Online-Fenster auf die Schaltfläche *eMail aufrufen*. Sie gelangen in das Ihnen bereits bekannte Dialogfeld *T-Online eMail*. Überprüfen Sie Ihre Zugangsdaten und klicken Sie auf *OK*. Im folgenden Dialogfeld klicken Sie auf die Schaltfläche *Abholen*. T-Online wählt sich beim Server ein. Sie erhalten einen entsprechenden Dialog. Die Liste der E-Mails wird geladen. Während dieses Vorgangs müssen Sie nichts machen. Falls E-Mails angekommen sind, wird automatisch das Dialogfeld *eMail vom Server abholen* eingeblendet. Durch einen Klick auf die Schaltfläche *Ausführen* werden automatisch alle E-Mails abgeholt. Nachdem alle E-Mails übertragen wurden, erhalten Sie eine Abfrage, ob Sie offline gehen wollen. Klicken Sie auf *OK*.

4. Leerstellen werden durch Punkte ersetzt.

Stichwortverzeichnis

A

Abfrage
   anzeigen *192*
   erstellen *191*
Absatzformatierung *118*
Absatzmarke *116*
ALGOL *54*
Altavista *215*
AND-Schaltung
   Konjunktion *59*
ANSI-Code *63*
AOL *210*
APL *54*
Arbeitsmappe *140*
Arbeitsplatz *72*
Argumente *154*
ASCII-Code *63*
Auflösung *38*
Ausfüllen *141*
Auswahlkriterien
   festlegen *192*
   sortieren *192*
AutoFormat *146*
AutoText *121*

B

barcode *64*
Baud *43*
Bearbeitungszeile *140*
Betriebssystem *49*
Bildschirm *16*
Bildschirmfrequenz *38*
Bildschirmpräsentation *174*
Bit *63, 64*
Bit-Wort *30*
Blattregister *140, 146*
Bps *43*
Browser *210, 218*
Button *74*
Byte *64*
BZT *43*

C

C *54*
CD-Brenner *45*
CD-Rohling *45*
CD-ROM *36*
CD-Writer *45*
ClipArt *170*
COBOL *54*
Code *60*
Codierung *60*
Compiler *53*
Computer *25*
   anschließen *19*
   auspacken *19*
   ausschalten *21*
   einschalten *20*
Computerprogramm *27, 233*
Corel-WordPerfect-Suite *52*
CPU *30*
Cursor *86, 115*

D

Datei *76*
Dateinamenerweiterung *90*
Datenbank *51, 181*
   anlegen *183*
Datenbankfunktionen *156*
Datenbanksystem *181*
Datenfeldname *183*
Datenmaske *189*
Datensatz *183*
   eingeben *183*
   löschen *187*
Datenverarbeitung *25*
Datum
   einfügen *116*
Defragmentierung *96*
Delphi *54*
Demodulator *42*
Desktop *70*
Dezentralisierung *58*
Dezimalzahl *61*
Diagramm *149*
Diagramm-Assistent *149*
Diagrammtitel *151*

Diagrammtyp *150*
Dialogbox *88*
Dialogfeld *88*
Dienstprogramm *50*
Disjunktion *60*
Dokument
  öffnen *126*
  schließen *125*
Downsizing *58*
Dpi *40, 43*
DRAW *36*
Drucken *124*
Drucker *38*
Druckerkabel *19*
Dualcode *61*
DV *25*

E

EBCDIC-Code *63*
EDV *25*
Einfügemarke *115*
Einzugsscanner *44*
Ellipse *93*
E-Mail *221*
E-Mail-Adresse *202*
Entwurfsansicht *184, 185*
EVA-Prinzip *26*
Excite *215*
Explorer *79*
Extension *90*

F

Farbfüller *92*
Fax *105*
Felddatentyp *185*
Feldnamen *183*
Festplatte *34*
Finanzmathematische Funktionen *155, 245*
Flachbettscanner *44*
Formel *143*
Formular *188*
Formular-Assistent *188*
Funktionen
  Informations- *156*
  logische *156*
  Text *156*

ZINZ *157*
  zuletzt verwendete *156*
Funktionskategorien *155*
Funktionsnamen *154*

G

Gitternetzlinien
  ausblenden *145*
Grafikprogramm *51*
Grammatikprüfung *119*
Großrechner *58*

H

Handscanner *44*
Harddisk *34*
Hardware *29*
Hompage *213*
HTML *209*
Hyperlink *209*
HyperTerminal *96*

I

Icon *71*
Impact-Printer *38*
Infoseek *215*
Inhaltsbereich *79*
Internet *209*
Internet Explorer *211*
Interpreter *54*
IST-Funktion *156*

J

Joystick *41*

K

Kalender *203*
  Termine erfassen *204*
  Termine verschieben und löschen *206*
Klammern *155*
Knopf *74*
Konjunktion *60*
Kontaktfenster *200*
Kontextmenü *78*

Koordinaten *140*
Kriterienbereich *192*

L

Laserdrucker *39*
Lautstärkeregelung *96*
Legende *150*
Lesbarkeitsstatistik *121*
Lichtgriffel *41*
Links *214*
Listenfeld *88, 117*
Logikgatter *59*
Logische Funktionen *156*
Lotus SmartSuite *52*
Lycos *215*

M

Magellan *215*
Mainframe *58*
Markieren *71*
Mathematische Funktionen *156*
Matrixfunktionen *156*
Maus *17, 41*
Mauscursor *21*
Mauskabel *19*
Mauszeiger *21*
Mehrfachmarkierung *145*
Menüleiste *74*
Microsoft *52*
Microsoft Office *52*
Minicomputer *58*
Modem *42*
Modulator *42*
Monitor *16*
Monitorkabel *19*

N

Nadelmatrixdrucker *38*
Namenfeld *140*
Negation *59*
Netzkabel *19*
Newsgroups *213*
Non-Impact-Drucker *39*
NOT-Schaltung *59*

O

Objekt *71, 182*
Office-Assistent *114*
Office-Paket *52*
ONLINE-Dienste *210*
Ordner *76, 77*
OR-Schaltung *59*
Outlook *199*
   beenden *206*
   Kalender *203*
   Kontakt anlegen *200*
   starten *199*
Outlook-Leiste *200*

P

Paint *91*
PASCAL *54*
PC *58*
Personal Computer *58*
PL1 *54*
Präsentationsprogramm *167*
Primärschlüssel *184*
Primärschlüsselfeld *185*
Programm *27, 233*
Programmiersprache *53*
Programmierung *54*
Provider *210*
Prozessor *30*

Q

Querformat *148*

R

Radiergummi *92*
Rahmen *118, 145*
RAM-Speicher *32*
Rechenwerk *30*
Rechner *96*
Rechtschreibprüfung *119*
Registerkarte *101*
ROM-Speicher *32*
RPG *54*
Rückgängig
   Befehl *93*
   Schaltfläche *122*

S

ScanDisk 96
Scanner 43
Schalter 74
Schaltfläche 74, 89
Schaltungen
   logische 59
Seitenansicht 123
Seitenränder 148
Seitenumbruchvorschau 148
Serienbrief 127
   Bestandteile 127
   Datenliste erstellen 128
   drucken 131
   Hauptdokument einrichten 127
Seriendruck
   Seriendruckfelder einfügen 130
Software 49
Sonderzeichen 115
Soundkarte 42
Spaltenbegrenzungslinie 141
Spaltenbreite
   optimieren 141
Speichern 116, 147, 182, 193
Standardsoftware 51
StarOffice 52
Statistische Funktionen 156
Statusleiste 75
Steuerprogramm 50
Steuerwerk 30
Strukturbereich 79
Suchmaschine 215
Suffix 90
Summenbildung 142
Summen-Funktion 142
Supercomputer 57
Surfen 215
Symbol 71
Symbolleiste 76
Syntax 53, 154
Systemmenüfeld 73
Systemsoftware 49
Systemsteuerung 99

T

Tabellenblatt 140
Tabellenkalkulation 51
Taktfrequenz 31

Task-Leiste 71
Tastatur 16, 40, 233
Tastaturkabel 19
Terminal 16
Textfeld 89
Textverarbeitungsprogramm 51, 113
Thermodrucker 40
Tintenstrahldrucker 39
Titel-Leiste 73
T-Online 210
Trackball 41
Trigonometrische Funktionen 156
Trommelscanner 44
Typenraddrucker 38

U

Uniform Resource Locator 213
URL 213

V

Visual Basic 54
Visual C++ 54

W

Web-Browser 210
Web-Seite 209
   speichern 216
Werkzeugleiste 92
Widerrufen
   von Befehlen 122
Windows
   beenden 22, 70, 237
   starten 20, 68
Windows Hilfe 107
Word
   beenden 125
   starten 113
Word Wide Web 209
Word-Arbeitsplatz 113
WordPad 85
Workstations 58
WORM 36
WWW 209

Y

Yahoo *215*

Z

Zeichenformatierung *117*
Zeile
  einfügen *141*
Zeilenabstand
  ändern *118*

Zeilenkopf *141*
Zeilenumbruch *116*
Zellbezeichnungen *140*
Zellbezug *144*
  absolut *143*
  relativer *142*
Zelle *140*
Zentraleinheit *29*
Zentralspeicher *31, 234*
Zoomfaktor *124*